MW01698650

Bezoek www.levboeken.nl voor informatie over al onze boeken.
Volg @Levboeken op Twitter en bezoek onze Facebook-pagina:
www.facebook.com/Levboeken.

Google

Hoe Google werkt

Eric Schmidt en
Jonathan Rosenberg

samen met Alan Eagle

Lev.

Oorspronkelijke titel
How Google Works
© Copyright © 2014 by Google, Inc.
This edition published by arrangement with Grand Central Publishing, New York, New York, USA. All rights reserved.
Vertaling
Aad Markenstein
Illustraties
© Nishant Choksi 2014
Omslagontwerp
Jonathan Jarvis
Bewerking Nederlands omslag
Pinta Grafische producties
© 2014 A.W. Bruna Uitgevers B.V., Amsterdam

ISBN 978 94 005 0526 1
NUR 801

MIX
Papier van verantwoorde herkomst
FSC® C110751
FSC www.fsc.org

Dit boek is gedrukt op papier dat het keurmerk van de Forest Stewardship Council (FSC®) mag dragen. Bij dit papier is het zeker dat de productie niet tot bosvernietiging heeft geleid. Een flink deel van de grondstof is afkomstig uit bossen en plantages die worden beheerd volgens de regels van FSC. Van het andere deel van de grondstof is vastgesteld dat hiervoor geen houtkap in de laatste resten waardevol bos heeft plaatsgevonden. Daarom mag dit papier het FSC Mix label dragen. Voor dit boek is het FSC-gecertificeerde Munkenprint gebruikt. Dit papier is 100% chloor- en zwavelvrij gebleekt en wordt geleverd door Arctic Paper Munkedals AB, Zweden.

Behoudens de in of krachtens de Auteurswet van 1912 gestelde uitzonderingen mag niets uit deze uitgave worden verveelvoudigd, opgeslagen in een geautomatiseerd gegevensbestand, of openbaar gemaakt, in enige vorm of op enige wijze, hetzij elektronisch, mechanisch, door fotokopieën, opnamen of enige andere manier, zonder voorafgaande schriftelijke toestemming van de uitgever. Voor zover het maken van reprografische verveelvoudigingen uit deze uitgave is toegestaan op grond van artikel 16 h Auteurswet 1912 dient men de daarvoor wettelijk verschuldigde vergoedingen te voldoen aan de Stichting Reprorecht (Postbus 3060, 2130 KB Hoofddorp, www.reprorecht.nl). Voor het overnemen van gedeelte(n) uit deze uitgave in bloemlezingen, readers en andere compilatiewerken (artikel 16 Auteurswet 1912) kan men zich wenden tot de Stichting PRO (Stichting Publicatie- en Reproductierechten Organisatie, Postbus 3060, 2130 KB Hoofddorp, www.cedar.nl/pro).

Voor onze favoriete slimme creatieven Wendy en Beryl.

Inhoud

Voorwoord

door Larry Page,
medeoprichter en CEO van Google

Vanaf het moment dat ik als kind na begon te denken over mijn toekomst besloot ik dat ik of docent wilde worden of een eigen bedrijf wilde starten. Ik had het idee dat ik in beide gevallen autonoom kon functioneren, de vrijheid had om uit te gaan van grondbeginselen en natuurwetten, in plaats van mij te moeten voegen naar de waan van de dag.

Eric en Jonathan leggen in *Hoe Google werkt* uit dat wij deze vrijheid van denken in alles wat we bij Google doen proberen toe te passen. Het is de drijvende kracht achter onze grootste successen en soms epische missers. Je zou zelfs kunnen zeggen dat het vasthouden aan de algemene uitgangspunten de reden is dat Google is ontstaan. Ik had een nacht liggen dromen en werd wakker met de gedachte... Stel dat je het hele internet zou kunnen downloaden en alleen de links zou bewaren? Ik pakte snel een pen en schreef op wat je moest uitzoeken om erachter te komen of dat mogelijk was. Het idee om een zoekmachine te bouwen was totaal niet waar ik aan dacht. Pas later realiseerden Sergey en ik ons dat het rubriceren van webpagina's op basis van hun webadres tot veel betere zoekresultaten kon leiden. Ook Gmail kreeg pas in de loop der tijd zijn huidige vorm en toen Andy Rubin een jaar of tien geleden startte met Android, vonden de meeste mensen het belachelijk dat je draadloze communicatie koppelde aan een opensourcebesturingssysteem.

Ik ben er tot mijn verbazing in de afgelopen jaren achter gekomen dat het uiterst lastig is om teams extreem ambitieus te laten zijn. Het blijkt dat de meeste mensen niet zijn opgeleid om op deze manier te denken. Ze zijn geneigd te denken dat iets onmogelijk is, in plaats van uit te gaan van de natuurwetten en te kijken wat wel kan. Daarom hebben we veel energie gestopt in het aantrekken van echte vrijdenkers bij Google en het definiëren van ambitieuze doelen. Want als je de juiste mensen aantrekt en je dromen zijn groot genoeg, dan lukt het je meestal wel om ze waar te maken. En lukt dat niet, dan heb je meestal toch iets unieks geleerd. Het klopt ook dat de meeste bedrijven het prettig vinden om te doen wat ze altijd al hebben gedaan, soms met een paar kleine aanpassingen. Genoegen nemen met dit soort marginale veranderingen leidt op termijn tot irrelevantie, zeker in de computerwereld, omdat verandering daar eerder revolutionair is dan evolutionair. Je moet dus grote verwachtingen hebben van de toekomst. Daarom investeren wij op terreinen die op het eerste gezicht misschien uiterst speculatief zijn, zoals de zelfrijdende auto en internet dat door ballonnen van energie wordt voorzien. Je kunt je nu nog nauwelijks voorstellen dat toen we met Google Maps begonnen, mensen dachten dat het doel, het in kaart brengen van de hele wereld en het fotograferen van elke straat, onmogelijk was. Als het verleden dus een indicator is van onze toekomst, dan zijn de ambitieuze doelen van nu over een paar jaar niet zo gek meer. Dit zijn een aantal van de uitgangspunten die voor mij erg belangrijk zijn en er zullen er meer volgen op de pagina's hierna. Ik hoop dat ook jij met een aantal van deze ideeën tot grote hoogte weet te stijgen.

Hoe Google werkt

Introductie – lessen van de voorste rij

In juli 2003 kreeg Eric Schmidt, op dat moment twee jaar CEO van Google Inc., een e-mail van aandeelhouder en lid van de board Mike Moritz, partner bij Sequoia Capital. Hij deed een voorstel:

> `Ik wil je aanraden ergens halverwege augustus drie uur te reserveren als het management de board het plan voorlegt voor hoe we de concurrentie met Finland aan moeten gaan. (Ik denk niet dat we daarmee tot september moeten wachten. Dit is een veel te belangrijk onderwerp en als concurrent van Finland weten we allemaal hoe kort een jaar is.)`

Voor de niet-ingewijden is deze mail waarschijnlijk verwarrend. Waarom zou Google, een vijf jaar oud internetbedrijf uit Mountain View, Californië, met honderden medewerkers, de concurrentie met Finland, een land met vijf miljoen inwoners, achtduizend kilometer verderop en algemeen beschouwd als een vriendelijke, vreedzame plek, moeten aangaan?

De Finland-mail kwam juist op het moment dat Eric zijn draai bij Google begon te vinden. Hij kwam van Novell, waar hij CEO was geweest en had ook voor Sun Microsystems en Bell Labs gewerkt. Opgegroeid in het noorden van Virginia was hij afgestudeerd aan Princeton met een graad in elektronica en met een master en doctorstitel in de computerwetenschappen van de universiteit van Californië in Berkeley en het was voor hem dus niet vreemd om met softwareontwikkelaars en computerwetenschappers te werken: hij was er zelf een. Maar toch was Google voor hem een plek die met geen enkele andere te vergelijken was. Zijn 'Ik heb zo'n gevoel dat we niet meer in Kansas zijn' begon al op dag één. Hij kwam bij het kantoor dat hem was toegewezen en dat naar de 'grote-jongens'-maatstaf toch al erg bescheiden was, en zag dat het bezet was door een aantal softwareontwikkelaars. In plaats van ze weg te sturen sloeg hij zijn tenten op in een naastgelegen kantoor, dat meer leek op een bezemkast met een raam dan op een kantoor.

Een paar weken later werd het nog erger. Op een ochtend liep hij naar zijn kastkantoor en merkte hij dat zijn assistente, Pam Shore, een zorgelijke blik had.[1] Hij ontdekte al snel waarom. Hij had een nieuwe kamergenoot. Het was een van de *search engineers*, Amit Patel, die Eric uitlegde dat hij zijn kantoor met vijf anderen moest delen, dat er nog iemand bij zou komen en dat zijn oplossing om een bureau in tweeën te zagen geen oplossing was gebleken. In vergelijking met waar hij nu zat was Erics kantoor zeer ruim, dus Amit kwam er gezellig bij zitten. (De facilitaire afdeling had geweigerd Amits spullen te verhuizen, dus hij had dat zelf maar gedaan.) Het gevolg was dat Eric en Amit het kantoor een aantal maanden deelden. Dit was duidelijk geen hoe-belangrijker-je-bent-hoe-meer-vierkante-meter-soort bedrijf.

Afgezien van de merkwaardige manier om met de beschikbare ruimte om te gaan verliep de overgang van Eric verder redelijk soepel. Zijn verstandhouding met de twee oprichters, Larry Page en Sergey Brin, werd elke dag beter. Het advertentieplatform van de onderneming, AdWords, begon een aanzienlijke hoeveelheid omzet te genereren en toen de onderneming in 2004 aankondigde naar de beurs te gaan, verrasten de financiële gegevens de meeste volgers op een positieve manier. Hoewel het nog drie jaar zou duren voordat het woord 'Google' in de *Oxford English Dictionary* werd opgenomen,[2] was Google al voor miljoenen gebruikers een

---

1 Bij Pam is alles wat geen warme glimlach is, een 'zorgelijke blik'.

2 De *Oxford English Dictionary* voegde 'Google' op 15 juni 2006 toe. Andere nieuwe woorden die in deze ronde werden toegevoegd waren '*geocoaching*', '*mash-up*', '*self-storage*' en '*texting*'. Zie ook Candace Lombardi, 'Google Joins Xerox as a Verb' (*CNET News*, 6 juli 2006).

dagelijks onderdeel van hun leven. De onderneming groeide: elke maand kwamen er tientallen werknemers bij, waaronder een nieuw hoofd Producten, Jonathan Rosenberg, die in februari 2002 aantrad. Jonathan was net als Eric de zoon van een economiedocent. Hij kwam bij Google nadat hij kort gewerkt had bij Excite@Home en Apple, om het productmanagementteam op te bouwen en Erics staf te complementeren.

Zoals de mail van Mike al aangaf, was er een belangrijke concurrent aan de horizon verschenen en dat waren niet echt onze overzeese Scandinavische vrienden. Finland was ons interne codewoord voor Microsoft,[3] op dat moment het belangrijkste computerbedrijf ter wereld.[4] Eric wist dat een enorm groot deel van de Google-gebruikers gebruikmaakten van Internet Explorer van Microsoft. Net als iedereen bij Google was hij ervan overtuigd dat internet het computerplatform van de toekomst was en dat daarbinnen de zoekfunctie een van de meest waardevolle toepassingen was. Daarom zou het slechts een kwestie van tijd zijn voordat onze vrienden uit Richmond zich echt zouden gaan interesseren voor wat wij aan het doen waren. En als Microsoft zich ging interesseren voor wat starters doen, dan kon het weleens erg interessant worden.[5]

De toekomst van het bedrijf stond op het spel en wat we moesten doen was verre van duidelijk. De mail van Moritz was een roep om actie. Hij vroeg Eric om de koppen bij elkaar te steken en een plan op te stellen dat duidelijke doelstellingen voor de afdelingen binnen de organisatie, product, sales, marketing, finance en corporate development, zou vaststellen. Elk aspect van Google's werkwijze moest onder de loep worden genomen en er was zelfs sprake van dat het bedrijf omgevormd moest worden van

---

3 Eigenlijk is 'Finland' een codenaam voor de codenaam die we echt gebruikten. Als we de echte codenaam in dit boek zouden noemen, dan zou het niet echt een codenaam zijn, toch?

4 Om een idee te krijgen van hoeveel aanzien Microsoft in die dagen genoot, hoef je alleen maar even naar de titels van de volgende boeken te kijken: *Microsoft Secrets: How the World's Most Powerful Software Company Creates Technology, Shapes Markets, and Manages People* (1995), *Overdrive: Bill Gates and the Race to Control Cyberspace* (1997) en *How the Web Was Won: How Bill Gates and His Internet Idealists Transformed the Microsoft Empire* (2000).

5 Het was in de jaren tachtig en negentig voor elk startend bedrijf in Silicon Valley vrijwel onmogelijk om geld te krijgen van investeerders zonder eerst een duidelijke strategie richting Microsoft te hebben geformuleerd. Als je geen helder plan had, dan kwam er geen geld.

een eigenzinnige starter naar een meer traditionele organisatie, opgebouwd uit businessunits, waardoor het makkelijker zou worden om nieuwe omzetstromen te ontwikkelen. Dat was trouwens ook iets waar de organisatie zich over moest uitspreken. Het belangrijkste was dat het plan duidelijke doelstellingen kende voor wanneer welk product op de markt moest verschijnen. Samengevat wilde Moritz wat ieder verstandig lid van de board wilde, namelijk een allesomvattend ondernemingsplan.

Hij sloot af met een gedragen:

```
Dus waarom niet een avond in augustus plannen om
het moment te markeren dat we een plan hebben voor
de machtigste campagne die wij ooit zullen mee-
maken?
```

Omdat producten het belangrijkste onderdeel van het te maken plan waren, delegeerde Eric het aan Jonathan. De opdracht luidde: 'Ik zou het graag over twee weken op mijn bureau hebben.'

Maar er was, even afgezien van dat een enorm groot bedrijf de concurrentie met ons wilde aangaan, nog een probleem. Moritz had gelijk: als je de grootste gorilla in het oerwoud wilt aanpakken, heb je een plan nodig. Maar hij had ook ongelijk en om te begrijpen waarom hij ongelijk had en waarom hij ons onbedoeld tegenover elkaar zette, moet je eerst begrijpen wat voor soort bedrijf Google eigenlijk is.

'Ga maar eens met de softwareontwikkelaars praten'

Toen Sergey en Larry Google in 1998 oprichtten, hadden ze geen enkele opleiding of ervaring in het bedrijfsleven. Zij beschouwden dit als een voordeel en niet als een gebrek. Nadat het bedrijf uit zijn eerste vestigingsplaats, een studentenkamer op Stanford, groeide en verhuisde naar de garage van Susan Wojcicki[6] in Menlo Park en daarna naar kantoor-

6 Susan kwam later in dienst bij Google en werd uiteindelijk eindverantwoordelijk voor alle *ad products* en later voor YouTube, maar haar eerste titel bij Google was huisbaas.

ruimtes in Palo Alto en vervolgens naar Mountain View, gingen de leiders uit van een aantal eenvoudige uitgangspunten. De eerste was de belangrijkste en die luidde dat de gebruiker altijd in het middelpunt moest staan. Zij gingen ervan uit dat als ze voor geweldige diensten zorgden, ze zich pas later over het geld druk hoefden te maken. Zolang ze maar 's werelds beste zoekmachine zouden maken dan werden ze vanzelf succesvol.[7]

Hun plan om een geweldige zoekmachine te maken, naast al die andere diensten, was net zo simpel: huur zo veel mogelijk getalenteerde softwareontwikkelaars in en geef ze de vrijheid. Dit was een aanpak die het beste paste bij een bedrijf dat geboren werd in een universiteitslaboratorium, omdat in een universitaire setting de meest waardevolle eigenschap intellect is (hoewel men bij sommige universiteiten het vermogen om een football 50 meter ver te kunnen gooien even belangrijk vindt). Maar hoewel de meeste bedrijven zeggen dat de medewerkers hun meest waardevolle bezit zijn, brachten Sergey en Larry dit werkelijk in de praktijk. Dat deden ze niet voor de buitenwereld en het was ook geen altruïsme. Zij vonden echt dat het aantrekken en aansturen van de beste softwareontwikkelaars de enige manier was om Google goed op de kaart te zetten en de torenhoge ambities waar te maken. En ze bedoelden met de beste, echte specialisten. De oprichters weerhielden Eric er de eerste keer van om de geweldige Sheryl Sandberg, nu COO van Facebook, aan te nemen, omdat ze geen softwareachtergrond had. (Overigens zou ze later zes zeer succesvolle jaren bij Google doorbrengen.) Naarmate het bedrijf groeide, lieten de oprichters deze focus een klein beetje los, maar slechts een heel klein beetje. Tot op de dag van vandaag is de vuistregel bij Google dat minstens de helft van de medewerkers (ook wel 'Googlers' genoemd) softwareontwikkelaars moet zijn.

De managementprincipes die de oprichters gebruikten om de onderneming aan te sturen waren net zo simplistisch. Net als de docenten van

---

7 Hoewel Sergey en Larry als groentjes in het bedrijfsleven zich dit niet realiseerden, was hun focus op de gebruiker volkomen in lijn met de uitgangspunten van Peter Drucker over de doelstelling van zakendoen: 'Er bestaat maar één verdedigbare doelstelling in het zakenleven en die is: een klant maken. De klant is de hoeksteen van het bedrijf en de reden dat men blijft bestaan.' Uit: *The Practice of Management*, (HarperBusiness, editie 1993), pag. 37.

de faculteit Computerwetenschappen op Stanford niet voorschreven waar afstudeeronderwerpen over moesten gaan, maar meer richtingen en suggesties aanreikten, gaven Larry en Sergey hun medewerkers een enorme vrijheid en gebruikten ze communicatie als hulpmiddel om ervoor te zorgen dat iedereen min of meer dezelfde kant op ging. Zij waren er erg van overtuigd dat het internet en de kracht van zoekmachines ongelofelijk belangrijk waren en ze communiceerden dit via informele bijeenkomsten met de kleine softwareteams die bij Google waren opgezet en middels de 'TGIF'-bijeenkomsten (*Thank God It's Friday*) die elke vrijdagmiddag voor alle medewerkers werden gehouden en waar over elk mogelijk onderwerp kon worden gediscussieerd.

De oprichters stuurden het bedrijf een beetje uit de losse pols aan. Jarenlang was het belangrijkste document om de productiemiddelen van het bedrijf in de gaten te houden een spreadsheet, die iedereen kon inzien, met daarop de honderd belangrijkste lopende projecten en waar men twee keer per kwartaal over vergaderde. Deze bijeenkomsten waren deels bedoeld om iedereen bij te praten, deels om middelen toe te wijzen en deels om te brainstormen. Het systeem had weinig wetenschappelijks: de meeste projecten waren ingedeeld op een schaal van 1 tot 5, maar er was ook ruimte om projecten in te delen als 'nieuw', 'geweldig' of 'experimenteel'. (Tegenwoordig weten we niet meer wat het verschil was tussen deze categorieën, maar op dat moment was dat volkomen duidelijk... nou ja, ongeveer dan.) Ideeën over of de noodzaak voor een langetermijnvisie gingen niet verder dan: als er iets belangrijks gebeurde zouden de softwareontwikkelaars wel een antwoord bedenken en de lijst bijwerken.

De nadruk op softwarespecialisten bleek ook toen het bedrijf het managementteam uitbreidde. De oprichters trokken Eric niet alleen aan vanwege zijn zakelijk inzicht, maar ook om zijn ervaring als ontwikkelaar (Eric was een Unix-expert en had mede aan de wieg gestaan van Java – de computertaal, niet het drankje, noch het eiland) en omdat hij was afgestudeerd aan het Bell Lab, werd hij gezien als een computernerd. Men nam Jonathan aan, ondanks dat hij afgestudeerd was in economie en zijn MBA had gehaald, omdat hij had aangetoond kennis van producten te hebben en een vernieuwer was geweest in zijn tijd bij Apple en Excite@Home.

Dat wij uit het bedrijfsleven afkomstig waren werkte niet echt tegen ons, maar het was ook geen voordeel, tenminste niet voor de manier waarop Larry en Sergey dachten.

Jonathan ondervond een sterk staaltje van de aversie van de oprichters tegen traditionele bedrijfsprocessen, niet lang nadat hij in dienst getreden was. Als ervaren productmanager had hij veel ervaring in wat de 'stap voor stap'-methode voor productontwikkeling wordt genoemd, die in de meeste bedrijven bestaat uit een serie van opeenvolgende, duidelijk omschreven stappen en mijlpalen, waarvan de resultaten langzaam maar zeker steeds hoger in de organisatie worden geëvalueerd. Deze aanpak is ontwikkeld om de beschikbare middelen zo goed mogelijk in te zetten en de informatie van ergens onder in de organisatie naar een klein aantal besluitvormers te sturen. Jonathan dacht dat hij was aangenomen om juist deze aanpak bij Google te introduceren en hij was ervan overtuigd dat hij de juiste persoon was om dat te doen.

Een paar maanden later presenteerde Jonathan Larry een productplan dat een uiting was van de 'stap voor stap'-methode in haar zuiverste vorm. Het bestond uit mijlpalen en accordeermomenten, prioriteiten en een plan voor welke producten Google in de komende twee jaar kon lanceren en wanneer. Het was alsof het regelrecht uit een handboek was overgenomen. Het enige wat er nog aan ontbrak waren een daverend applaus en een aantal ferme schouderkloppen. Maar dat liep dus anders. Larry vond het helemaal niets. 'Heb je ooit een plan gezien dat beter was dan de mensen die het moesten uitvoeren?' vroeg hij. Hm, nee. 'Hebben jouw mensen ooit een beter product gemaakt dan in het plan stond voorgeschreven?' Weer nee. 'Wat heeft dat plan dan voor zin? Het remt ons. Er moet een betere manier zijn. Ga maar eens met de softwareontwikkelaars praten.'

Terwijl Larry sprak, realiseerde Jonathan zich dat de ontwikkelaars waar hij over sprak niet de ontwikkelaars in de traditionele zin van het woord waren. Ja, het waren briljante softwareschrijvers en systeemontwerpers, maar naast hun enorm technisch inzicht waren de meeste ook goed op de hoogte van de gebruiken in het bedrijfsleven en bezaten ze een gezonde dosis creativiteit. Met hun academische achtergrond hadden

Larry en Sergey de medewerkers erg veel vrijheid en macht gegeven. Hen aansturen via traditionele managementprincipes zou niet werken; het zou ze kunnen helpen, maar het zou ze ook afremmen. 'Waarom zou je dat willen?' vroeg Larry aan Jonathan. 'Dat zou stom zijn.'

Dus toen Mike Moritz en de board ons om een echt, MBA-achtig, ondernemingsplan vroegen, wilden wij geen flater slaan. We wisten dat de patiënt Google een formeel opgesteld plan zou afstoten als een vreemd orgaan dat in het lijf was getransplanteerd, wat in vele opzichten ook klopte. Als ervaren managers waren we bij Google gaan werken met het idee om 'ouderlijk toezicht' te verschaffen op een chaotische plek. Maar rond de zomer van 2003 zaten we lang genoeg bij het bedrijf om ons te realiseren dat dit bedrijf anders werd aangestuurd dan elk ander bedrijf, met medewerkers die ongelofelijk zelfstandig waren, en dat men werkzaam was in een nieuwe, zich razendsnel ontwikkelende bedrijfstak. We begrepen de dynamiek van deze nieuwe bedrijfstak goed genoeg om in te zien dat een constante stroom geweldige producten de enige manier was waarop we Microsoft af konden schudden, maar we begrepen ook dat we dat niet op een traditionele, bedrijfskundige manier voor elkaar zouden krijgen, maar wel door de beste softwareontwikkelaars in de markt aan te nemen en hun daarna de vrije hand te geven. We zagen in dat de oprichters intuïtief hadden begrepen hoe je in deze markt moest overleven, maar zij, en dat gaven ze zelf toe, wisten niet hoe ze een bedrijf moesten opbouwen tot een omvang waarmee ze hun ambitieuze doelstellingen konden waarmaken. Ze konden heel goed leidinggeven aan computerwetenschappers, maar je had meer dan computerwetenschappers nodig om een bedrijf groot te maken.

We begrepen ook dat er nog geen regels bestonden om ons te helpen deze uitdaging tot een goed einde te brengen en dat ze zeker niet uit een traditioneel ondernemingsplan, zoals Moritz dat voor zich zag, te destilleren waren.

Midden in deze voor het bedrijf zo cruciale periode bevonden we ons dus tussen twee vuren. We konden doen wat Moritz wilde en een traditioneel ondernemingsplan schrijven. Dat zou de board gelukkig maken, maar het zou geen inspiratiebron zijn voor onze medewerkers, het zou niet helpen om goede nieuwe mensen aan te trekken die het bedrijf zo dringend nodig had en het zou niet tegemoetkomen aan de strategische uitgangspunten van deze splinternieuwe bedrijfstak. Maar het belangrijkste was nog dat de oprichters van het bedrijf het al voor publicatie de nek zouden omdraaien. En ons misschien in één moeite door op straat zouden zetten.

Het plan Finland

Het plan dat we uiteindelijk aan de board voorlegden vertoonde genoeg overeenkomsten met een traditioneel ondernemingsplan dat de leden tevreden de vergadering verlieten: 'Ja, we hebben een businessplan!' Terugkijkend naar dit document verbaast het ons dat het in zoveel opzichten precies de spijker op de kop sloeg. Het stond vol met hoe Google zijn gebruikers centraal stelde en excellente producten en platforms wilde maken. Het onderstreepte dat Google altijd diensten van topkwaliteit wilde leveren die makkelijk waren af te nemen. Het gaf aan dat de gebruikers de basis van het bedrijf waren en dat meer gebruikers meer adverteerders zouden lokken. Er stonden een aantal tactische punten in over hoe we de concurrentie van ons af wilden houden, maar het kwam er eigenlijk op neer dat we Microsoft konden verslaan door geweldige producten te maken.

Later bleek dat we daarmee de spijker op zijn kop sloegen.

Microsoft stelde zich agressief tegenover ons op, naar verluidt gaf men 11 miljard dollar[8] uit in een poging om Google van zijn voetstuk te stoten als belangrijkste speler in de zoek- en advertentiemarkt op internet. Microsofts diensten zoals MSN Search, Windows Live en Bing en aankopen als aQuantive slaagden er niet in om echt aan te slaan; niet omdat ze slecht waren opgezet, maar omdat Google zo goed op ze was voorbereid. We waren voortdurend bezig om onze zoekmachine te verbeteren. We voegden afbeeldingen toe, boeken, YouTube, winkelgegevens en andere

---

8 Zie: Jay Yarow, 'Steve Ballmer's Huge Reorg of Microsoft Could Bury One of the Company's Biggest Embarrassments' (*Business Insider*, 9 juli 2013).

vormen van informatie waar we onze hand op konden leggen. We ontwikkelden onze eigen diensten, zoals Gmail en Docs en maakten ze allemaal *web-based*. We verbeterden onze infrastructuur razendsnel, waardoor we in staat waren de steeds sneller groeiende stroom onlinedata en -content in goede banen te leiden.[9] Zoeken kon steeds sneller, in meer talen en we verbeterden het gebruiksgemak. We voegden kaarten toe en verbeterden de plaatselijke zoekresultaten. We werkten samen met partners om er zeker van te zijn dat gebruikers ons makkelijk konden bereiken. We breidden zelfs uit op terreinen waarop Microsoft excelleerde, zoals browsers, waarbij we Google Chrome introduceerden dat vanaf de allereerste dag de snelste en meest betrouwbare browser op het net was. En we wisten hiermee geld te verdienen door een uiterst efficiënt en effectief advertentieprogramma.

Eric waarschuwde zijn team dat 'Microsoft ons zou blijven aanvallen, golf na golf'. Dat deden ze ook en dat doen ze nog steeds, maar ondanks dat bleek het businessplan dat Moritz ons dwong te maken, beter te functioneren dan in onze stoutste dromen. Tegenwoordig is Google een bedrijf van 50 miljard dollar, met bijna vijftigduizend medewerkers in meer dan veertig landen. We hebben ons verbreed ten opzichte van de zoekmachine en gericht adverteren naar video en andere vormen van digitale marketing, ons succesvol omgevormd van een op pc's gebaseerde omgeving naar een draadloze omgeving, hebben een groot aantal apparaten op de markt gebracht en hebben de grens van de technologie verschoven door nieuwe projecten op te starten die iedereen toegang tot internet moet verschaffen, bijvoorbeeld, of die helpen bij het ontwikkelen van zelfrijdende auto's.

Toch is een van de belangrijkste redenen voor ons succes dat het plan dat we die dag in 2003 aan de board voorlegden eigenlijk helemaal geen plan was. Er zat geen financiële prognose in of een opzetje voor een grotere omzet. Het bevatte geen marktonderzoek over wat de gebruikers,

9 Dit was ongelofelijk lastig. Stel je voor dat je constant een berg beklimt die razendsnel hoger wordt en waarbij je er steeds korter over mag doen om op de top te komen. Dat was wat er gebeurde, hoewel de berg uit data bestond en niet uit graniet en aarde.

adverteerders of partners wilden of hoe zij in duidelijk omschreven marktsegmenten pasten. Er was geen aanzet voor een marktsegmentatie of een voorstel voor welke adverteerders wij het eerst moesten benaderen. Er miste een distributiestrategie of een aanzet voor hoe we onze advertenties aan de man moesten brengen. Het deed geen voorstel voor een nieuw organisatieschema, waarbij Verkoop dit deed en Producten dat en Software weer iets anders. Het ontbrak aan een productplanning, waarbij werd aangegeven wanneer we wat introduceerden. Er was geen budget. Er waren geen doelstellingen, noch mijlpalen die de board kon gebruiken om onze voortgang aan af te meten.

Ook was er geen sprake van een tactiek voor hoe we ons bedrijf konden laten groeien of specifieker, hoe we loyaal konden blijven aan Larry en Sergeys 'Ga maar eens met de softwareontwikkelaars praten', terwijl we ondertussen een onderneming opbouwden die de strijd moest aangaan met het machtigste computerbedrijf ter wereld en daarnaast onze waanzinnige wereldwijde ambitie nastreefden om het leven van miljarden mensen te transformeren. Dat stond er allemaal niet in, om de doodeenvoudige reden dat we geen idee hadden hoe we dat moesten doen. Als je nadacht over de manier waarop we dit in gang moesten zetten, dan was het enige wat we met zekerheid konden zeggen dat veel van wat wij met z'n tweeën in de twintigste eeuw hadden geleerd verkeerd was en dat de tijd was aangebroken om het allemaal anders te gaan doen.

Verbazingwekkend is niet het woord

Tegenwoordig leven en werken we allemaal in een nieuw tijdperk, de eeuw van het internet, waarin computertechnologie de manier van zakendoen op zijn grondvesten doet schudden en het tempo van verandering steeds sneller gaat. Dit vormt een grote uitdaging voor het totale bedrijfsleven. Om die uitdagingen te begrijpen helpt het om even een stap terug te doen en je te verbazen over hoe bijzonder dit allemaal wel niet is.

Drie krachtige technologische trends vallen samen waardoor in de meeste bedrijfstakken de manier van zakendoen fundamenteel is veranderd. Ten eerste heeft het internet informatie gratis, overvloedig en alomtegenwoordig gemaakt: vrijwel alle kennis staat online. Ten tweede hebben draadloze apparaten en netwerken het mogelijk gemaakt dat men over de hele wereld voortdurend met elkaar in contact kan staan. En ten derde heeft het gebruik van *cloud computing*[10] gezorgd voor een vrijwel ongelimiteerd computergebruik en dataopslag en voor een enorme hoeveelheid toepassingen die voor iedereen goedkoop bereikbaar zijn, want je betaalt ze op basis van het gebruik. Veel van deze technologieën zijn op dit moment nog niet bereikbaar voor een groot deel van de wereldbevolking, maar het zal niet lang meer duren voordat deze situatie is veranderd en de volgende vijf miljard mensen online komen.

Vanuit het gezichtspunt van de consument heeft het samengaan van die drie technologische golven het onmogelijke mogelijk gemaakt. Moet je ergens heen vliegen? Op de dag van vertrek helpt je telefoon je herinneren wanneer je naar het vliegveld moet vertrekken, bij welke terminal je moet zijn en bij welke gate je vliegtuig vertrekt, en hij informeert je ook of je een paraplu moet meenemen naar je bestemming, zonder dat je daar om hoeft te vragen. Ben je op zoek naar informatie? Typ of spreek één of twee woorden in en het antwoord verschijnt vrijwel onmiddellijk, opgepikt uit een enorme stapel aan informatie die is samengesteld uit het grootste deel van alle kennis ter wereld. Hoor je een nummer dat je mooi vindt? Pak je telefoon, druk op het scherm, zie welk nummer het is, koop het en luister het dan af op welk apparaat je maar wilt. Wil je weten hoe je ergens komt? Jouw telefoon, of je bril of horloge, vertelt je letterlijk hoe je moet rijden en laat je ook weten hoe druk het onderweg is. Reis je naar het buitenland? Praat tegen je telefoon, bril of horloge en zie of hoor praktisch elk woord vertaald in vrijwel elke taal ter wereld, of richt hem op een of ander uithangbord en hij vertaalt het voor je. Hou je van kunst? Je kunt virtueel door vrijwel alle grote musea ter wereld lopen en schilderijen veel gedetailleerder bekijken dan iemand ooit heeft gekund, mis-

10 Het heet 'cloud computing' omdat de oude programma's om netwerken te tekenen rond de icoontjes die een server voorstelden een cirkel zetten. Een cluster van servers in een netwerkdiagram had dus verschillende overlappende cirkels die samen op een *cloud* (wolk) leken.

schien afgezien van de kunstenaar die ze heeft gemaakt. Wil je weten of het restaurant dat je vanavond wilt reserveren voor je afspraakje de juiste sfeer heeft en of je er makkelijk kunt parkeren? Je kunt er virtueel heen rijden, door de voordeur lopen en binnen rondkijken. Tafel veertien ziet er geweldig uit.

Toen we aan het eind van de jaren zeventig en begin jaren tachtig naar de universiteit gingen, belden we één keer per week naar huis, op zondag, en altijd voor vijf uur 's middags, omdat het tarief daarna hoger was. Jonathans zoon studeerde een aantal jaar geleden in Australië en hij schoof af en toe, via een videoverbinding, aan voor het avondeten door een laptop op zijn plek aan tafel te zetten. Gratis.

Het meest verbazingwekkende is dat deze verbazingwekkende zaken totaal niet verbazingwekkend zijn. Vroeger stonden de meest krachtige computers en de beste digitale apparaten op kantoor en zodra je naar huis ging was je weer aangewezen op telefoons die aan de muur hingen, kaarten op papier, muziek van radiostations die draaiden waar ze zin in hadden en televisies die door twee sterke kerels naar binnen werden gedragen en aan een kabel of antenne werden aangesloten. Dit was jaren zo, maar tegenwoordig zijn verbazingwekkende innovaties aan de orde van de dag.

Snelheid

Hoezeer computertechnologie de consument ook heeft beïnvloed, de gevolgen voor het bedrijfsleven zijn nog veel groter. In economische termen gesproken: als de kostencurve voor een primaire productiefactor omlaaggaat, dan staat die bedrijfstak voor grote veranderingen.[11] Tegenwoordig zijn er drie productiefactoren goedkoper: informatie, onderling contact en computerkracht, en die beïnvloeden dus elke kostencurve waar ze een rol in spelen. Het kan niet anders of dit werkt verstorend. Veel leidinggevenden uit het pre-internettijdperk hebben hun bedrijf opgebouwd op basis van schaarste: een schaarste aan informatie, aan distributie van mid-

11 Voor hen die het economische taalgebruik niet machtig zijn: als de kostencurve van een productiefactor omlaaggaat, wil dat zeggen dat wat eerst duur was nu goedkoop wordt.

delen en de manier waarop je de markt kon bereiken, aan een schaarste in aanbod en schapruimte. Maar nu er overvloed is, de barrières om een markt in te komen verlaagd of helemaal weggenomen zijn, worden hele bedrijfstakken klaargemaakt om te veranderen.[12] Dit zagen we eerst in de mediabranche, waarvan alle producten nu digitaal verkrijgbaar zijn en gratis over de wereld kunnen worden verzonden. Maar elke bedrijfstak is tot op zekere hoogte afhankelijk van informatiestromen. Media, marketing, detailhandel, gezondheidszorg, de overheid, onderwijs, financiële dienstverlening, defensie, energie, enzovoort. We kunnen ons geen branche voorstellen waaraan deze verandering ongemerkt voorbij zal gaan.

Het gevolg van al deze onrust is dat voor het succes van de onderneming de kwaliteit van het product het belangrijkst is geworden en niet de controle over de informatie, niet de controle over de distributie, niet een immense marketingkracht (hoewel al die factoren nog allemaal een belangrijke rol spelen). Hiervoor kun je een aantal redenen aanwijzen. Ten eerste: consumenten zijn nog nooit zo goed geïnformeerd geweest en hebben nog nooit zoveel keus gehad.[13] Vroeger konden bedrijven slechte producten in succesvolle omtoveren door middel van enorme marketinginspanningen en zeggenschap over het distributiekanaal. Bedenk een redelijk product, beïnvloed de communicatie door een groot marketingbudget, beperk de keuzevrijheid van de consument en je was verzekerd

---

12 We lenen de term 'de economie van de overvloed' van de visionair George Gilder, die inzag dat elke economische periode gevormd wordt door de overvloedige beschikbaarheid van het ene goed en een belangrijke schaarste van een ander. Toen paardenkrachten schaars waren, was er bijvoorbeeld land in overvloed, maar het tegenovergestelde was waar tijdens de industriële revolutie, toen de kostprijs van paardenkracht terugviel tot een paar cent per kilowatt per uur. Het gevolg van goedkope breedbandverbindingen, zoals Gilder schreef in zijn verbazingwekkend vooruitziende artikel uit 1996, is 'een volslagen andere computerarchitectuur en informatie-economie... Gebaseerd op een laag energieverbruik en grote bandbreedte zal de doorsneecomputer uit het nieuwe computertijdperk een mobiele telefoon met een IP-adres zijn'. Zie George Gilder, 'The Gilder Paradigm (*Wired*, december 1996), een herdruk uit *Gilder Technology Report*.

13 Peter Drucker voorzag deze verandering al in 2001, toen hij schreef dat de macht was verschoven van de leverancier naar de distributeur en dat 'die in de volgende dertig jaar zeker richting consument zal opschuiven, om de doodeenvoudige reden dat de consument volledig toegang heeft tot alle informatie ter wereld'. Zie Peter Drucker, *The Essential Drucker* (HarperBusiness, 2001), pag. 348.

van een goede winst. Ooit bij Bennigan's gegeten? Bij Steak and Ale? In hun glorietijd in de jaren tachtig hadden deze ketens honderden vestigingen in de Verenigde Staten, die allemaal redelijk eten met een redelijke service boden.

Nu ziet de wereld er wel even anders uit. Steden en voorsteden hebben nu allemaal unieke restaurants voor ieders smaak, zowel van particuliere eigenaren als ketens, en potentiële gasten hebben toegang tot een schat aan informatie over de geleverde kwaliteit, van zowel professionele critici als van het gewone publiek, op sites van Chowhound tot Yelp. Zoveel informatie en zoveel goeds om uit te kiezen maakt het voor de gevestigde, middelmatige restaurants (keten of niet) veel lastiger om te overleven, ongeacht de omvang van hun marketingbudget, en makkelijker voor een nieuw restaurant van topkwaliteit om op basis van mond-tot-mondreclame vaste voet aan de grond te krijgen.[14] Hetzelfde gaat op voor auto's, hotels, speelgoed en andere producten of diensten die mensen online kunnen afnemen. De consument heeft een uitgebreide keuze, met een vrijwel ongelimiteerde hoeveelheid digitale schapruimte. YouTube heeft meer dan een miljoen kanalen, Amazon verkoopt alleen al over leidinggeven meer dan vijftigduizend boeken. En de consument heeft een stem: verkoop hem een slecht product of een slechte dienst en de gevolgen zijn voor jou.

Wij hebben dit fenomeen een aantal keer zelf meegemaakt in het internettijdperk. Jonathan werkte voor Excite@Home en probeerde een zoekovereenkomst met Google af te sluiten, maar zijn CEO was daartegen want hij zei tegen Jonathan: 'Google's zoekmachine is beter, maar wij concurreren ze gewoon de markt uit.' Excite@Home bestaat niet meer, dus daar is niet zoveel van terechtgekomen. Maar wel positief is dat het @-teken zo'n grote vlucht heeft genomen. Jonathans bazen waren niet

---

14 Een econoom aan Harvard Business School heeft de impact van Yelp op de omzet van restaurants bestudeerd en ontdekte dat positieve kritieken de omzet scherp deed toenemen bij onafhankelijke restaurants, in tegenstelling tot bij ketens. Het gevolg was dat in gebieden waar veel van Yelp gebruik werd gemaakt, de ketens klanten verloren. Zie: Michael Luca, 'Reviews, Reputation, and Revenue: The Case of Yelp.com' (Harvard Business School Working Paper, september 2011).

uniek in hun geloof om niet zulke geweldige producten in de markt te zetten door middel van de kracht van hun merk en marketing. Heb je ooit gehoord van Google Notebook? Of Knol? iGoogle? Wave? Buzz? PigeonRank?[15] Dit waren allemaal producten van Google die, hoewel ze zeker een functie hadden, niet aansloegen bij de gebruikers. Ze waren niet goed genoeg en verdienden het dus om snel uit hun lijden te worden verlost. De ondersteuning van de marketing en pr-machine van Google en het merk was niet sterk genoeg om de tegenwind van de middelmatigheid te overwinnen. Zoals Jeff Bezos, de oprichter van Amazon stelt: 'In de oude wereld besteedde je dertig procent van je tijd aan het in de markt zetten van een goede dienst en zeventig procent van je tijd riep je hoe geweldig die was. In de nieuwe wereld is het andersom.'[16]

De tweede reden waarom productkwaliteit zo ongelofelijk belangrijk is, heeft ermee te maken dat de kosten van experimenteren en falen dramatisch zijn afgenomen. Je ziet dit in het bijzonder in de hightechbranches, waar een klein team van technici, ontwikkelaars en ontwerpers geweldige producten kan maken en ze online gratis kan distribueren. Het is verbazingwekkend makkelijk om een nieuw product te bedenken en te maken, het uit te proberen op een kleine groep consumenten, precies te meten wat werkt en wat niet, het product te verbeteren en het opnieuw te testen. Of het gewoon weg te gooien en opnieuw te beginnen, wat nog beter is voor het leerproces.

Maar experimenteerkosten zijn ook veel lager voor producten die uit een fabriek komen. Je kunt tegenwoordig prototypes digitaal ontwerpen, ze met een 3D-printer maken, online testen, hun ontwerp aanpassen op basis van de verzamelde data en zelfs de productiekosten online bij elkaar brengen door middel van een prototype of flitsende video. Google[x], een team dat werkt aan een aantal van de meest ambitieuze projecten bij Google, bouwde het eerste ontwerp van Google Glass, een draagbare computer die net zo licht is als een zonnebril, in slechts negentig minu-

15 PigeonRank maakte gebruik van *pigeon clusters* (PC's) om de relatieve waarde van webpagina's te beoordelen. Het ging erg snel ter ziele: het werd gelanceerd op 1 april 2002 en werd dezelfde dag om middernacht nog uit de lucht gehaald.
16 Uit: George Anders, 'Jeff Bezos's Top 10 Leadership Lessons' (*Forbes*, 23 april 2012).

ten. Het was een uiterst ruwe versie, maar die diende een belangrijk doel: vertel het me niet, laat het zien.

Productontwikkeling is een veel flexibeler en sneller proces geworden, waar radicaal betere producten niet leunen op grote voorgangers, maar het gevolg zijn van ontelbare kleine verbeteringen. Daarom is snelheid het uitgangspunt voor succes en voor voortdurende topkwaliteit.

Maar jammer genoeg is het zo dat, net als bij Jonathans stap-voor-stap-productontwikkelingsplan, de meeste managementprocessen die tegenwoordig in bedrijven worden toegepast een ander uitgangspunt hebben. Ze werden meer dan een eeuw geleden ontworpen, in een tijd dat fouten erg kostbaar waren en alleen de topmanagers de beschikking hadden over de betreffende informatie en hun eerste belang was om risico's te verminderen en ervoor te zorgen dat besluiten slechts door een handjevol managers met voldoende informatie werden genomen. In deze traditionele bevel-en-controlestructuur, stroomde de informatie uit de hele organisatie omhoog naar het topmanagement en werden de besluiten naar beneden doorgegeven. Deze aanpak is erop gericht om de boel te vertragen en daar slaagt hij bijzonder goed in. Dit betekent dat als de processen voortaan vele malen sneller moeten verlopen, deze structuur dat enorm tegenwerkt.

De 'slimme creatief'

Het goede nieuws is dat dezelfde economie van overdaad die bedrijfstakken op hun grondvesten doet schudden dat ook doet op de werkplek. De hedendaagse werkplek is een totaal andere dan die van de twintigste eeuw. Zoals we al eerder aangaven is experimenteren goedkoop en zijn de kosten bij falen, als dat goed gebeurt tenminste, veel lager dan in het verleden. Daarnaast waren data en computers vroeger schaars, maar tegenwoordig zijn beide in overvloed en is er geen noodzaak daarop te bezuinigen. Samenwerking is ook eenvoudiger: zowel in dezelfde ruimte als per continent als met de andere kant van de oceaan. Als je deze factoren bij elkaar optelt, dan heb je plotseling een omgeving waarin medewerkers, van individuen tot en met managers en managers van managers, een onvoorstelbaar grote impact kunnen hebben.

Tegenwoordig is de standaardterm voor dit soort mensen 'medewerkers die werken in informatiegerelateerde functies', of, om het simpel te zeggen, 'zij die denken voor hun beroep', 'kenniswerkers'. Dat is een term die managementgoeroe Peter Drucker introduceerde in 1959 in een boek getiteld *Landmarks of Tomorrow*.[17] Veel van het latere werk van Drucker had betrekking op de vraag hoe je deze kenniswerkers productiever kon maken, en het gebruik van de term is sinds de jaren zestig alleen maar toegenomen. Het is opvallend dat de meest waardevolle kenniswerkers het best tot hun recht komen in de dwangbuiswereld van de echt grote bedrijven, waar ze zich verregaand specialiseren in bepaalde vaardigheden. ('Morty? Hij is onze spreadsheetspecialist, Vicky weet alles over het magazijn en Pete, die organiseert het basketbal.') Zij zijn niet geïnteresseerd in een promotie, zij functioneren het best op hun huidige plek. Grote bedrijven als IBM, General Electric, General Motors en Johnson and Johnson bieden loopbaantrajecten aan de mensen met de grootste potentie, waarbij deze sterren elke twee jaar naar een andere positie worden geschoven. Maar deze aanpak legt de nadruk op het ontwikkelen van managementcapaciteiten, niet op technische kwaliteiten. Het gevolg is dat de meeste kenniswerkers in een traditionele omgeving zeer gespecialiseerd zijn in technische kennis, maar niet erg breed ontwikkeld zijn, of juist een erg brede managementkennis hebben maar weinig weten van de technische kant.

Als we de traditionele kenniswerker vergelijken met de softwareontwikkelaars en andere getalenteerde mensen die de afgelopen tien jaar bij Google zijn komen werken, zien we dat de mensen bij Google een totaal ander type kenniswerker vertegenwoordigen. Zij hoeven zich niet te beperken tot een bepaalde taak. Zij zijn niet afgesloten van de toegang tot de informatie en computerkracht van de organisatie. Zij hebben er geen moeite mee om risico's te nemen, en worden ook niet gestraft of op wat voor manier benadeeld als zaken misgaan. Zij worden niet geremd door taak- en functieomschrijvingen of door de structuur van de organisatie.

17 Peter Drucker, *Landmarks of Tomorrow* (Harper 1959).

Sterker nog, ze worden gestimuleerd om hun eigen ideeën verder uit te werken. Zij houden niet hun mond als ze het ergens niet mee eens zijn. Zij vervelen zich snel en stappen vaak over naar een andere positie. Zij zijn multifunctioneel, combineren meestal een softwaretechnische achtergrond met kennis en gevoel voor het commerciële en bezitten een creatieve flair. Met andere woorden: het zijn geen kenniswerkers in de traditionele zin van het woord. Zij zijn een nieuwe diersoort, een type dat we de 'slimme creatief' noemen, en zij zijn de sleutel voor het succes in het internettijdperk.

De belangrijkste doelstelling van elke huidige onderneming moet het versnellen van het productontwikkelingsproces zijn en het verbeteren van de productkwaliteit. Sinds de industriële revolutie is men bezig geweest om het risico bij operationele processen te verkleinen en fouten te voorkomen. Deze processen en de achterliggende managementfilosofie resulteren in een omgeving die slimme creatieven verlamt. Maar het onderscheidend vermogen van de hedendaagse succesvolle ondernemingen is dat ze in staat zijn om voortdurend met geweldige producten te komen. De enige manier waarop dat kan is door slimme creatieven aan te trekken en een omgeving te creëren waarin ze kunnen excelleren.

Maar wat of wie is nu eigenlijk zo'n slimme creatief?

Een slimme creatief heeft een enorme technische kennis van haar vak[18] en meer dan voldoende praktische ervaring. In onze bedrijfstak wil dat zeggen dat zij hoogstwaarschijnlijk een computerwetenschapper is, of ten minste voldoende kennis heeft van de basisbegrippen en structuur van de magie die je elke dag op je scherm voorbij ziet komen. In andere bedrijfstakken zou ze een arts kunnen zijn, een ontwerpster, een wetenschapper, een filmmaakster, technicus, cheffin of wiskundige. Ze is specialist in wat ze doet. Ze ontwerpt niet alleen systemen, ze maakt ook prototypen.

Zij is analytisch erg sterk. Ze kan goed overweg met data en kan die

18 De Engelse (en Nederlandse) taal verplicht ons een geslacht te kiezen bij het gebruik van een voornaamwoord en we vinden dat het gebruik van voornaamwoorden de taak van de schrijver makkelijker maakt. In deze paragraaf beschrijven we onze slimme creatief als een vrouw. In andere paragrafen is de zij een hij.

gebruiken om tot besluiten te komen. Ze ziet ook de beperkingen van data en heeft een hekel aan eindeloos analyseren. Laat data resulteren in besluiten, vindt ze, maar laat ze niet de dienst uitmaken.

Ze heeft verstand van bedrijven. Ze ziet de directe lijn van technische expertise naar productkwaliteit en het succes van het bedrijf en begrijpt de waarde van alle drie.

Ze is slim en windt daar geen doekjes om. Haar sterke punt ligt bij innovatie, maar ze weet ook wat hard werken is. Ze wil graag erg goed zijn en dat lukt je niet met acht uur per dag.

Ze kan zich verplaatsen in de gebruiker. In welke bedrijfstak ze ook werkzaam is, ze kan het product beter door de ogen van de gebruiker of consument zien dan wie dan ook. We noemen haar een *power user*: ze is niet alleen maar geïnteresseerd, nee, dat gaat bij haar veel verder, bijna obsessief. Zij is die auto-ontwerpster die weekenden lang bezig is die GTO uit 1969 te restaureren, de architecte die nooit klaarkomt met het ontwerpen van haar eigen huis. Zij is haar eigen focusgroep, de alfatester, het proefkonijn.

Een slimme creatief is een onuitputtelijke bron van nieuwe ideeën die ook echt nieuw zijn. Haar invalshoek is een andere dan die van jou of mij. Soms is die zelfs anders dan haar eigen manier van kijken, want een slimme creatief kan als een kameleon van invalshoek wisselen.

Zij is nieuwsgierig creatief. Ze vraagt zich voortdurend iets af, is nooit tevreden met de status quo, ziet overal problemen die moeten worden opgelost en vindt dat zij de juiste persoon is om ze op te lossen. Soms neemt ze te veel hooi op haar vork.

Ze is een risico nemende creatief. Ze is niet bang om de mist in te gaan, omdat ze gelooft dat in elke mislukking wel iets van waarde te vinden is. Het is dat, of ze heeft zoveel zelfvertrouwen dat ze, zelfs als het verschrikkelijk misgaat, zichzelf weer weet op te peppen om het de volgende keer goed te doen.

Zij is een creatief die zichzelf aanstuurt. Zij wacht niet tot haar verteld wordt wat ze moet doen en legt soms opdrachten naast zich neer als ze het er niet mee eens is. Ze komt in actie omdat ze dat zelf wil en die wil van haar is erg groot.

Ze is een open creatief. Ze werkt makkelijk samen en beoordeelt ideeen en analyses op hun merites en niet op hun herkomst. Als ze zou borduren dan zou ze een kussen maken waarop stond: 'Als ik jou een cent geef, ben jij een cent rijker en ik een cent armer, maar als ik jou een idee geef, dan heb jij een nieuw idee, maar ik ook.' En dan zou ze een manier bedenken om dat kussen door de kamer te laten vliegen en met lasers te laten schieten.

Zij is werkelijk creatief. Ze is altijd alert en kan alle details beschrijven; niet omdat ze die uit haar hoofd leert, maar omdat ze die kent. Het zijn haar details.

Zij is een communicatieve creatief. Ze heeft humor en presenteert zichzelf met flair en zelfs met charisma; hetzij een-op-een, hetzij een-op-veel.

Niet iedere slimme creatief heeft al deze eigenschappen, eigenlijk maar heel weinig. Maar zij zijn allemaal commercieel onderlegd en technisch geschoold, hebben creatieve energie en kunnen in de praktijk zaken voor elkaar krijgen. Dat zijn de belangrijkste uitgangspunten.

Misschien is nog wel het mooiste aan slimme creatieven dat je ze overal tegenkomt. Wij hebben met heel veel slimme creatieven samengewerkt die in het bezit waren van een graad in de computerwetenschappen van elite-universiteiten, maar met nog meer die dat niet hadden. Slimme creatieven kun je namelijk vinden in elke stad, in elke school, in elke klasse en demografische groep, en in de meeste bedrijven, non-profitorganisaties en overheidsinstellingen: de ambitieuze persoonlijkheden van elke willekeurige leeftijd die gretig zijn en in staat om de computertechnologie te gebruiken om nog meer voor elkaar te krijgen. Wat ze gemeenschappelijk hebben is dat ze hard werken, de bereidheid hebben om zaken anders aan te pakken en zich niet wensen neer te leggen bij de status quo als ze iets willen veranderen. En daarom kunnen zij zo'n impact hebben.

Het is om dezelfde reden dat zij zo uitzonderlijk lastig te managen zijn, zeker in het oude model, omdat, hoezeer jij ook je best doet, je dat soort mensen niet kunt voorschrijven hoe te denken. Als je mensen niet kunt voorschrijven hoe ze moeten denken, dan moet jij leren om een omgeving te creëren waarin zij kunnen denken. En zorg ervoor dat het een plek wordt waar zij elke dag naartoe willen komen.

Een leuk project voor ons tweeën

Dat brengt ons weer terug naar ons verleden bij Google. Op het moment dat wij dat businessplan presenteerden aan de board, in 2003, wisten wij dat we moesten doen waar veel topmanagers tegenwoordig mee worden geconfronteerd. Wij moesten opnieuw regels bedenken waarmee wij ons bedrijf konden aansturen en een werkomgeving creëren en in stand houden bij een, in ons geval, bedrijf dat als de wiedeweerga moest groeien, en waar onze ongelofelijk slimme creatieven het beste uit zichzelf konden halen. Hoewel wij bij Google waren binnengehaald om 'ouderlijk toezicht' te verschaffen, bevonden we ons in een situatie waarin we alles wat we dachten te weten over management moesten herzien, en waarin onze beste leraren de mensen waren die ons elke dag omringden op Googleplex, ons hoofdkantoor.

We zijn er sinds die tijd mee aan de slag gegaan en tijdens dat proces hebben we, als goede studenten, aantekeningen gemaakt. Elke keer als we iets interessants hoorden in een stafvergadering of productevaluatie krabbelden we dat op. Terwijl Eric periodieke memo's schreef aan de Googlers over de prioriteiten van de organisatie, kopieerde Jonathan de beste delen daaruit en bewaarde ze voor later gebruik. Als Jonathan mails stuurde naar de productteams, waarin hij dingen die goed gingen prees en de dingen die minder goed gingen ook benoemde, gaf Eric daar zijn mening en analyse over. In de loop der tijd ontwikkelden we een manier waarop we leiding aan die nieuwe wereld konden geven.

Toen, een paar jaar geleden, vroeg Nikesh Arora, hoofd Global sales and business operations, Jonathan om een verhaal te houden voor een groep verkoopleiders uit de hele wereld. Nikesh zelf is het prototype van de slimme creatief. Hij heeft een graad in elektronica van het Indian Institute of Technology en kwam in 2004 bij Google werken om leiding te geven aan de afdeling Sales in Europa, hoewel hij weinig ervaring had met leidinggeven aan een verkooporganisatie van die omvang. In 2009 kwam hij naar Californië om de wereldwijde verkoop te gaan doen. Nikesh is altijd geweldig, dus Jonathan wist dat daarmee de lat hoog lag voor deze bewuste toespraak. Google had net zijn tweede lustrum gevierd en groeide als kool en Nikesh wilde dat Jonathan wat van de nieuwe kennis die hij en Eric hadden verzameld over hoe je Google moest managen, zou doorgeven aan de nieuwe generatie leidinggevenden. Dit was de perfecte gelegenheid om alle aantekeningen over wat de 'studenten' in de loop der jaren hadden geleerd van de 'docenten' eens naast elkaar te leggen.

Het praatje werd erg goed ontvangen en dus maakten we er een managementseminar van voor het management bij Google, waarbij we met kleine groepen leidinggevenden onze uitgangspunten doorliepen en verhalen uitwisselden over het aansturen van slimme creatieven. Ten slotte deed Eric wat alle goede managers doen als ze willen dat er iets gebeurt: hij lanceerde een idee. Zijn e-mail luidde als volgt:

> Ik ben dusdanig onder de indruk van het werk dat hier wordt geleverd dat ik voorstel dat Jonathan en ik een boek over management gaan schrijven.
>
> Natuurlijk zal aan de hand van de principes die we in het boek naar voren zullen brengen Jonathan al het werk doen en zal ik alle lof toegezwaaid krijgen. Grapje.
>
> In elk geval denk ik dat het een leuk project voor ons tweeën wordt.
>
> Jonathan, wat vind jij ervan?

Eric was geïnspireerd door een lezing die hij ooit had bijgewoond van John Chambers, de hoog in aanzien staande CEO van Cisco, waarin deze vertelde dat hij in de jaren negentig vaak contact had met Lew Platt, CEO van Hewlett Packard, om over strategie en management te praten. Op een gegeven moment vroeg de erkentelijke John waarom Lew zoveel tijd uittrok om een jonge leidinggevende van een ander bedrijf te helpen. Platt antwoordde: 'Dit is de manier waarop Silicon Valley functioneert. Wij zijn er om jou te helpen.'

Steve Jobs, de latere oprichter en CEO van Apple, die zijn buurman Larry Page vaak advies gaf, had een bloemrijkere omschrijving om hetzelfde gevoel duidelijk te maken. Onze vriend Leslie Berlin, de geschiedschrijver van Silicon Valley, deed onderzoek voor een biografie over de medeoprichter van Intel, Bob Noyce, en hij vroeg Steve tijdens een vraaggesprek waarom hij in het begin van zijn carrière zoveel tijd met Bob had doorgebracht. 'Het is wat Schopenhauer zei over de goochelaar,' antwoordde Steve. Hij pakte een boek met de essays van de negentiende-eeuwse Duitse filosoof Arthur Schopenhauer en las een passage uit een verhaal met als titel 'Over het lijden der wereld': 'Hij die twee of drie generaties heeft overleefd voelt zich soms alsof hij naar een goochelaar kijkt op een jaarmarkt en hem zijn trucs twee of drie keer ziet demonstreren. Een truc behoor je maar één keer te zien en als ze niet nieuw meer zijn en ze je niet meer verrassen, dan is het effect verdwenen.'[19] (We vermoeden trouwens dat het te berde brengen van een quote van Schopenhauer hier ook onder valt.)

We kwamen beiden bij Google als gelouterde managers die redelijk overtuigd waren van hun kennis en kunde. Maar in de tot nederigheid stemmende volgende tien jaar konden we ons steeds meer vinden in de wijze uitspraak van John Wooden: 'Wat je leert nadat je alles al weet, dat is waar het om gaat.'[20] We zaten op de voorste rij toen we onze oprichters en collega's hielpen een geweldig bedrijf te creëren – je zou kunnen zeggen dat wij de goochelaars aan het werk hebben gezien – en gebruikten dat om opnieuw te leren kijken naar alles wat we wisten over management. Tegenwoordig zien we allerlei ondernemingen en organisaties, groot en klein, uit alle branches en van overal ter wereld, naar Silicon Valley komen om te onderzoeken of zij zich de inzichten en energie eigen kunnen maken die dit zo'n bijzondere plek maken. Mensen willen graag veranderen en daar gaat dit boek over: in de geest van onze voorouders hier in Silicon Valley

---

19 Arthur Schopenhauer, *Essays and Aphorisms* (Penguin, 1970).

20 Coach Wooden, die overleed in 2010 op de leeftijd van negenennegentig jaar, won tien nationale kampioenschappen als coach van het herenbasketbalteam van UCLA. Maar zijn eerste titel won hij pas nadat hij al vijftien jaar coach was, dus hij wist wel iets over leren. Zie John Wooden en Steve Jamison, *Wooden on Leadership* (McGraw-Hill, 2005), pag. 34.

willen wij een aantal van de geheimen van de goochelaar met jullie delen en ze vertalen in lessen die iedereen kan toepassen.

Ons boek is zo opgebouwd dat het de verschillende ontwikkelingsfasen weerspiegelt: van een succesvol groeiend bedrijf of nieuwe onderneming tot wat kan uitgroeien tot een zichzelf in stand houdende effectieve kringloop; zoiets als een sneeuwbal die een helling af rolt en steeds groter wordt naarmate hij harder gaat rollen. We beschrijven een aantal stappen die bedrijven kunnen zetten om slimme creatieven aan te trekken en te motiveren, waarbij elke stap het bedrijf naar een hoger niveau tilt. De stappen volgen elkaar op en leunen op elkaar, maar geen van alle is ooit voltooid en ze zijn allemaal erg dynamisch.

We beginnen met aangeven hoe je de beste slimme creatieven kunt aantrekken, wat begint bij cultuur, want cultuur en succes gaan hand in hand en als je niet in je eigen slogans gelooft dan zul je het niet ver schoppen.

Daarna zullen we het hebben over strategie, omdat slimme creatieven zich het beste thuis voelen bij ideeën die verankerd zijn in een solide strategisch fundament. Zij weten dat bedrijfsplannen bij lange na niet zo belangrijk zijn als de pijlers waarop ze zijn gebaseerd. Daarna volgt het in dienst nemen, het belangrijkste wat een leider moet doen. Neem voldoende uitstekende mensen aan en de daaruit voortvloeiende intellectuele mix komt onvermijdelijk tot uitbarsting in creativiteit en succes.

Het team is aangenomen, het bedrijf groeit en dan breekt de tijd aan om ferme beslissingen te nemen. Dat is het moment waarop we spreken over consensus en hoe je die kunt bereiken. Ons volgende hoofdstuk gaat over communicatie, wat onmisbaar (en moeilijker) wordt als de organisatie groeit. Daarna komt innovatie, omdat een voortdurende topkwaliteit van je producten de enige manier is om succes te continueren en een omgeving waarin voortdurend innovatie wordt gepleegd de enige manier is om dat voor elkaar te krijgen. We sluiten af met een aantal gedachten over de gevestigde orde en hoe je je het onvoorstelbare kunt voorstellen.

Het afbreken van piramides

Zo makkelijk is het allemaal niet en veel van onze lessen hebben we op een harde manier geleerd, via lange vergaderingen, ruzieachtige confrontaties en fouten. We moeten ook nederig toegeven dat we het geluk hebben gehad om bij een mooi bedrijf te mogen werken, geleid door briljante oprichters, op het unieke moment in de geschiedenis dat internet steeds belangrijker werd. Niet dat we volslagen nitwits waren, maar er viel voor ons nog een hoop te leren.

Natuurlijk bezitten we niet alle antwoorden, maar we hebben wel veel geleerd over deze nieuwe wereld waarin computertechnologie gaat boven al het andere en waar medewerkers volledig zijn toegerust om een verschil te maken. We denken dat deze lessen inzicht kunnen geven en ideeën kunnen aanreiken aan leiders van allerlei typen organisaties, van multinational tot starter, van non-profit tot NGO en overheid, of ten minste leiden tot gedegen discussies over hoe je onze ervaringen bij Google kunt toepassen bij andere ondernemingen en organisaties. Maar we hopen nog het meest dat we je, naast veel leesplezier, ideeën en middelen kunnen bieden om iets nieuws te beginnen.

Als we het hebben over 'jij', 'jou' of 'jullie', dan bedoelen we de ondernemer. Jullie zijn daar ergens. Misschien zie je jezelf nog niet als een ondernemer, maar je bent het wel. Je hebt een idee en je bent ervan overtuigd dat daardoor alles anders wordt; je hebt een prototype, misschien zelfs de eerste versie van een product. Je bent slim, ambitieus en zit ergens in een garage, vergaderzaal, kantoor, koffiehuis of studentenflat; alleen of met een klein team. Je denkt aan je idee, zelfs als je geacht wordt wat anders te doen, zoals studeren, de dag met partner en kinderen doorbrengen of gewoon werken. Je staat op het punt om iets nieuws te beginnen en we willen je helpen.

En als we het hebben over 'iets nieuws', dan beperken we ons niet alleen tot de starters in de digitale wereld die ons hier in Silicon Valley omringen. Medewerkers verwachten tegenwoordig veel meer van de bedrijven waarvoor ze werken en vaak krijgen ze dat niet. Dit is een kans. De uitgangspunten waar we over schreven hebben betrekking op iedereen die iets nieuws wil beginnen, hetzij van de grond af aan of binnen een bestaande organisatie. Ze gelden niet alleen voor startende bedrijven en ook niet alleen voor de hightechwereld. Want als bekwame leiders van een zich voortdurend ontwikkelende organisatie al deze uitgangspunten weten te benutten, dan kan die organisatie veel meer impact hebben dan een starter. Als je dus geen sweatshirt met capuchon draagt of een vette cheque met zeven nullen van een durfkapitalist in je zak hebt, wil dat nog niet zeggen dat je niets revolutionairs kunt bedenken. Het enige wat je nodig hebt is het besef dat jouw branche erg snel verandert, het lef om risico's te nemen en onderdeel te zijn van die verandering, en de bereidheid en het vermogen om de slimste creatieven aan te trekken en ze te helpen jouw project uit te voeren.

Ben jij die persoon? Ben je er klaar voor? Peter Drucker zei al dat de Egyptenaar die duizenden jaren geleden de piramides bouwde slechts een erg succesvolle manager was.[21] Het internettijdperk staat vol met piramides die nog gebouwd moeten worden. Aan de slag.

Maar nu zonder slavenarbeid.

---

21 Peter Drucker, *The Essential Drucker* (HarperBusiness, 2011), pag. 312–313. Drucker schrijft hier: 'Het vak management is al eeuwen oud. De meest succesvolle topmanager aller tijden was zonder enige twijfel de Egyptenaar die 4.700 jaar geleden voor het eerst, zonder dat er al eerder zoiets was gemaakt, een piramide bedacht, ontwierp en bouwde en dat in recordtijd.

Cultuur – geloof in je eigen slogans

Op een vrijdagmiddag in mei 2002 zat Larry Page wat rond te zoeken op de site van Google. Hij typte wat zoektermen in, keek wat voor resultaten daaruit kwamen en welke advertenties verschenen. Hij was niet tevreden met wat hij zag. Als hij de opdracht gaf om iets te zoeken, gaf Google meer dan voldoende 'organisch' relevante resultaten, maar een aantal van de advertenties had werkelijks niets van doen met de zoekresultaten.[22] Een zoekopdracht voor zoiets als 'Kawasaki H1B' leverde erg veel advertenties op van advocaten die immigranten wilden helpen een 'H-1B'-visum voor de Verenigde Staten te krijgen, maar er zat er geen enkele bij die iets te maken had met het vintage type motorfiets waar de zoekopdracht naar verwees. En een zoekopdracht naar 'Franse grottekeningen' leverde veel advertenties op die als vermelding hadden 'Koop Franse grottekeningen bij...', met de naam van een webwinkel die, zoveel was wel duidelijk, geen Franse grottekeningen op voorraad had, laat staan kopieën daarvan. Larry kreeg ongelofelijk de pest aan dat AdWords, dat moet bepalen welke advertentie het beste past bij welke zoekopdracht en onze gebruikers af en toe confronteerde met zulke onzinnige advertenties.

Eric dacht rond dat tijdstip nog steeds dat Google een redelijk normaal startend bedrijf was. Maar wat er in de volgende tweeënzeventig uur ge-

22 Als je een zoekopdracht geeft aan Google, dan krijg je twee soorten resultaten: organische en gesponsorde. Organische resultaten zijn de 'natuurlijke' zoekresultaten die Google je geeft, de gesponsorde worden door de advertentielogaritmes toegevoegd.

beurde maakte direct een einde aan dat beeld. In een normaal bedrijf zou de CEO die geconfronteerd was met een slecht product, de verantwoordelijke persoon bij zich roepen. Er zouden twee of drie vergaderingen belegd worden waarin het probleem zou worden besproken, mogelijke oplossingen de revue zouden passeren en een plan van aanpak zou worden opgesteld. Daarna zou men stap voor stap beschrijven hoe het probleem zou worden opgelost. Dan, na een behoorlijk aantal kwaliteitscontroles, zou de oplossing worden gelanceerd. In een normaal bedrijf zouden hier een aantal weken overheen gaan. Larry deed iets anders.

Hij printte de pagina's van de resultaten die hem niet bevielen, markeerde de advertenties die hij niet goed vond, hing die vervolgens op een mededelingenbord naast de biljarttafel in de keuken en schreef er met koeienletters boven: DEZE ADVERTENTIES ZIJN KUT. Daarna ging hij naar huis. Hij belde of mailde niemand. Hij plande geen extra vergadering in. Hij sprak er met niemand anders over.

De volgende maandagmorgen, om 05.05 uur, stuurde een van de search engineers, Jeff Dean, een mail rond. Hij en een paar collega's (waaronder Georges Harik, Ben Gomes, Noam Shazeer en Olcan Sercinoglu) hadden Larry's memo op het bord zien hangen en waren het volledig eens met zijn klotegevoel over de gepresenteerde advertenties. Maar de mail onderstreepte niet alleen het gevoel van de oprichter en wat vage ideeën over hoe je dat probleem misschien zou kunnen aanpakken. Nee, hij bevatte een gedetailleerde analyse van waarom dit probleem zich voordeed, beschreef een oplossing, met daarbij een link naar een prototype van de software die de vijf in het weekend hadden geschreven en gaf een aantal voorbeelden waaruit bleek dat het door hen gemaakte programma een verbetering was ten opzichte van de bestaande resultaten. Hoewel de details van de oplossing erg 'nerderig' en complex waren (onze favoriete zinsnede was: '*query snippet term vector*'), kwam het erop neer dat we een 'advertentierelevantiescore' moesten invoeren die de kwaliteit van de advertenties in relatie tot de zoekopdracht moest beoordelen en daarna op basis van die score beoordeelde of en waar de advertentie werd geplaatst. Dit principe, dat een advertentie moet worden geplaatst op basis van haar relevantie en niet op basis van hoeveel de adverteerder bereid is te betalen en het aantal 'klikken' dat ze genereert, werd het uitgangspunt waarop het AdWords-programma van Google, met een omzet van miljarden dollars, werd gebaseerd.

Het mooiste van alles is dat Jeff en zijn vrienden niet eens werkzaam waren op de advertentieafdeling. Ze waren die vrijdagmiddag toevallig op kantoor, zagen de memo van Larry en begrepen dat als het jouw missie is om de informatie van de wereld te organiseren en ervoor te zorgen dat iedereen erbij kan en haar zinvol kan gebruiken, het hebben van slechte (niet-bruikbare) advertenties (informatie) een probleem is. Zij besloten daarom om het op te lossen. In het weekend.

De reden dat een aantal medewerkers die geen directe verantwoordelijkheid voor advertenties hadden en die niets verweten kon worden, hun weekend gebruikten om een probleem van iemand anders om te zetten in een winstgevende oplossing, zegt veel over onze cultuur. Jeff en zijn maten hadden duidelijk gevoel voor de prioriteiten van de onderneming en zij wisten dat ze de vrijheid hadden om elk groot, succes belemmerend probleem aan te pakken. Als ze gefaald hadden dan had niemand ze dat op wat voor manier ook nagedragen en toen ze slaagden was niemand, ook niet bij de advertentieafdeling, jaloers op wat ze hadden gedaan. Maar het was niet de cultuur bij Google die deze vijf softwareontwikkelaars had omgetoverd in een stel musketiers die de loop der geschiedenis van het bedrijf in één weekend wisten te beïnvloeden. Het was de cultuur die deze musketiers ooit had doen besluiten om bij dit bedrijf te gaan werken.

Veel mensen zijn, als ze zoeken naar een baan, in eerste instantie geïnteresseerd in hun rol en de bijkomende verantwoordelijkheden in de organisatie, wat het bedrijf al heeft gepresteerd, de branche en het salaris. Lager op die lijst, waarschijnlijk ergens tussen 'reistijd' en 'de kwaliteit van de koffie' staat cultuur. Slimme creatieven zetten cultuur echter boven aan die lijst. Om effectief te kunnen zijn moeten ze zich druk maken over de omgeving waarin ze komen te werken. Daarom is goed nadenken over de cultuur het allerbelangrijkste als je een bedrijf start.

Bij de meeste bedrijven ontstaat er gewoon een cultuur, niemand heeft die ooit uitgedacht. Dat kan goed uitpakken, maar het betekent wel dat je een belangrijke succesfactor aan het geluk overlaat. Overal in dit boek hebben we het over het belang van het experiment en de waarde van de mislukking, maar cultuur is misschien het enige belangrijke element waarbij een mislukt experiment echt pijn doet. Als ze er eenmaal is, is een bedrijfscultuur erg lastig om te veranderen, omdat ze bij de start van een organisatie een onderdeel is dat zichzelf versterkt. Mensen die in dezelfde dingen geloven willen bij het bedrijf werken, terwijl de mensen die niet worden aangesproken door de cultuur dat niet willen.[23] Als een bedrijf gelooft in een cultuur waarin iedereen inbreng heeft en waar besluiten als groep worden genomen, dan zal dat gelijkgestemde medewerkers aantrekken. Maar als de organisatie naar een meer autocratische of strijdlustige werkwijze wil overschakelen, dan wordt het erg moeilijk om gelijkgestemden over de drempel te halen. Een dusdanige verandering gaat niet alleen in tegen datgene waar het bedrijf voor staat, het gaat ook in tegen datgene waar de medewerkers zelf voor staan. Dat wordt een lastig traject.

De slimmere manier van doen is bij de start van je bedrijf na te denken over en te definiëren wat voor soort cultuur je eigenlijk wilt. En de beste manier om dat te doen is om het aan de slimme creatieven te vragen; tenslotte zijn dat jouw belangrijkste medewerkers, de mensen die weten waar jullie mee bezig zijn en die er net zo in geloven als jij. Culturen worden gevormd door oprichters, maar zijn het meest zichtbaar in de eerste groep medewerkers waarmee de oprichter probeert om het bedrijf van de grond te krijgen. Vraag dus aan het team: wat vinden we belangrijk? Waar geloven we in? Wie willen we zijn? Hoe willen we dat ons bedrijf functioneert en besluiten neemt? Schrijf hun antwoorden op. Zij zullen, zeer waarschijnlijk, de waarden van de oprichter onderschrijven, maar die

---

23 Een van de meest belangrijke wetenschappelijke verwijzingen naar dit concept verscheen in 1987 in een tijdschriftartikel van de organisatiepsycholoog Benjamin Schneider, 'The People Make the Place' (*Personnel Psychology*, september 1987). In dit invloedrijke artikel beschrijft Schneider het ASA-model (aantrekking-selectie-afvloeiing) waarbij de organisatiecultuur evolueert aan de hand van de gebruiken en keuzes van individuen. Aantrekking refereert aan de neiging van sollicitanten om naar bedrijven toe te stappen waarvan ze het gevoel hebben er goed bij te passen, selectie betekent dat de reeds aanwezige werknemers de neiging hebben mensen aan te nemen die zijn zoals zij en ook afvloeiing heeft niet met toeval te maken, omdat werknemers de neiging hebben een organisatie te verlaten als ze zich er niet meer thuis voelen. En door de voortdurende invloed van deze drie factoren heeft een cultuur de neiging om erg homogeen te worden.

aanvullen met ideeën die ontstaan door de verschillende invalshoeken en achtergronden van de teamleden.

De meeste bedrijven laten dit na. Zij worden succesvol en komen dan tot de conclusie dat ze hun cultuur moeten beschrijven. Die taak wordt aan iemand van HRM of pr toegewezen, die waarschijnlijk geen onderdeel uitmaakte van de eerste groep medewerkers, maar die wel wordt geacht een document op te stellen dat de essentie van het bedrijf weet samen te vatten. Het resultaat is meestal een serie algemeenheden als 'uiterst tevreden klanten', 'maximaal rendement voor de aandeelhouders' en 'innovatieve medewerkers'. Het verschil tussen succesvolle bedrijven en niet-succesvolle zit 'm in hoeverre de medewerkers geloven in die woorden.

Hier een klein denkexperiment: Denk aan een bedrijf waar je hebt gewerkt. Probeer nu eens hun missie te verwoorden. Lukt je dat? En zo ja, geloof je er ook in? Heb je de indruk dat ze authentiek is, iets wat werkelijk uiting geeft aan de werkwijze en cultuur van het bedrijf en zijn medewerkers? Of klinkt het alsof iemand van de marketing- of communicatieafdeling haar op een nacht met een woordenboek en een kratje bier heeft opgesteld? Zoiets als: 'Onze missie is om ongeëvenaarde samenwerking te zoeken met en waarde te creëren voor onze klanten, door middel van de kennis, creativiteit en toewijding van onze medewerkers, wat weer leidt tot maximale tevredenheid van onze aandeelhouders.'[24] Nou, daar valt geen speld tussen te krijgen. Klanten, vink. Medewerkers, vink. Aandeelhouders, vink. Lehman Brothers was de eigenaar van deze missieverklaring, tenminste, tot hun faillissement in 2008. Natuurlijk stond Lehman Brothers ergens voor, maar dat kon je niet uit deze woorden afleiden.

In tegenstelling tot het management van Lehman Brothers, nam David Packard, de oprichter van de hall of fame voor de allerslimste creatieven ooit, cultuur uiterst serieus. In 1960 hield hij een toespraak voor zijn management waarin hij aangaf dat bedrijven bestaan omdat ze iets doen 'wat de moeite waard is, ze leveren een bijdrage aan de maatschappij. Je kunt om je heen kijken en je zult mensen blijven zien die alleen maar in geld geïnteresseerd zijn, maar de onderliggende motivatie komt grotendeels

24 Susan Reynolds, *Prescription for Lasting Success* (John Wiley and Sons, 2012), pag. 51.

voort uit het verlangen om iets anders te doen, een product te maken, een dienst te verlenen, in het algemeen gesproken iets te doen wat waarde heeft.'[25]

De 'gelul'-sensoren van mensen zijn gevoelig voor managementlingo; je weet precies wanneer men iets niet meent. Dus als je een missieverklaring wilt opstellen, zorg er dan voor dat die authentiek is. Een goede lakmoesproef is je afvragen wat er gebeurt als je de verklaring die de cultuur beschrijft zou veranderen. Neem bijvoorbeeld 'respect, integriteit, communicatie en voortreffelijkheid', het motto van Enron. Als de verantwoordelijken bij Enron hadden besloten om deze kreten te vervangen door andere, bijvoorbeeld 'hebzucht, hebzucht, gek op geld en hebzucht', dan zouden er misschien een paar wenkbrauwen zijn opgetrokken, maar voor de rest was er weinig veranderd. Bij Google is een van de duidelijke waarden altijd 'focus op de gebruiker' geweest. Als we dat zouden veranderen, bijvoorbeeld om het belang van de adverteerder voorop te zetten, dan zou onze inbox overstromen en woedende softwareontwikkelaars zouden de eerstvolgende wekelijkse TGIF-bijeenkomst die wordt voorgezeten door Larry en Sergey en waar medewerkers wordt gevraagd om hun onvrede over bepaalde besluiten kenbaar te maken, wat ze ook vaak doen, overnemen. Medewerkers hebben altijd een keuze, dus als je je niet aan jouw waarden houdt, dan is dat voor jouw risico.

Denk na over jouw cultuur, over hoe je zou willen dat die was of hoe die al is. Stel je een medewerker voor, maanden of jaren van nu, die 's avonds laat nog aan het werk is en die niet in staat is om een moeilijk besluit te nemen.[26] Hij loopt naar de koffieautomaat voor een kop koffie,

---

25 De volledige tekst van Packards speech van 8 maart 1960 is te vinden in: David Packard, *The HP Way: How Bill Hewlett and I Built Our Company* (HarperCollins, 2005).

26 Cultuurhistorici vanaf de tijd van Émile Durkheim zijn van mening geweest dat cultuur de gedachten en het gedrag van mensen beïnvloedt door middel van gemeenschappelijke gebruiken, waarden en normen. Hedendaagse sociaal wetenschappers, in het bijzonder de sociaal psycholoog Hazel Markus, hebben wetenschappelijke experimenten gedaan om aan te tonen dat hoewel mensen zich er niet van bewust zijn, hun cultuur (zoals de Japanse tegenover de Amerikaanse, of de blauwe boorden tegenover de witte boorden) hun dagelijkse keuzes beïnvloedt. Voor een populair wetenschappelijk verslag van dit onderzoek zie: Hazel Rose Markus en Alana Conner, *Clash!: 8 Cultural Conflicts That Make Us Who We Are* (Hudson Street Press/Penguin, 2013).

denkt terug aan de culturele waarden die op bedrijfsbijeenkomsten werden uitgedragen, waar hij tijdens de lunch met zijn collega's over gepraat heeft, die hij zag worden toegepast door een oudgediende, iemand die iedereen respecteert. Voor deze medewerker, voor alle medewerkers, zouden de waarden duidelijk en helder moeten omschrijven waar het bedrijf voor staat, de dingen waar jij voor staat. Anders zijn ze betekenisloos en volkomen waardeloos als het erop aankomt dat een slimme creatief de juiste beslissing neemt. Over welke waarden wil je dat die doodvermoeide medewerker nadenkt? Schrijf ze beknopt en in simpele bewoordingen op. Deel ze daarna met iedereen, niet via posters en handboeken, maar door er voortdurend en eerlijk over te communiceren. Zoals de vroegere CEO van General Electric, Jack Welch, schrijft in *Winning*: 'Geen enkele visie is het papier waard waarop ze gedrukt staat als er niet voortdurend over wordt gesproken en ze niet middels beloningen wordt onderstreept.'[27]

Google ging in 2004 naar de beurs en Larry en Sergey zagen dat als de perfecte gelegenheid om de waarden vast te leggen die richting moesten geven aan het functioneren en de besluiten van het bedrijf. Niet alleen de meest belangrijke en die van het management, maar die van iedereen binnen de organisatie, klein en groot, elke dag. Deze waarden waren de oorzaak van hoe het met het bedrijf vergaan was sinds de oprichting zes jaar daarvoor en ze waren diep verankerd in de persoonlijke overtuigingen van de oprichters. Geïnspireerd door de jaarlijkse brief die Warren Buffet schrijft aan de aandeelhouders van Berkshire Hathaway, stelden zij een 'brief van de oprichters' op, die toegevoegd werd aan de prospectus die hoort bij een beursgang.

De Securities and Exchange Commission besloot in eerste instantie dat de brief geen informatie bevatte die relevant was voor potentiële investeerders en dus niet thuishoorde in de prospectus. We gingen daartegen in beroep en kregen uiteindelijk onze zin. Toch kregen de bankiers en advocaten van sommige zinnen in de brief hartkrampen en op een gegeven moment bevond Jonathan zich in een vergaderruimte tegenover een batterij van die lui die kritiek hadden op allerlei zinsneden. Hij verde-

27 Jack Welch met Suzy Welch, *Winning* (HarperCollins, 2005), pag. 69.

digde standvastig de inhoud van de brief, waarbij hij twee hoofdargumenten gebruikte: 1) Larry en Sergey hadden de brief zelf geschreven, een select groepje Googlers had voor input gezorgd, en ze wilden er geen letter van aanpassen. (Het is overigens altijd makkelijk om in onderhandelingen gewoon vast te houden aan jouw standpunt, zeker als je absoluut niet in staat bent om jouw achterban tot enige concessies te dwingen.) En 2) alles wat in de brief stond kwam uit het hart en was 100 procent de waarheid.

Na publicatie in april 2004 veroorzaakte de brief veel verwondering en soms ook enige kritiek. Wat de meeste mensen niet begrepen was precies de reden waarom de oprichters zoveel moeite hadden gedaan om de brief uiterst zorgvuldig te formuleren en waarom Jonathan zich hevig verzette tegen de bankiers en advocaten die onderdelen ervan wilden veranderen. De brief ging in eerste instantie niet over een beursgang bij afslag (*Dutch auction*), stemrecht of het tonen van volkomen minachting voor alles waar Wall Street voor stond. Maar mochten we Wall Street al beledigd hebben, dan is dat nu weer uit de wereld als je het volgende bedenkt.[28] De oprichters waren niet geïnteresseerd in het maximaliseren van de kortetermijnwinst en de verkoopbaarheid van hun aandelen, omdat zij wisten dat het opschrijven van de unieke waarden voor de toekomstige werknemers en partners veel meer bijdroeg aan het succes van de onderneming op langere termijn. Op het moment dat we dit opschrijven zijn de mysterieuze details van de beursgang van tien jaar geleden een noot in de geschiedenis, maar zinsneden als 'langetermijnfocus', 'het bedienen van de eindgebruiker', 'niets doen wat slecht is' en 'de wereld een betere plek maken' beschrijven nog steeds hoe het bedrijf wordt aangestuurd.

Er zijn andere aspecten van de Google-cultuur, dingen als overvolle kantoren, nijlpaarden, kaartspelletjes en Israëlische tankcommandanten, die de brief niet gehaald hebben. Maar deze, zoals we zullen zien, werden een onderdeel van het creëren en in stand houden van een cultuur waar een eenvoudige opmerking als 'Deze advertenties zijn kut' het enige is wat je nodig hebt om iets voor elkaar te krijgen.

---

28 Met excuses aan die vooraanstaande slimme creatief, Puck.

Hou het overvol

Een nieuwe bezoeker van Googleplex zal onmiddellijk de enorme hoeveelheid voorzieningen voor de werknemers opvallen. Volleybalvelden, bowlingbanen, klimwanden en glijbanen, fitnesscentra met personal trainers en zwembaden, kleurige fietsen om van het ene gebouw naar het andere te komen, gratis topkwaliteit lunchfaciliteiten en verschillende keukens die vol staan met snacks, frisdranken en de allerbeste espressomachines. Deze dingen laten bij de bezoeker meestal de juiste indruk achter dat Googlers zich wentelen in luxe en met de foute indruk dat luxe een onderdeel is van onze cultuur. Het toestoppen van extra leuke dingen is een traditie in Silicon Valley, die teruggaat tot in de jaren zestig toen Bill Hewlett en David Packard een paar honderd hectare land kochten in de Santa Cruz Mountains en er Little Basin[29] startten, een camping en recreatieterrein voor medewerkers en hun gezinnen.[30] In de jaren zeventig begonnen bedrijven als ROLM allerlei gemakken en voorzieningen naar de werkplek te brengen, met volledig uitgeruste sportzalen en gesubsidieerde cafetaria die eten voor fijnproevers serveerden, en Apple deed een duit in het zakje met de beroemde (zeker voor de nerds die heel graag bij hen wilde komen werken) vrijdagmiddagbierfeesten. In het geval van Google was onze houding ten opzichte van dit soort voorzieningen gebaseerd op het begin van het bedrijf in een studentenhuis op Stanford. Larry en Sergey wilden net zo'n omgeving creëren als op de universiteit, met studen-

---

29 In 2007 verkocht HP Little Basin aan een aantal non-profitorganisaties, Sempervirens Fund en Peninsula Open Space Trust, die het vervolgens weer doorverkochten aan het departement voor staatsparken van Californië. Tegenwoordig is het onderdeel van het Big Basin Redwoods State Park en open voor het publiek. Zie Paul Rogers, 'Former Hewlett Packard Retreat Added to Big Basin Redwoods State Park' (*San Jose Mercury News*, 14 januari 2011).

30 Tientallen jaren voordat Google zijn eigen chef-kok in dienst nam, schenen Bill Hewlett en David Packard al te begrijpen hoeveel waarde medewerkers en klanten hechten aan gratis eten. HP-medewerker John Minck verklaarde: 'Er werden bij de productielijn op de roosters boven soldeerbouten, waarvan je het vermogen kon regelen, donuts gelegd om ze warm te maken, zonder ze te laten aanbranden. Dat waren de enige snacks die het bedrijf beschikbaar stelde en ze werden ook gebruikt om de bezoekers die door de fabriek heen werden geleid te vermaken. Geciteerd in: Michael Malone, *Bill & Dave: How Hewlett and Packard Built the World's Greatest Company* (Portfolio/Penguin, 2007), pag. 130.

ten die toegang hadden tot culturele, sportieve en academische faciliteiten van wereldniveau... en het merendeel van hun tijd zich zeven slagen in de rondte werkten. Volg de typische Googler (en waarschijnlijk ook de medewerkers van LinkedIn, Yahoo, Twitter en Facebook, hoewel de laatste keer dat we dat probeerden we tegen werden gehouden door de beveiliging) van het volleybalveld, het café of de keuken naar zijn werkplek en wat zie je daar? Een serie kubuskantoortjes die overvol zijn, smerig en een reageerbuis voor creativiteit.

Zit jij nu in jouw kantoor? Zijn er collega's in de buurt? Draai je om en zwaai met je armen. Iemand geraakt? Als je een rustig telefoongesprek hebt terwijl je aan je bureau zit, kunnen je collega's je dan horen? We schatten in van niet. Ben jij een manager? Zo ja, kun jij je deur dichtdoen en een privégesprek voeren? We schatten in van wel. Het facilitaire masterplan van jouw organisatie is er waarschijnlijk op gericht om ruimte en rust te maximaliseren tegen minimale kosten. En hoe hoger je positie in de organisatie, hoe meer ruimte en rust je hebt. Medewerkers in de laagste baantjes worden als haringen in een ton bijeengepakt in kubuskantoortjes, terwijl de CEO een groot hoekkantoor krijgt met heel veel ruimte eromheen om assistenten te kunnen huisvesten en die ook als drempel op te werpen tegen andere mensen.

Mensen zijn van nature territoriaal en dat zie je terug in het bedrijfsleven. In de meeste bedrijven stralen de grootte van jouw kantoor, de kwaliteit van jouw meubilair en het uitzicht bekwaamheid en respect uit. Daar staat tegenover dat niets slimme mensen sneller tot zielige klagers reduceert dan een andere kantoorindeling. Het is niet ongebruikelijk dat binnenhuisarchitectuur wordt ingezet als een passief-agressieve manier om mensen 'op hun plaats' te zetten. Toen Eric bij Bell Labs werkte, had hij een baas in wiens kantoor het altijd ijskoud was en die baas kocht dus een kleed om op de betonnen vloer te leggen. Hij moest dat van HRM weghalen, omdat hij niet hoog genoeg in de organisatie zat om zo'n luxevoorziening te hebben. Dat was een plek waar alle privileges verleend werden op basis van positie en niet omdat je iets nodig had of verdiend had.

Silicon Valley is niet immuun voor dit syndroom. Het is tenslotte ook de plek waar de Aeron-stoel tot een statussymbool werd verheven. ('Ik moet er een vanwege mijn rug,' beweerde een groot aantal dotcom-CEO's. Is dat echt zo? Voor 500 dollar per stuk zouden ze ook beter voor je voor- en zijkant moeten zijn.) Maar er moet een einde komen aan deze uitwassen, ze moeten de nek worden omgedraaid voordat ze vaste voet aan de grond beginnen te krijgen in het gebouw. Kantoren moeten ontworpen worden om iemands energie te maximaliseren en samenwerking te stimuleren, niet om status en isolatiewensen. Slimme creatieven zijn gek op onderlinge interactie. De mix die je krijgt als je ze op elkaar stapelt is explosief, dus je topprioriteit is om ze dicht op elkaar te huisvesten.

Als je je arm uitsteekt en iemand anders kunt aanraken, staat dat de onderlinge communicatie en een stortvloed aan ideeën niet in de weg. De traditionele indeling van kantoorruimte, met individuele kubuskantoortjes en kantoren is zo ontworpen dat de rust bewaard blijft. De meeste interactie tussen mensen vindt gepland plaats, bijvoorbeeld in een vergaderzaal, of puur bij toeval, in de gang, bij de koffiemachine, of op het parkeerterrein. Dit is precies wat je niet wilt. De normale gang van zaken zou in hoge mate interactief moeten zijn, met luidruchtige, overvolle kantoorruimten waar het bruist van de energie. Medewerkers zouden altijd de kans moeten hebben om zich op een rustige plek terug te trekken als ze het even gehad hebben met de groepsstimulans en daarom vind je bij ons ook veel van die plekjes, rustige hoekjes in het café en de koffiecorners, terrassen en zitplekken buiten en zelfs plekken om een tukje te kunnen doen. Maar als ze weer teruggaan naar hun werkplek, moeten ze omringd zijn door hun teamgenoten.

Toen Jonathan werkte bij Excite@Home, huurde de afdeling Facilitair een tweede gebouw om de afdeling Klantenservice te huisvesten. Maar op het moment dat iedereen daarnaartoe zou worden verhuisd, torpedeerde het hogere management het plan en werd iedereen weer voor een aantal maanden teruggeplaatst naar hun oorspronkelijke, overvolle ruimte. Het nieuwe gebouw zou nu gebruikt worden voor voetbalwedstrijden tijdens de lunchpauze, waarbij vanuit de nieuwe kantoren de corners werden genomen. De voetbalmatches brachten de mensen samen, terwijl de mensen huisvesten in die grote ruimten hen juist apart zou hebben gezet. Een bijkomend voordeel van veel mensen op een kleine plek huisvesten is dat er geen onderlinge strijd om kantoorruimte ontstaat. Als niemand een eigen kantoor heeft, dan valt er weinig te klagen.

Werk, eet en leef samen

En wie moeten er dan wel in die samengepakte kubuskantoortjes zitten? We denken dat het bijzonder belangrijk is dat iedereen door elkaar heen zit. Op veel andere plekken worden medewerkers op basis van hun functie opgesplitst, dus de productmanagers zitten hier, maar de ontwikkelaars zijn in een gebouw aan de overkant van de straat gehuisvest. Misschien werkt dat voor traditionele productmanagers, die normaal gesproken erg goed overweg kunnen met PERT-diagrammen en Gantt-grafieken[31] en die zich onmisbaar weten te maken bij de uitvoering van het 'officiële plan' dat het management heeft opgesteld nadat men een flitsende PowerPoint-presentatie voorgeschoteld kreeg waarop financiële resultaten werden geprognotiseerd die ruim boven de door de organisatie ingestelde rendementseis lagen. Zij zijn er om aan het vastgestelde plan te voldoen, tussen de problemen door te manoeuvreren, 'outside the box' te denken (waarschijnlijk de meest 'inside the box' gebezigde kreet die ooit heeft bestaan) en kruiperig te voldoen aan de te late verzoeken van de CEO en te proberen zijn team zover te krijgen om ze uit te voeren. Dat betekent dat het goed is, en soms beter, voor productmanagers om op een andere plek te zitten dan de productontwikkelaars, zolang ze erop kunnen vertrouwen regelmatig te worden bijgepraat over hun product tijdens het werkoverleg en gedetailleerde statusrapporten krijgen om hun vinger aan de pols te kunnen houden. Het valt je misschien op dat wij hierover een uitgesproken mening hebben, maar laten we het erop houden dat dit de twintigste-eeuwse versie is van het beroep van productmanager, niet die van de eenentwintigste eeuw.

In het internettijdperk is het de taak van een productmanager om samen te werken met de mensen die dingen ontwerpen, maken en com-

31 PERT en Gantt: uiterst complexe en zeer bruikbare instrumenten in de projectmanagementbranche.

mercieel ontwikkelen om geweldige producten te maken. Dat houdt soms het traditionele administratieve werk in dat hoort bij de levenscyclus van een product, het vastleggen van de strategie rond het product, de stem van de consument vertegenwoordigen en dat allemaal communiceren naar het team en het management. Maar toch bestaat het meeste werk voor de slimme creatieve productmanager uit het verbeteren van het product. Dat vloeit voort uit weten hoe de consument gebruikmaakt van het product (en hoe dat patroon verandert bij het zich verder ontwikkelen van de techniek), uit het begrijpen en analyseren van data en uit het kijken naar technologische ontwikkelingen en de vraag hoe deze de branche zullen beïnvloeden. Om dit goed te kunnen doen moeten productmanagers samen werken, eten en leven met hun technische mensen (of met chemici, biologen, ontwerpers of wat voor type slimme creatieven de onderneming ook maar tot haar beschikking heeft om producten te kunnen ontwerpen en te ontwikkelen).

Je ouders hadden het mis: rommel maken is een deugd

Als kantoren overvol zijn dan hebben ze ook de neiging om rommelig te worden. Laat gaan. Toen Eric net arriveerde bij Google in 2001, vroeg hij aan het hoofd van de Facilitaire dienst, George Salah, om de boel schoon te maken. Dat deed George en als beloning kreeg hij de volgende dag een memo van Larry waarop stond: 'Waar zijn al mijn spullen?' Die toevallige verzameling spullen was de uiting van een drukke, gemotiveerde groep mensen.[32] Toen ze nog bij Google werkte, gaf Facebook-CEO Sheryl Sandberg de medewerkers van Verkoop en Klantenservice 50 dollar om hun werkplek aan te kleden en Jonathan had een wereldwijde 'Google Art Wall'-wedstrijd uitgeschreven waarbij teams de muren van hun kantoorruimtes decoreerden met Google-logo's die waren gemaakt van Rubikskubussen, fotocollages en tekeningen gemaakt met een paintballpistool. Het kantoor in Chicago had het helemaal in Al Capone-stijl gedaan bij-

---

32 Xooglers blog, 9 april 2011, http://xooglers.blogspot.com/2011/04/photo-of-pre-plex.html.

voorbeeld. De voormalige professor op Carnegie Mellon, Randy Pausch, liet in zijn beroemde *The Last Lecture*[33] foto's zien van de muren in zijn kinderkamer die hij vol had geschreven met formules. Hij vertelde aan ouders in de zaal: 'Als jouw kind zijn kamer wil schilderen, als een geste aan mij, laat hem dan zijn gang gaan.' Het maken van rommel is geen doel op zichzelf (als dat wel zo was dan kenden we allemaal een aantal tieners die we zo zouden aannemen) maar omdat het een vaak voorkomend bijproduct is van zelfexpressie en innovatie is het meestal een goed teken.[34] En die neiging onderdrukken, wat we in veel andere bedrijven hebben gezien, kan een geweldig negatief effect hebben. Er is niets mis met van je bureau een geweldige klerezooi te maken.

Maar terwijl kantoren vol en slordig kunnen zijn, moeten ze medewerkers wel alles geven wat ze nodig hebben om hun werk goed te doen. Omdat Google een computerbedrijf is, hebben onze slimme creatieven het meeste behoefte aan computerkracht. Daarom geven wij onze mensen toegang tot 's werelds meest krachtige datacentra en het volledige softwareplatform van Google. Dit is een andere manier om de jaloezie om extra voorzieningen tussen slimme creatieven tegen te gaan: wees erg genereus met de spullen die ze voor hun werk nodig hebben. Wees karig met de spullen die er niet toe doen, zoals fancy meubilair en grote kantoren, maar investeer in equipment dat er wel toe doet.

Er bestaat een manier om met dit soort onzin om te gaan en die heeft niets met verkwistend gedrag te maken. We investeren in onze kantoren

---

33 Randy Pausch, *The Last Lecture* (Hyperion, 2008), pag. 30.

34 Een studie uit 2003 concludeerde dat 'de deelnemers aan onze studiegroepen de meeste creativiteit lieten zien als de andere teamleden ze individualiseerden en confronteerden met hun ideeën'. (Tenminste, we denken dat dit ons argument onderschrijft. Het is lastig om er zeker van te zijn als men in een onderzoek het woord individu als werkwoord gebruikt.) Een onderzoek uit 2013 toont het creativiteit verhogende effect van een rommelig bureau aan: 'Ordentelijkheid lijkt een conservatieve manier van denken en een gevoel voor traditie te ondersteunen, terwijl wanorde het effect heeft dat het verlangen naar het onbekende wordt gestimuleerd.' De studie uit 2003: William B. Swann Jr., Virginia S.Y. Kwan, Jeffrey T. Polzer en Laurie P. Milton, 'Fostering Group Identification and Creativity in Diverse Groups: The Role of Individuation and Self-Verification' (*Personality and Social Psychology Bulletin*, november 2003). Het onderzoek uit 2013: Kathleen D. Vohs, Joseph P. Redden en Ryan Rahinel, 'Physical Order Produces Healthy Choices, Generosity, and Conventionality, Whereas Disorder Produces Creativity' (*Psychological Science*, september 2013).

omdat we willen dat mensen daar werken en niet thuis. Het thuiswerken tijdens kantooruren, wat door velen wordt gezien als het hoogtepunt van de verlichte cultuur, is een probleem dat, zoals Jonathan vaak zegt, zich door het hele bedrijf kan verspreiden en de energie uit de organisatie kan wegzuigen. Mervin Kelly, de latere chairman van Bell Labs ontwierp zijn gebouwen juist om zo veel mogelijk interactie tussen de medewerkers te krijgen.[35] Het was vrijwel onmogelijk voor een technicus of wetenschapper om door de lange gangen te lopen zonder een collega tegen te komen of ergens een kantoor te worden in getrokken. Dit soort toevallige ontmoetingen heb je nooit als je thuis zit te werken. Het Google-product AdSense,[36] dat zich tot een miljardenbusiness heeft ontwikkeld, is op een dag bedacht door een groep softwareontwikkelaars uit verschillende teams die stonden te biljarten. Jouw partner of kamergenoot is zonder enige twijfel fantastisch, maar de kans dat jullie tijdens een kopje koffie thuis een miljardenproduct verzinnen is nogal klein, zelfs als je een biljart hebt. Zorg voor een vol kantoor en stop dat vol met faciliteiten, en verwacht vervolgens van de mensen dat ze die gebruiken.

Luister niet naar de HiPPO's

De *hippo* oftewel het nijlpaard is een van de gevaarlijkste dieren ter wereld: hij is een stuk sneller dan je denkt en in staat om elke vijand te vermorzelen (of in tweeën te bijten). Ook in bedrijven, waar ze zich vermommen als de Mening van de Hoogst Betaalde (HiPPO: *Highest Paid Persons Opinion*), zijn hippo's levensgevaarlijk. Als je het hebt over de kwaliteit van de besluitvorming is het salarisniveau intrinsiek irrelevant en ervaring is alleen waardevol als ze wordt gebruikt om de juiste argumenten te formuleren. Jammer genoeg is in veel bedrijven ervaring zelf het juiste argument. We noemen dit soort bedrijven 'niveaulogieën', want macht heeft daar met positie te maken en niet met verdienste. Het doet

---

35 Jon Gertner, 'True Innovation' (*The New York Times*, 25 februari 2012).
36 AdSense is een Google-programma dat webmasters de mogelijkheid biedt geld te verdienen met hun website door relevante advertenties op de website te plaatsen.

ons denken aan onze favoriete quote van Jim Barksdale, de vroegere CEO van Netscape: 'Als we data hebben, laten we dan naar de data kijken. Hebben we alleen maar meningen, laten we dan de mijne volgen.'[37]

Als je niet meer naar de hippo's luistert begin je een meritocratie te worden, wat onze collega Shona Brown kort en krachtig omschrijft als een plek waar 'de kwaliteit van het idee belangrijk is, niet de persoon die het naar voren brengt'. Klinkt simpel, maar zo simpel is het niet. Voor het creëren van een meritocratie heb je zowel de medewerking van de hippo nodig, wiens wil nu wet is, als van de slimme creatieven die het risico lopen vertrapt te worden als ze opkomen voor kwaliteit en inhoud.

Sridhar Ramaswamy, een van de mensen van de advertentieafdeling bij Google, vertelde ooit een verhaal dat dit mooi illustreert. Het was in de begintijd van AdWords, Googles vlaggenschip in de advertentiebranche, en Sergey had een idee en wilde dat het team van Sridhar dat implementeerde. Het stond buiten kijf dat Sergey de hoogst betaalde persoon in de kamer was, maar hij had eigenlijk geen enkel sterk argument voor waarom zijn voorstel een goed idee was en Sridhar was het niet met hem eens. Sridhar was toen nog geen senior manager, dus de hippo, Sergey, had hem gewoon de opdracht kunnen geven het toch te doen. In plaats daarvan stelde hij een compromis voor. De helft van Sridhars team kon werken aan de verandering die Sergey voorstelde en de andere helft zou Sridhars oplossing uitwerken. Sridhar was het er nog steeds niet mee eens en na veel discussie over de relatieve waarde van de twee concurrerende ideeën werd Sergeys idee terzijde geschoven.

Deze uitkomst was alleen mogelijk omdat Sergey, een slimme creatief, goed inzicht had in de data die werden gepresenteerd, in de technologie van het besturingssysteem en in de achtergrond van de beslissing. De hippo die geen verstand heeft van wat er speelt is meer geneigd om zijn wil op te leggen. Als jij een verantwoordelijke positie bekleedt maar de baan groeit je boven het hoofd, dan is het makkelijk om steeds de 'omdat ik

---

37 Bob Lisbonne, een vroegere senior vicepresident bij Netscape, heeft een lijst aangelegd van grappen van Barksdale, die hij opschreef tijdens vergaderingen met zijn baas, en heeft ze op zijn persoonlijke website gepubliceerd. Zie Lisbonne.com/jb.html.

het zeg'-aanpak te gebruiken. Je moet vertrouwen hebben in je mensen en genoeg zelfvertrouwen hebben om hen een betere aanpak te laten voorstellen.

Sergey vond het ook niet erg om controle en invloed af te staan aan Sridhar, omdat hij wist dat hij met Sridhar iemand had aangenomen die waarschijnlijk betere ideeën had dan hijzelf. Zijn taak als hippo was om plaats te maken als hij het gevoel had dat zijn idee niet het beste was. Ook Sridhar had een taak te vervullen: hij moest zijn mening geven. Als een meritocratie wil functioneren dan moet er een cultuur ontstaan waar het 'verplicht is om het ergens niet mee eens te zijn'.[38] Als iemand het gevoel heeft dat er iets mis is met een bepaald idee, dan moet diegene daarmee naar voren komen. Als hij dat niet doet en dat mindere idee wordt toch aangenomen, dan heeft hij daar schuld aan. Wij hebben gemerkt dat de meeste slimme creatieven een uitgesproken mening hebben en snel klaarstaan om die te geven; de culturele verplichting om een afwijkende mening te hebben verschaft hun precies die vrijheid. Er zijn er ook die zich niet zo prettig voelen bij het uiten, zeker niet tegenover een groep. Daarom moet een afwijkende mening ook een verplichting zijn en geen optie. Ook de van nature meer introverte mensen moeten zichzelf dwingen om de hippo's aan te pakken.

Meritocratie zorgt voor betere besluiten en voor een omgeving waarin alle medewerkers zich gewaardeerd en gemotiveerd voelen. Ze ondermijnt de angstcultuur, de donkere, modderige poeltjes waar hippo's zich in rondwentelen. En ze zorgt ervoor dat belemmeringen die het succes van een bedrijf in de weg staan, worden weggenomen. Onze collega Ellen

---

38 We hebben deze zin van Shona Brown, die hem opgepikt heeft tijdens haar werk voor McKinsey & Company. Op de website van McKinsey wordt het duidelijk verwoord: 'Alle adviseurs van McKinsey zijn verplicht zich te verzetten als ze geloven dat iets fout is of niet in het belang van de klant. Ieders mening telt. Hoewel je misschien aarzelt om tegen jouw baas of de klant in te gaan, wordt er van je verwacht dat je je mening naar voren brengt. Net als bij een mentorschap helpt deze verplichting om ergens tegenin te gaan je in je verdere groei, omdat je gedwongen wordt je mening steeds meer te onderbouwen, duidelijk te maken waar je in gelooft, feiten te presenteren die jouw mening ondersteunen en anderen te beïnvloeden om jouw standpunt over te nemen: de bouwstenen om een vertrouwenwekkende adviseur te worden.'

West vertelde ons ooit een verhaal dat zij weer had gehoord van een lid van Gayglers, de vereniging voor homo's, lesbiennes en transgenders binnen Google. Hij vertelde haar dat de Gayglers hadden gediscussieerd over of men Google niet moest uitroepen tot het eerste 'post gay'-bedrijf waar ze bij hadden gewerkt. Het algemene gevoel was dat Google daar dichtbij in de buurt kwam, omdat het bij Google 'niet uitmaakte wie je was, maar wat je deed'. Bingo.

De regel van zeven

'Reorganisatie' is een van de meest verachte woorden in het lexicon van een organisatie; misschien dat alleen 'outsourcing' en een 'tachtig-dia's-presentatie' erbij in de buurt komen. Een topmanager besluit dat de manier waarop het bedrijf is georganiseerd de oorzaak van de problemen is en dat als het bedrijf anders in elkaar zou steken, alles rozengeur en maneschijn zou zijn. Dus het bedrijf stapt van centraal georganiseerd over op een gedecentraliseerde structuur, of van een functionele indeling naar een divisiestructuur. Sommige topmanagers 'winnen' en andere 'verliezen'. Ondertussen ontstaat er onder de medewerkers veel onzekerheid: ze vragen zich af of ze nog wel een baan hebben en zo ja, wie hun nieuwe baas zal zijn en of ze hun mooie kubuskantoortje bij het raam wel houden. Dan, een jaar of twee later, komt er een andere topmanager, maar dat kan ook heel goed dezelfde zijn, die zich realiseert dat het bedrijf nog steeds problemen heeft en die geeft opdracht tot een nieuwe reorganisatie. Dat is de bekende 'kop van jut'-cirkelbeweging in het bedrijfsleven.[39]

Het inrichten van een organisatie is lastig. Wat werkt als je klein bent en op één locatie zit, werkt niet meer als je groeit en je mensen over meerdere gebouwen verspreid zitten. Daarom zijn er zoveel reorganisaties. Als er geen perfecte oplossing bestaat, schipperen bedrijven tussen de minder optimale alternatieven. De beste manier om dit te voorkomen is het van tevoren bedachte concept van hoe een bedrijf moet zijn loslaten en een aantal belangrijke uitgangspunten formuleren.

---

39 Insidersgrapje uit de computerwetenschap van Jonathan Rosenberg.

Ten eerste: hou het plat. In de meeste bedrijven heerst een onderliggende spanning: mensen willen een platte organisatie omdat ze op die manier dichter bij de top zitten, maar eigenlijk zijn ze gek op hiërarchie. Slimme creatieven zijn anders, die prefereren een platte organisatie; niet omdat ze op die manier dichter bij de top zitten, maar omdat ze dingen voor elkaar willen krijgen en daarvoor directe toegang tot de beslissers nodig hebben. Larry en Sergey hebben ooit eens geprobeerd aan deze behoefte tegemoet te komen door alle managers af te schaffen. Zijn noemden dat 'dis-organiseren'. Op een gegeven moment had Wayne Rosing, hoofd Softwareontwikkeling, 130 man die direct aan hem rapporteerd. Maar slimme creatieven zijn niet zo verschrikkelijk anders als andere werknemers: ook zij hebben behoefte aan een formele organisatiestructuur. Het managementloze tijdperk kwam ten einde en Wayne had weer tijd om tijd met zijn gezin door te brengen.

De oplossing die wij uiteindelijk vonden was minder draconisch, maar net zo simpel. Wij noemden het 'de regel van zeven'. Wij hebben bij andere bedrijven gewerkt waar men ook een regel van zeven had, maar daar betekende die altijd dat iedere manager maximaal zeven mensen had die direct aan hem rapporteerden. Bij Google wil het zeggen dat je er minimaal zeven hebt. (Jonathan had er gewoonlijk vijftien tot twintig toen hij het hoofd van het Google-productteam was.)

Er bestaan nog steeds formele organisatieschema's, maar de regel (die eigenlijk meer een soort richtlijn is, omdat er uitzonderingen bestaan) zorgt voor een plattere organisatie met minder managementtoezicht en meer vrijheid voor de medewerkers. Als er veel mensen aan je rapporteren, de meeste managers hebben er een stuk meer dan zeven, heb je gewoon geen tijd om je overal mee te bemoeien.

De wal keert het schip

Toen Eric bij Sun werkte en het bedrijf zo snel groeide dat het allemaal te complex werd, besloten de 'machthebbers' businessunits in het leven te roepen. De nieuwe eenheden werden 'planeten' genoemd, omdat ze rond Sun's belangrijkste activiteit, het verkopen van servers, cirkelden en elk had zijn eigen winst-en-verliesrekening.

Het probleem van deze aanpak was dat vrijwel alle inkomsten door de hardwareafdeling werden gegenereerd (de zon, en niet de planeten) en dat er een team van accountants nodig was om naar die inkomsten te kijken en die over de planeten te verdelen. De manier waarop dat werd gedaan was geheim, zo geheim dat zelfs de leiders van de planeten geen kopie van het document kregen waarop die verdeling was uitgewerkt. Het werd hardop aan ze voorgelezen.

Wij zijn van mening dat een organisatie functioneel moet zijn ingedeeld, met verschillende afdelingen, zoals Software, Producten, Financiën en Verkoop, die direct aan de CEO rapporteren zolang dat mogelijk is, omdat een organisatie gebaseerd op businessunits of producten het ontstaan van kokergedrag uitlokt, waarbij de vrije stroom van informatie en mensen wordt tegengewerkt. Het hebben van gescheiden winst-en-verliesrekeningen lijkt een goede manier om prestaties te meten, maar het kan de onbedoelde bijwerking hebben van incorrect gedrag. De leiders van de businessunits zijn meer begaan met de winst-en-verliesrekening van hun eigen unit dan die van het bedrijf als geheel. Bij Sun leidde het instellen van de planeten tot een groot verlies aan productiviteit, omdat de verschillende managers (en accountants) zich niet richtten op het maken van geweldige producten die echte omzet genereerden, maar op het zo mooi mogelijk maken van een getal onder aan de streep van hun eigen winst-en-verliesrekening.

Probeer, als het maar enigszins mogelijk is, geheime bedrijfsdocumenten te voorkomen.

Alles in één dag reorganiseren

Er zijn momenten waarop een reorganisatie zinvol lijkt. Als die dag aanbreekt dan hebben wij een aantal regels. Ten eerste: zorg ervoor dat je het natuurlijke gedrag van de verschillende groepen goed weet in te schatten. Softwareontwikkelaars hebben de neiging zaken complex te maken, Marketing wil managementlagen toevoegen en Verkoop wil assistenten inzetten. Hou dat in de hand (en als je je dit realiseert dan zet je al een grote stap in de goede richting). Ten tweede: doe alle reorganisaties in één dag. Dat lijkt onmogelijk, maar er werkt iets in je voordeel wat in eerste instantie tegen je intuïtie in gaat. Als je een bedrijf vol slimme creatieven hebt, dan kun je je het permitteren dat het een zooitje wordt. Eigenlijk helpt het je, omdat slimme creatieven zich daar goed bij voelen, het remt ze niet.

Toen Nikesh Arora Google's commerciële afdeling, een team van duizenden mensen in verkoop, marketing en bedrijfsvoering, in 2012 reorganiseerde, schakelde hij snel en presenteerde hij de veranderingen aan zijn team, nog voordat alle details waren uitgewerkt. De productlijn van Google had zich in maar een paar jaar uitgebreid van één hoofdproduct, AdWords, naar verschillende diensten (waaronder de advertenties bij YouTube, Google Display Network en Mobile Ads) en dat had tot enige verwarring in de markt gezorgd. Nikesh wilde, net als veel andere salesmanagers met verschillende producten, een 'Eén Google'-organisatie opzetten die weer de nadruk op de afnemer legde. Maar in tegenstelling tot de meeste salesmanagers, plande en voerde Nikesh dit uit in een aantal weken (oké, het was geen dag, maar zoals Clarence Darrow had kunnen zeggen: soms is een dag iets anders dan vierentwintig uur),[40] wetende dat zijn team de klus zou oppakken en geklaard zou krijgen.

In de daaropvolgende paar maanden deed het team nog een aantal aanpassingen, waarbij het trouw bleef aan de intentie van de veranderingen maar ervoor zorgde dat ze beter functioneerden. Het belangrijkste was dat de reorganisatie snel verliep en in gang werd gezet voordat alles was uitgewerkt. Het gevolg was dat de nieuwe organisatie beter functioneerde dan van tevoren was gedacht en dat het team meer bij het succes betrokken werd omdat men direct had meegewerkt aan het eindresultaat. Omdat de perfecte organisatie niet bestaat, moet je die ook niet proberen

40 Voor het geval dat je die dag op school tijdens de geschiedenisles even was ingedommeld, of op een andere plek bent opgegroeid: we zinspelen hier op het Scopes-proces in de zomer van 1925 toen Clarence Darrow, de beroemde advocaat, de middelbareschooldocent John Scopes verdedigde omdat hij de evolutietheorie onderwees, wat volgens de wet verboden was in Tennessee. Darrow voerde aan dat de Bijbelse 'dagen' waarin de aarde werd geschapen misschien wel geen vierentwintig uur duurden, misschien wel langer, en dat daarom de evolutieleer niet in tegenspraak was met wat er in de Bijbel stond.

te vinden. Probeer er zo dicht mogelijk bij in de buurt te komen en laat de slimme creatieven de rest doen.

De 'twee pizza's'-regel van Bezos

Organisaties moeten zijn opgebouwd uit kleine eenheden. Jeff Bezos, de oprichter van Amazon, had op een gegeven moment de 'twee pizza's'-regel',[41] die voorschrijft dat teams klein genoeg moeten zijn om bij overwerk, aan twee pizza's genoeg te hebben. Kleine teams krijgen meer voor elkaar dan grote; ze zijn minder tijd kwijt aan politieke spelletjes en zich druk maken over wie met de eer gaat strijken. Kleine teams zijn net gezinnen: ze kunnen kibbelen en vechten, zelfs volkomen disfunctioneren, maar uiteindelijk steunen ze elkaar toch op beslissende momenten. Kleine teams hebben de neiging te groeien als hun product groter wordt. Dingen die door een handjevol mensen gemaakt zijn hebben een veel groter team nodig om ze te onderhouden. Daar is niets mis mee, zolang grotere teams maar niet in de weg staan van kleine teams die de volgende grote doorbraak aan het forceren zijn. Een groeiend bedrijf heeft behoefte aan allebei.

Organiseer het bedrijf rond de mensen met de grootste impact

Een laatste uitgangspunt voor een organisatie: bepaal welke mensen de grootste impact hebben en organiseer om hen heen. Bepaal wie de leiding heeft van het bedrijf; niet op basis van functie of ervaring, maar op basis van prestatie en passie. Prestaties zijn redelijk makkelijk te meten, maar passie is van een andere orde. De beste leiders hebben die van nature, het zijn het soort mensen dat tot aanvoerder van hun team wordt gekozen zonder dat ze daar zelf om vragen, en anderen hebben de neiging om zich, als ijzervijlsel bij een magneet, bij hen aan te sluiten. Bill Campbell, de vroegere CEO van Intuit en nog steeds onze coach en mentor, haalt vaak Debbie Biondolillo, het vroegere HRM-hoofd van Apple, aan die zei:

---

41 Richard L. Brandt, 'Birth of a Salesman' (*The Wall Street Journal*, 15 oktober 2011).

'Manager ben je door je titel, maar je mensen maken je een leider.'

Eric sprak ooit met Warren Buffet over waar hij naar zoekt in bedrijven die hij wil overnemen. Diens antwoord was: een leider die hem niet nodig heeft. Als een bedrijf wordt geleid door iemand die goed functioneert omdat hij begaan is met het succes van die organisatie en niet alleen maar is geïnteresseerd in de smak geld die hij kan krijgen bij de verkoop aan Berkshire Hathaway, dan zal Warren investeren. Ook interne teams werken op die manier: je bent bereid te investeren in mensen van wie je weet dat ze doen waarvan ze denken dat het goed is, of je ze nu wel of geen toestemming geeft. Je zult zien dat dit soort mensen normaal gesproken jouw slimme creatieven zijn.

Dat betekent overigens niet dat je een sterrensysteem in het leven moet roepen, want de beste managementsystemen zijn gebouwd rond een ensemble, dus meer als een dansgezelschap dan een groep samenwerkende supersterren. Deze manier van doen zorgt voor consistentie op de lange termijn, met een reservebank vol geweldige talenten die klaarstaan om de leiding over te nemen als de gelegenheid zich voordoet.

Het allerhoogste niveau, de mensen met de grootste impact, diegenen die het bedrijf aan de hand nemen, moeten productmensen zijn. Als een CEO tijdens een stafvergadering om zich heen kijkt, dan is een aardige vuistregel dat minstens 50 procent van de aanwezigen specialist moet zijn in de producten en diensten van het bedrijf en verantwoordelijk voor de productontwikkeling. Dat zorgt ervoor dat de focus van de organisatie gericht blijft op excellente producten. Operationele onderdelen, zoals financiën, verkoop en juridische zaken, zijn zonder enige twijfel belangrijk voor het succes van de onderneming, maar ze moeten de gesprekken niet domineren.

Je wilt ook mensen als leider aanwijzen die niet hun eigen belang boven dat van het bedrijf plaatsen. Dat zien we met enige regelmaat in bedrijven met businessunits of divisies, waar het succes van de divisie, zoals we al eerder aangaven, belangrijker wordt dan het succes van het totale bedrijf. Op een gegeven moment wilde Eric, werkend voor Sun, een nieuwe server. Dit speelde tijdens de vakantie, dus in plaats van er een te bestellen via de geëigende kanalen liep hij naar het magazijn en pakte er een van de plank. Hij opende de doos en vond zes 'Lees mij eerst'-documenten, elk een afdeling vertegenwoordigend wiens hippo het gevoel had dat zijn mededeling de belangrijkste was.

Dit zie je terug op veel websites van de overheid (net als op de afstandsbedieningen van je televisie, tenminste, dat is de enige verklaring die we kunnen bedenken voor het feit dat ze zo afgrijselijk zijn. Want waarom is de *mute*-knop zo klein en verborgen, terwijl de '*on demand*'-knop groot is en een andere kleur heeft? Omdat de baas van de 'on demand'-afdeling een target heeft en niemand betaald krijgt als kijkers bij de advertenties het geluid uitzetten). Je zou nooit in staat moeten zijn om het organisatieschema van het bedrijf terug te voeren tot het ontwerp van het product. Kun je ontdekken wie het voor het zeggen heeft bij Apple als je de verpakking van je nieuwe iPhone openmaakt? Ja, dat ben jij, de klant, niet het hoofd van de softwareafdeling, van Productie, Verkoop, Hardware, Apps of de persoon die de rekeningen betaalt. En zo hoort het ook.

Zodra je de mensen met de grootste impact hebt gedefinieerd, geef ze dan meer te doen. Als jij jouw beste mensen steeds meer verantwoordelijkheid geeft, vertrouw er dan maar op dat ze die op zich nemen of tegen jou zeggen wanneer het genoeg is. Zoals het oude gezegde luidt: 'Als je wilt dat er iets geregeld wordt, geef het dan aan iemand die het druk heeft.'

Weg met de schurken, leve de diva's

Herinner je je het raadseltje uit je jeugd nog over de ridders en de schurken? Je bent op een eiland met ridders die altijd de waarheid vertellen en schurken die altijd liegen. Je staat bij een splitsing van de weg: de ene weg leidt naar vrijheid en de andere naar de dood. Daar staan twee mensen, een ridder en een schurk, maar je weet niet wie wie is. Je mag een janeevraag stellen om te bepalen waar je heen gaat. Wat doe je?[42]

42 Er zijn een paar goede antwoorden. Je kunt een kant op wijzen en een van de twee vragen: 'Als ik jou zou vragen of dat de goede weg is, zou je dan ja zeggen?' Als het antwoord 'ja' is, dan is dat de weg naar de vrijheid. Als het antwoord 'nee' luidt, dan is dat de weg naar de dood. Je kunt een van de twee vragen: 'Als ik aan de ander vraag waar ik heen moet, wat zal hij dan antwoorden?' Doe dan het tegenovergestelde. Je kunt natuurlijk ook doen wat Amerikaanse presidenten doen en dat is tot een invasie besluiten.

Het leven lijkt soms wel wat op dat eiland, maar dan iets ingewikkelder. Want in het echte leven zijn de schurken niet alleen verstoken van integriteit, maar ze zijn ook slordig, zelfzuchtig en hebben een slinkse manier om zich vrijwel elk bedrijf binnen te praten. Arrogantie is bijvoorbeeld een kenmerk van de schurk en is een natuurlijk een bijproduct van succes, want als je wilt winnen moet je uitzonderlijk zijn. Aardige, bescheiden softwareontwikkelaars worden onuitstaanbaar als ze denken dat zij de enige uitvinders zijn van het volgende revolutionaire product. Dat is nogal gevaarlijk, want het ego zorgt voor blinde vlekken.

Er zijn nog andere zaken die mensen typeren als schurk. Jaloers op het succes van een collega? Dat maakt jou een schurk. (Denk eens aan de beroemde schurk Iago, die de slimme creatief Othello waarschuwt: 'Kijk uit, mijn heer, voor jaloezie. Het is het groenogige monster dat de spot drijft met het vlees waarop het gedijt.'[43]) De eer opstrijken voor werk van iemand anders? Schurk. Een klant iets verkopen wat hij niet nodig heeft of waar hij geen voordeel van heeft? Schurk. Een magnetronmaaltijd laten ontploffen in de magnetron op kantoor en die dan niet opruimen? Schurk. Graffiti spuiten op de pilaar van een kerk? Schurk.

Het karakter van een bedrijf is de optelsom van de karakters van zijn medewerkers, dus als je een bedrijf wilt dat een hoge standaard hanteert, dan moet jij het goede voorbeeld geven. Er is geen ruimte voor schurken. En wij hebben geleerd dat algemeen geldt: eens een schurk, altijd een schurk. (Tom Peters zei al: 'Er bestaat geen klein beetje integriteit.')

Gelukkig is het gedrag van medewerkers sociaal normatief. In een gezonde cultuur zullen de ridders de schurken ter verantwoording roepen, zodat ze of hun gedrag verbeteren of ophoepelen. (Dit is nog een argument voor overvolle kantoren: mensen zijn op hun best als ze omringd worden door sociale controle, en in overvolle kantoren is dat zeker het geval.) Dit is redelijk effectief bij de meeste schurkenstreken, omdat schurken meestal meer worden gemotiveerd door hun persoonlijke succes dan ridders, en als ze het gevoel hebben dat hun gedrag niet leidt tot een hoger plekje op de ladder, vertrekken ze meestal wel. Als een manager

43 William Shakespeare.

een schurk in zijn team ontdekt, dan is het het beste om die zijn verantwoordelijkheid af te nemen en die aan een ridder te geven. En bij grovere overtredingen moet je zo snel mogelijk afscheid nemen van de schurk. Denk maar aan de babyzeeolifanten (schurken) die proberen de melk te stelen van de moeder van andere babyzeeolifanten: zij worden niet alleen gebeten door die moeder, maar ook door andere vrouwelijke zeeolifanten (ridders).[44] Je moet altijd daadkrachtig zijn tegenover de mensen die de basisbelangen van de onderneming schenden. Je hoeft ze niet te bijten, maar handel snel en doelgericht. Smoor het in de kiem.

Er zijn omslagpunten in de schurkendichtheid. Er ontstaat een kritische massa, die altijd kleiner is dan je denkt,[45] en mensen denken dat ze zich ook als schurk moeten gaan gedragen om succes te hebben, waardoor het probleem alleen maar in omvang toeneemt. Slimme creatieven hebben een heleboel goede eigenschappen, maar het zijn geen heiligen. Daarom is het belangrijk je schurkengehalte goed in de gaten te houden.

Schurken moeten niet verward worden met diva's. Schurkengedrag is het gevolg van een lage integriteit. Divagedrag heeft te maken met een gevoel van uitzonderlijkheid. Schurken stellen het individu boven het team, diva's denken dat ze beter zijn dan het team, maar beiden wensen ze succes. Bij schurken moet je zo snel mogelijk ingrijpen, maar zolang de bijdrage van de diva's in overeenstemming is met hun bizarre ego, moet je ze tolereren en zelfs beschermen. Toppers zijn vaak ongewoon en moei-

---

44 Zeeolifanten zijn niet voor de poes: 'Hun beten resulteerden vaak in serieuze verwondingen. Als een huiler krijste als hij vluchtte na een beet, dan trok dat de aandacht van andere vrouwtjes, die vaak meededen in een poging het vluchtende dier nog meer te bijten. Het gevolg was dat de huilers die werden betrapt op een poging melk te stelen werden verstoten uit de groep.' Zie Joanne Reiter, Nell Lee Stinson en Burney J. Le Boeuf, 'Northern Elephant Seal Development: The Transition from Weaning to Nutritional Independence' (*Behavioral Ecology and Sociobiology*, Volume 3, augustus 1978), pag. 337–367.

45 Een van de meest krachtige ontdekkingen in de psychologie, die je terugziet in een groot aantal menselijke gedragingen, is, zoals een beroemd verslag het zegt: 'Slecht is sterker dan goed.' In een bedrijf zijn meestal maar een paar rotte appels nodig om de boel te verstieren. Zie Roy F. Baumeister, Ellen Bratslavsky, Catrin Finkenauer en Kathleen D. Vohs, 'Bad Is Stronger Than Good' (*Review of General Psychology*, Volume 5, deel 4, december 2001). Voor het rotteappeleffect in bedrijven, zie Will Felps, Terence R. Mitchell en Eliza Byington, 'How, When, and Why Bad Apples Spoil the Barrel: Negative Group Members and Dysfunctional Groups' (*Research in Organizational Behavior*, Volume 27, januari 2006).

lijk, sommigen van die dwarse types kunnen het bloed onder je nagels vandaan halen, maar omdat cultuur te maken heeft met sociale normen en diva's weigeren om normaal te zijn, kan het zijn dat je, vanwege culturele factoren, net als van schurken, snel afscheid van diva's moet nemen. Zolang mensen een manier weten te vinden om met diva's samen te werken en de prestaties van de diva overstijgen de bijkomende problemen, moet je ze dulden en ze de hand boven het hoofd houden. Ze zullen je investering waard zijn doordat ze interessante dingen doen. (Als je deze paragraaf leest en denk dat diva's altijd vrouwen zijn, realiseer je dan dat Steve Jobs een van de grootste zakelijke diva's ooit was.)

Overwerkt op een goede manier

De verhouding werk-privé. Dat is nog een hoeksteen van de zogenaamde 'verlichte' managementschool die beledigend kan zijn voor slimme, toegewijde medewerkers. De term zelf is onderdeel van het probleem: voor veel mensen is werk een belangrijk onderdeel van hun leven en vaak zijn die twee dan ook niet te onderscheiden. De beste culturen stellen mensen in staat om op een goede manier overwerkt te zijn, met te veel interessante dingen om thuis en op je werk te doen. Als jij manager bent, is het jouw verantwoordelijkheid om het werk deels levendig en druk te houden; het is voor jou geen topprioriteit om ervoor te zorgen dat jouw mensen een veertigurige werkweek hebben.

Wij hebben beiden samengewerkt met jonge moeders die volledig uit beeld waren als ze zich 's avonds een paar uur op hun gezin concentreerden en de kinderen naar bed brachten. Daarna, rond een uur of negen, kwamen de mails en chats weer op gang en wisten wij dat we hun volledige aandacht weer hadden. (Bij vaders is dat ook zo, maar dit patroon zie je vooral bij moeders.) Zijn zij overwerkt? Ja. Hebben zij ook te veel thuis te doen? Ja. Offeren zij hun gezin en leven op voor hun werk? Ja en nee. Zij hebben een besluit over hun manier van leven genomen. Er zijn momenten dat het werk alles in de schaduw zet en dat ze offers moeten brengen en dat accepteren ze ook. Maar er zijn ook momenten dat ze er 's middags vandoor gaan om met hun kinderen naar het strand te gaan, of, waarschijnlijker, dat ze ze naar kantoor halen voor de lunch of het avondeten. (Google's campus ziet er op zomeravonden vaak uit als een gezinscamping. Overal rennen kinderen rond terwijl hun ouders van hun diner genieten.) Die intense periodes kunnen weken of zelfs maanden duren, zeker bij startende bedrijven, maar ze duren nooit eeuwig.

Regel dit door mensen vrijheid en verantwoordelijkheid te geven. Verplicht ze niet om tot 's avonds laat te blijven of vroeg naar huis te gaan om bij hun gezin te zijn. Vertel ze dat ze verantwoordelijkheid dragen voor bepaalde dingen en dat ze moeten doen wat nodig is. Geef ze de ruimte en vrijheid om dat zelf in te vullen. Marissa Mayer, die niet lang nadat ze in 2012 tot CEO bij Yahoo was aangesteld een van Silicon Valleys beroemdste werkende moeders werd, zegt dat een burn-out niet wordt veroorzaakt door te hard werken, maar door de frustratie dat je dingen moet opgeven die je echt belangrijk vindt.[46] Geef jouw slimme creatieven de controle en zij zullen in de meeste gevallen vanzelf balans in hun leven aanbrengen.[47]

Mensen in kleine teams laten werken kan ook helpen. In een klein team heeft men sneller door wanneer een collega tegen een burn-out aan zit en eerder naar huis of nodig op vakantie moet. In een groot team vraagt men zich af waarom iemand zo nodig vakantie moet opnemen, in een klein team is men blij de lege stoel te zien.

Wij moedigen mensen aan echt vakantie te nemen, maar niet om daarmee een goede werk-privéverhouding te promoten. Als iemand zo belangrijk voor het bedrijf is dat hij denkt dat hij niet een week of twee weg kan zonder dat de boel in elkaar stort, dan is dat onderdeel van een groter

---

46 Marissa Mayer, 'How to Avoid Burnout' (*Bloomberg Businessweek*, 12 april 2012).

47 Het staat wel vast dat te veel werk een burn-out kan veroorzaken, want de tijd en energie van mensen is nou eenmaal beperkt. Maar onderzoek naar burn-out laat zien dat een gebrek aan controle ook een belangrijke veroorzaker is. Andere factoren zijn onder andere onvoldoende beloning, ruzie in het team, onrechtvaardigheid en conflicterende waarden. De vooraanstaande onderzoekster op het gebied van burn-out, psychologe Christina Maslach, ziet burn-out als een symptoom van een verkeerde verhouding tussen de mens en zijn werk en ze legt de verantwoordelijkheid bij bedrijven om tot menselijker werkomstandigheden te komen. Zie Christina Maslach en Michael P. Leiter, *The Truth About Burnout: How Organizations Cause Personal Stress and What to Do About It* (Jossey-Bass, 1997).

probleem dat je moet aanpakken. Niemand moet of mag onvervangbaar zijn. Je komt af en toe medewerkers tegen die dit soort situaties opzettelijk creëren, misschien om hun ego een oppepper te geven of omdat ze in de foute veronderstelling verkeren dat onmisbaar zijn gelijkstaat aan baangarantie. Zorg ervoor dat dit soort mensen een goede vakantie neemt en dat hun vervangers hun werk op een goede manier overnemen in hun afwezigheid. Zij komen dan ontspannen en gemotiveerd weer terug en de mensen die in hun schoenen stonden hebben ook meer zelfvertrouwen gekregen. (Dit is trouwens een geweldig verborgen voordeel van mensen die ouderschapsverlof nemen.)

Creëer een ja-cultuur

Wij zijn beiden ouders en dus kennen wij uit eigen ervaring de ontmoedigende ouderlijke gewoonte om automatisch gebruik te maken van het woord 'nee'. 'Mag ik een glaasje cola?' Nee. 'Mag ik twee bolletjes ijs, in plaats van één?' Nee. 'Mag ik een videospelletje spelen hoewel mijn huiswerk nog niet af is?' Nee. 'Mag ik de kat in de droogtrommel stoppen?' NEE!

Het 'zeg gewoon maar nee'-syndroom kan er ook makkelijk op het werk in sluipen. Bedrijven kennen uitgebreide, vaak passief-agressieve vormen van nee zeggen: er moeten procedures worden gevolgd, er moet toestemming worden gekregen, vergaderingen moeten worden bijgewoond. Nee betekent voor een slimme creatief een beetje doodgaan. Nee is een signaal dat het bedrijf het startersgevoel is kwijtgeraakt, het is te veel een bedrijf geworden. Te vaak nee, en slimme creatieven stoppen met vragen en beginnen de uitgang te zoeken.

Als je niet wilt dat dit gebeurt, dan moet je een ja-cultuur in het leven roepen. Groeiende bedrijven creëren chaos die de meeste managers proberen te beteugelen door meer procedures in te stellen. Hoewel sommige van die procedures noodzakelijk zijn om het bedrijf te laten groeien, moet je zo lang mogelijk wachten met ze in te voeren. Leg de lat hoog voor zo'n nieuwe procedure of toestemmingsronde; wees ervan overtuigd dat er doorslaggevende bedrijfsredenen zijn om ze verplicht te stellen. De uitspraak van de

Amerikaanse wetenschapper en vroegere president van de University of Connecticut, Michael Hogan, spreekt ons zeer aan: 'Mijn eerste advies is: zeg ja. Zeg ja zo vaak als je kunt. Als je ja zegt, gaat er wat gebeuren en als er wat gebeurt, geeft je dat nieuwe kennis en wijsheid. Een positieve houding is de manier om vooruit te komen in een onzekere wereld.'[48]

Een aantal jaar geleden had het toenmalige hoofd van YouTube, Salar Kamangar, zijn eigen 'ja-moment'. Het gebeurde tijdens een wekelijkse stafvergadering waarin een nieuwe toepassing, het afspelen in HD, werd besproken. De testresultaten waren goed en dus kwam het er eigenlijk op neer dat Salar vroeg of er redenen waren waarom men dit niet direct zou doorvoeren. 'Wel,' zei iemand, 'volgens het schema kunnen we het pas over een aantal weken doorvoeren, dus we kunnen nog doorgaan met testen om zeker te weten dat het werkt.' 'Oké,' zei Salar, 'maar is er naast het schema nog een goed argument voor waarom we het niet nu kunnen lanceren?' Niemand kon iets bedenken en HD-YouTube werd de volgende dag beschikbaar gesteld. Er ging niets stuk, niets viel uit en miljoenen tevreden YouTube-gebruikers konden er al weken eerder van profiteren omdat iemand gedreven was om 'ja' te zeggen.

leuk en niet Leuk

Elke week, tijdens de TGIF-bijeenkomst voor het hele bedrijf, worden alle nieuwkomers bij elkaar gezet en krijgen ze een veelkleurig propellerhoedje op om op te vallen. Ze worden hartelijk welkom geheten door Sergey, iedereen applaudisseert en dan zegt hij: 'Nu weer aan het werk.' Ik ken betere grappen, maar als Sergey dat met een stalen gezicht, met dat licht Russische accent zegt, moet iedereen lachen. Als leider van slimme creatieven is een van zijn grootste talenten zijn gevoel voor humor. Als hij de gastheer is bij de TGIF-bijeenkomsten, worden zijn spontane oneliners met veel gelach ontvangen, geen gelach van kijk-de-baas-toch-eens-grappig-zijn, maar echt gelach.

---

48 Steve Friess, 'In Recession, Optimistic College Graduates Turn Down Jobs' (*The New York Times*, 24 juli 2009).

Een geweldig startend bedrijf, een topproject en trouwens ook een fantastische baan moeten leuk zijn en als je jezelf zeven slagen in de rondte werkt zonder plezier te hebben in je werk, dan gaat er ergens iets verschrikkelijk mis. Een deel van de lol is dat je anticipeert op het succes in de toekomst. Maar een groot deel bestaat uit het plezier dat je met je collega's hebt.

De meeste bedrijven proberen het Leuk te doen, met een hoofdletter L. Het creëren van Leuk, zoals in: we hebben de jaarlijkse bedrijfspicknick/-dag/-speurtocht. Er wordt voor Leuke muziek gezorgd. Er zullen Leuke prijzen te winnen zijn en er zal een Leuke wedstrijd worden georganiseerd waar op een of andere manier je collega's voor aap worden gezet. Ook zijn er Leuke clowns en waarzeggers aanwezig. Leuk eten, maar geen Leuke alcohol. Je gaat daarheen. Je zult het Leuk hebben, maar er is een probleem met die Leuke bijeenkomsten: ze zijn niet leuk.

Nou hoeft dat ook niet altijd zo te zijn. Er is niets mis met georganiseerde bedrijfsfeestjes, als het maar met flair gebeurt. Het is eigenlijk helemaal niet moeilijk om een leuk bedrijfsfeest te organiseren. De formule is precies dezelfde als bij een trouwerij: geweldige mensen (je hebt toch geweldige mensen in dienst?) + geweldige muziek + geweldig eten en drinken. Terwijl de leuk-factor onder druk kan komen te staan door mensen die niet leuk zijn (tante Barbara uit Boca Raton, Californië, of Craig van de boekhouding), zijn een coverband die muziek speelt uit de jaren tachtig en lekker bier een garantie voor succes. Iedereen heeft het leuk als je danst op muziek van Billy Idol en nog een Anchor Steam achteroverslaat.

Dan heb je ook nog bedrijfsuitjes. Ze worden vaak verkocht als 'teambuilding', waarbij de groep leert om beter samen te werken. Je gaat touwklimmen of naar kookles, ondergaat een persoonlijkheidstest of probeert met de hele groep een raadsel op te lossen, en als bij toverslag worden jullie omgetoverd in een goed geoliede machine. Of niet. Dit is ons idee voor een bedrijfsuitje: vergeet het teambuilden en zorg dat je het leuk hebt. Jonathans criteria voor zijn groepsuitjes zijn outdooractiviteiten (bij goed weer) ergens op een nieuwe plek, ver genoeg van kantoor zodat het echt op een trip lijkt maar goed te doen in één dag, en iets organiseren wat mensen alleen of als groep nooit zouden ondernemen.

Deze regels hebben ervoor gezorgd dat Jonathan zijn team mee heeft genomen op trips overal in Noord-Californië: naar Muir Woods, Pinnacles National Park, Año Nuevo om naar de beroemde zeeolifanten te kijken en de Santa Cruz Beach Boardwalk. Deze tripjes zijn helemaal niet duur, want leuk kan ook best goedkoop zijn. (Dat ligt meestal anders voor Leuk.) De kosten om mee te doen aan rolhockeywedstrijden van Larry en Sergey in de begintijd van Google bedroegen niet meer dan een stick, een paar rolschaatsen en de bereidheid om een bodycheck te krijgen van een oprichter. Sheryl Sandberg organiseerde een boekenclub voor haar verkoopteam en die was zo populair op ons kantoor in India dat werkelijk iedereen eraan meedeed. Eric ging ons hele team in Seoul voor in het dansen op *Gangnam Style* met de Koreaanse popster PSY, die op bezoek kwam op kantoor. (Eric onderschrijft het advies van Satchel Paige om te dansen 'alsof niemand toekijkt' niet. Als je een leider bent kijkt toch iedereen, dus dan maakt het niet uit hoe je danst, als je maar danst.)

Jonathan is ooit een weddenschap aangegaan met hoofd Marketing Cindy McCaffrey, wier team de hoogste deelname had in de jaarlijkse feedbackcompetitie, de Googlegeist. De verliezer moest de auto van de winnaar wassen. Toen Jonathan verloor huurde Cindy een stretch-Hummer, smeerde die met zoveel modder in als maar mogelijk was (we weten nog steeds niet hoe ze dat voor elkaar gekregen heeft) en verzamelde haar hele team om toe te kijken hoe Jonathan die mammoet-SUV waste en hem ondertussen te bombarderen met waterballonnen. Een andere keer liet Jonathan een basketbalveld bouwen door twee baskets aan te leveren en een aantal softwareteams uit te dagen het veld als eerste klaar te krijgen. Sommige jongens konden een dunk nog niet van een dongle onderscheiden, maar ze herkenden een uitdaging als die op hun weg kwam.

Een specifieke eigenschap van een 'leuke' cultuur komt overeen met die van een innovatieve cultuur: het leuke komt overal vandaan. Belangrijk is dat je de lat voor wat mogelijk is zo hoog mogelijk legt. Niets is heilig. In 2007 kwam een aantal softwareontwikkelaars erachter dat de profielfoto die Eric op ons intranet gebruikte, ook in een openbaar bestand zat. Ze veranderden de achtergrond zo dat ook Bill Gates erop te zien was en op 1 april postten ze de bijgewerkte foto op Erics pagina.

Iedere Googler die het profiel van Eric opzocht zag dit:

Eric heeft de foto een maand laten staan.

De humor van de slimme creatief is vaak niet zo subtiel als een foto van Bill Gates op een muur en daarom gaat het ook weleens mis. In oktober 2010 lanceerden een aantal Googlers, Colin McMillen[49] en Jonathan Feinberg, een website met de naam Memegen, waar Googlers memes, bondige onderschriften die je aan foto's koppelt, konden maken en cijfers konden geven aan de creaties van anderen. Memegen was een nieuwe manier voor Googlers om plezier te hebben omdat ze zo cynische opmerkingen over het bedrijf konden maken. In beide gevallen was het zeer succesvol. Memegen kan op een manier die aan Tom Lehrer en Jon Steward doet denken erg grappig zijn en daarnaast vlijmscherp commentaar geven op lopende meningsverschillen binnen de organisatie.

---

49 Voordat hij naar Google kwam, was Colin medeoprichter van reCAPTCHA, dat software maakt waarmee gegarandeerd wordt dat bezoekers aan een website mensen zijn en geen robots. Het zijn van die dingen waarbij je een vervormde tekst leest in een kader. Maar zijn grootste prestatie is zeker Memegen.

Eric is duidelijk erg populair bij de memegeners:

Een voortdurende klacht bij Google is dat vroeger alles beter was bij het bedrijf:

Een idee voor een nieuwe Google Glass-app zag er zo uit:

Nadat project Loon, waar we later op terugkomen, was gelanceerd, vond een Googler dat zijn OKR's, waar we ook later op terugkomen, moesten worden aangepast:

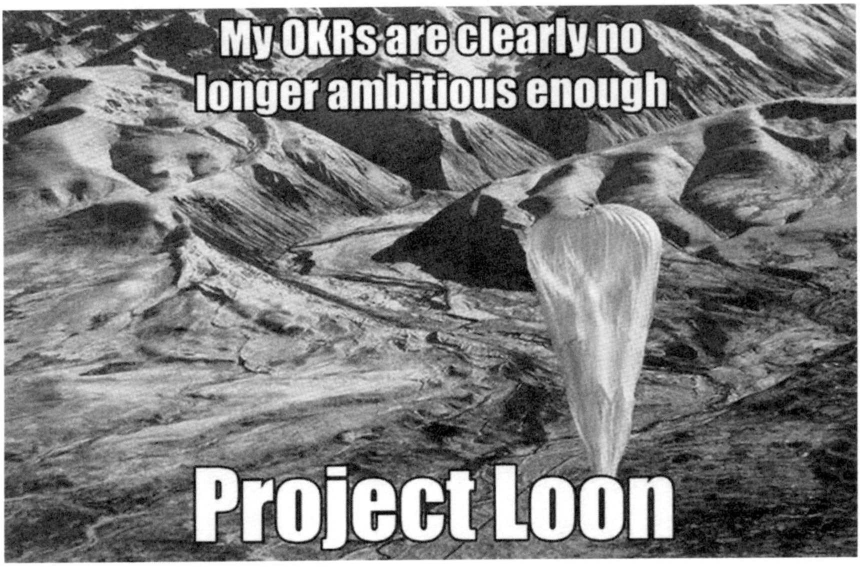

Seoul dat danst met de Koreaanse popster PSY:

Dit is niet Leuk, want dit kun je niet in scène zetten. Het is leuk, en het kan alleen gebeuren in een tolerante omgeving die haar medewerkers vertrouwt en zorgt dat ze zich geen zorgen maken over: 'Wat gebeurt er als dit naar buiten komt?' Het is onmogelijk om te veel van dit soort 'leuk' te hebben. Hoe meer je hiervan hebt, hoe beter de prestaties.

Je moet iets aanhebben

Niet lang nadat hij CEO werd van Novell, kreeg Eric een heel goed advies van een kennis. 'Als jij iets wilt veranderen, ga dan eerst op zoek naar slimme mensen,' vertelde de man. 'En als je slimme mensen wilt vinden, zoek er dan eerst één.' Een aantal weken later zat Eric op een vlucht van San Jose naar Utah, waar het bedrijf was gevestigd, samen met een ingenieur van Novell die indruk op hem maakte. Eric herinnerde zich het advies en onderbrak de ingenieur praktisch midden in zijn verhaal en vroeg hem een lijst te maken van de tien slimste mensen bij Novell. Een paar minuten later had Eric zijn lijst. Hij nodigde iedereen op die lijst uit voor een-op-eengesprek.

Een aantal dagen later verscheen de eerste persoon van de lijst bij Erics kantoor, lijkbleek. Hij vroeg: 'Heb ik iets verkeerds gedaan?' De volgende afspraken verliepen net zo. Al die slimme mensen verschenen defensief en timide op hun afspraak. Eric kwam erachter dat een een-op-eengesprek met de CEO de manier was waarop medewerkers hun ontslag kregen bij Novell. Hij had onbewust een aantal van de beste mensen in het bedrijf de stuipen op het lijf gejaagd.

Dit was een van zijn eerste lessen over hoe moeilijk het is om de cultuur van een bestaand bedrijf te veranderen. Het advies om slimme mensen te vinden was goed, maar de uitvoering ervan werd verstoord door een heersende cultuur waar Eric geen rekening mee had gehouden. Het inrichten van de cultuur in een startend bedrijf is relatief eenvoudig, maar de cultuur veranderen in een bestaand bedrijf is vele malen lastiger, maar wel erg belangrijk voor het succes. Een stagnerende, in alle opzichten bureaucratische bedrijfscultuur is een gruwel voor de gemiddelde slimme creatief.

We hebben daar zelf wat ervaringen mee gehad door ons werk voor Motorola Mobile, dat Google in 2012 kocht.[50] Je moet een aantal belangrijke stappen doorlopen. Ten eerste moet je het probleem herkennen. Wat is de cultuur die jouw bedrijf nu typeert? (Niet die in de missieverklaring staat beschreven, maar de echte, waar de mensen dagelijks mee te maken hebben.) Voor welk belangrijk probleem is de cultuur de oorzaak? Het is belangrijk niet alleen de heersende cultuur te bekritiseren, want daar beledig je alleen maar mensen mee, maar leg een verband tussen het probleem en welke rol de cultuur daarin heeft gespeeld.

Beschrijf daarna de nieuwe cultuur die je voor ogen hebt, om de advertentietekst van Nike tijdens het WK van 2010 te lenen: '*Write the future*' en neem specifieke, opvallende maatregelen om die kant op te gaan. Promoot openheid en het uitwisselen van ideeën tussen afdelingen. Laat iedereen in elkaars agenda kijken, zodat iedereen kan zien wat iedereen doet. Organiseer meer bijeenkomsten voor het hele bedrijf en stimuleer dat mensen eerlijke vragen stellen, zonder dat ze daarvoor gestraft worden. En als je dan van die moeilijke vragen krijgt, geef er dan een echt en eerlijk antwoord op. Toen Motorola het onderwerp was tijdens een TGIF-bijeenkomst, stelden verschillende Googlers prikkelende vragen over de producten van het bedrijf, die zo goed mogelijk werden beantwoord. Later hoorde Jonathan toevallig dat een paar Motorolans zich afvroegen of de vragenstellers zouden worden ontslagen. Nee, vertelde hij hun.

Als je een cultuur probeert aan te passen, is het soms goed om naar de oorspronkelijke cultuur te kijken. Lou Gerstner, die IBM wist om te vormen, schrijft in zijn boek *Who Says Elephants Can't Dance?*: 'Er wordt wel gezegd dat elke organisatie niets meer is dan de verlengde schaduw van één persoon.'[51] In het geval van IBM was dat Thomas J. Watson Sr.[52] Gerstner vertelt verder over het herstructureren van IBM in de geest van

50 Google maakte in 2014 bekend dat het Motorola had doorverkocht aan Lenovo.

51 Deze quote is oorspronkelijk van Ralph Waldo Emerson, die scheef: 'Een instituut is de verlengde schaduw van een man.' Zie Ralph Waldo Emerson, *Self-Reliance and Other Essays* (Dover Thrift Editions, 1993), pag. 26.

52 Louis V. Gerstner Jr., *Who Says Elephants Can't Dance?: Inside IBM's Historic Turnaround* (HarperBusiness, 2002), pag. 183.

Watson: excellent in alles wat we doen, superieure dienstverlening aan de klanten en respect voor het individu. Maar als je op de fundamenten van je voorganger bouwt, vergeet dan niet de overbodige franje eruit te halen. Gerstner schafte het beroemde kledingvoorschrift van Watson af, blauw pak en wit overhemd, omdat het niet langer voldeed aan de doelstelling, namelijk respect tonen voor de klant. 'We hebben het ene kledingvoorschrift niet vervangen door het andere. Ik greep gewoon terug op de wijsheid van meneer Watson en besloot: kleed je naargelang de omstandigheden van de dag en besef wie je die dag ontmoet.'[53]

(Eric werd ooit tijdens een bedrijfsbijeenkomst gevraagd of Google een kledingvoorschrift had. Hij antwoordde: 'Je moet iets aanhebben.')

Dit kost allemaal erg veel tijd. De belangrijkste les uit onze periode met Motorola is iets wat jullie, die in gevestigde bedrijven werken, misschien allang weten: de aanbevelingen uit dit boek opvolgen kost veel meer tijd dan je op voorhand denkt.

Ah'cha'rye

Als je een nieuw bedrijf opricht, of een bestaand bedrijf nieuw leven inblaast, dan teken je voor lange dagen, slapeloze nachten en misschien het missen van wat verjaardagsfeestjes. Je zult mensen aannemen die zoveel in jou en jouw idee geloven dat ze dezelfde opofferingen willen doen. Om dit te doen moet je gek genoeg zijn te denken dat je succesvol wordt en gezond genoeg zijn om dat ook waar te maken. Daarvoor heb je inzet nodig, vastberadenheid en nog het meest moet je eigenwijs zijn. Als Israelische tankcommandanten in de aanval gaan, roepen ze niet: 'Aanvallen!' In plaats daarvan vuren ze hun mannen aan met '*Ah'cha'rye*', wat in het Hebreeuws betekent: 'Volg mij.' Iedereen die de behoefte heeft om slimme creatieven aan te sturen moet deze houding overnemen.

Eric sprak ooit, tijdens een vergadering op het hoofdkantoor van Facebook in Palo Alto, met Mark Zuckerberg. Het was toen al duidelijk dat Mark en Facebook ongelofelijk succesvol zouden worden. De twee spra-

---

53 Ibid., pag. 184–85.

ken lang met elkaar, tot een uur of zeven 's avonds. Eric stond op het punt te vertrekken toen een assistent Mark zijn avondmaaltijd bracht en die naast zijn computer zette. Mark ging achter zijn computer zitten en ging weer aan het werk. Het was volkomen duidelijk waar zijn prioriteit lag.

Een van onze eerste medewerkers, Matt Cutts, herinnert zich dat hij vaak Urs Hölzle, de eindverantwoordelijke voor het opzetten van de infrastructuur van Google's datacentra, rotzooi van de grond zag oprapen als hij door het gebouw liep. Dit is een terugkerend verhaal in Silicon Valley: de CEO die de stapels kranten van de stoep oppikt, de oprichter die de balies schoonmaakt. Met deze acties benadrukken de leiders hun egalitaire instelling: we zitten allemaal in hetzelfde schuitje en niemand van ons is goed genoeg voor de klussen die moeten worden gedaan. Maar meestal doen ze dat omdat ze dol zijn op het bedrijf. Om te kunnen leiden heb je passie nodig. Als je dat niet hebt moet je wegwezen.

Wees niet slecht

Eric werkte inmiddels een maand of zes voor Google. Tegen die tijd wist hij alles over de 'Wees niet slecht'-mantra van het bedrijf, ooit tijdens een vergadering bedacht door softwareontwikkelaars Paul Buchheit en Amit Patel. Maar hij onderschatte volkomen hoezeer deze simpele zin onderdeel was geworden van de Google-cultuur. Hij zat in een vergadering te praten over de voordelen van een verandering in het advertentiesysteem, iets wat nogal lucratief voor het bedrijf kon zijn. Een van de leidende ontwikkelaars sloeg op tafel en zei: 'Dat kunnen we niet doen, dat zou slecht zijn.' Iedereen in de zaal viel stil; het was alsof je naar een oude western zat te kijken waarin in een saloon werd gepokerd en een van de spelers een ander beschuldigde van vals spelen. Iedereen schuift zijn stoel naar achteren wacht af wie er het eerste naar zijn pistool grijpt. Eric dacht: wow, deze jongens nemen het allemaal wel erg serieus. Er volgde een lange en soms ruzieachtige discussie en uiteindelijk ging de verandering niet door.

De beroemde Google-mantra 'Wees niet slecht' is niet helemaal wat je denkt. Ja, hij verwoordt een duidelijke waarde van de onderneming en hij is een doelstelling die iedereen aan het hart gaat. Maar 'Wees niet slecht' is gewoon een andere manier om medewerkers mondiger te maken. Wat Eric meemaakte was niet uitzonderlijk (misschien afgezien van de vuistslag op tafel). Googlers gaan vaak te rade bij hun morele kompas voordat ze een besluit nemen.

Toen Toyota zijn beroemde kanban-systeem bedacht voor de *just-in-time*-productie, was een van de regels voor de kwaliteitscontrole dat iedere medewerker de lopende band stil kon zetten als hij een kwaliteitsprobleem meende te zien.[54] Die simpele filosofie is de basis voor deze slogan. Toen de ontwikkelaar in de vergadering de nieuwe verandering 'slecht' noemde, trok hij aan het koord om de band tot stilstand te brengen, waardoor iedereen gedwongen werd na te denken over de voorgestelde verandering en over of die in overeenstemming was met de waarden van de onderneming. Elk bedrijf zou een 'Wees niet slecht' moeten hebben, een cultureel richtpunt dat alle managementlagen, productplannen en bedrijfspolitiek overstijgt.

Dat is de ultieme waarde van een diepgewortelde en goed begrepen organisatiecultuur. Het wordt de basis voor alles wat jij en het bedrijf doen, het is een veiligheidsmaatregel tegen een ontsporing, omdat de cultuur de rails is. De beste cultuur heeft ambitie. Bij alle componenten die we in dit hoofdstuk aan de orde hebben gesteld gaven we voorbeelden van hoe wij ermee omgaan. Maar we hadden het ook over gevallen kunnen hebben waar we de mist in gingen. Er gaan altijd dingen mis, maar er zullen meer gevallen zijn waar mensen juist meer dan voldoen aan dat ideaal, en als dat gebeurt wordt de lat weer een beetje hoger gelegd. Iedere medewerker van het bedrijf kan hiervan profiteren en het bedrijf als geheel beter maken.

54 David Magee, *How Toyota Became #1: Leadership Lessons from the World's Greatest Car Company* (Portfolio/Penguin, 2007).

Strategie – je hebt een verkeerd plan

We hebben geen idee in wat voor soort bedrijf jij werkt, laat staan in welke branche, dus we zullen niet beweren dat wij je kunnen vertellen hoe je een ondernemingsplan schrijft. Maar we kunnen je wel met 100 procent zekerheid zeggen dat als je er een hebt, het verkeerd is. Ondernemingsplannen in MBA-stijl, hoe goed er ook over is nagedacht, missen altijd iets heel belangrijks. Het oprecht uitvoeren van zo'n gemankeerd plan resulteert altijd in wat ondernemer Eric Ries een 'geslaagde mislukking' noemt.[55] Dat is de reden waarom durfinvesteerders altijd geïnteresseerd zijn in de prestaties van een team en niet in het plan. Als het plan verkeerd is, moeten de mensen goed zijn. Succesvolle teams zien de fouten in een plan en passen het aan.

Maar hoe kan een startend bedrijf zonder een plan goede mensen aantrekken en andere belangrijke zaken, zoals geld? Natuurlijk is het goed als je een plan hebt, maar realiseer je wel dat het verandert naarmate je nieuwe dingen ontdekt over je producten en de markt. Deze snelle aanpassingen zijn uitermate belangrijk voor succes, maar het uitgangspunt waarop het plan is gebaseerd is net zo belangrijk. De door computertechnologie ontstane basale veranderingen die het internettijdperk typeren, hebben een aantal van de algemeen geaccepteerde strategische uitgangs-

55 Ries definieert een geslaagde mislukking als het succesvol uitvoeren van een plan dat tot niets leidt, omdat het plan verkeerd is. Zie Eric Ries, *The Lean Startup* (Crown Business/Random House, 2011), pag. 22 en 38.

punten die we op school leerden, fundamenteel veranderd.[56] Dus, hoewel een plan aan verandering onderhevig is, moet er wel een aantal fundamentele uitgangspunten aan ten grondslag liggen, gebaseerd op hoe zaken tegenwoordig functioneren die jouw plan, met behulp van regelmatige updates, helpen om succesvol te worden. Het plan is flexibel, maar de uitgangspunten stabiel.

Bij sommige toekomstige teamgenoten kan die flexibiliteit een negatief gevoel oproepen; de meeste mensen houden niet van onzekerheid. Slimme creatieven aan de andere kant zijn erg van de 'we zoeken het zelf wel uit'-aanpak; zij hebben, zoals Jonathan in zijn beoordeling over iemand schreef, 'het vermogen om met de winden mee te waaien in deze turbulente omgeving'.[57] Eigenlijk wantrouwen ze een plan dat claimt alle antwoorden te hebben, maar ze raken enthousiast door eentje dat juist niets beweert, zolang het maar op de juiste uitgangspunten is gebaseerd.

Jonathans team maakte hem dat vrij snel duidelijk toen hij in 2002 bij Google in dienst trad. Toentertijd had het bedrijf een zeer goed uitgedacht strategisch uitgangspunt. Het was alleen niet duidelijk opgeschreven. In feite had niemand, sinds de oprichting in 1998, de tijd genomen om Google's strategie op papier te zetten. Jonathan ging direct aan de slag om deze duidelijke omissie recht te zetten. Hij wilde, zoals hij gewend was, een traditioneel, 'al achterhaald als de inkt droog is'-ondernemingsplan het licht laten zien, maar zijn plaatsvervangers Marissa Mayer, Salar Kamangar en Susan Wojcicki (die nu aan het hoofd van YouTube staat)

---

56 Het kan ook zo zijn dat we de verkeerde uitgangspunten hebben geleerd. Peter Drucker schreef bijvoorbeeld in 1974 dat 'tien jaar tegenwoordig een vrij korte periode is', waarbij hij aantekende dat het een aantal jaar duurt voordat een belangrijk managementbesluit echt effectief is. Hij zei daarbij echter wel dat het idee van de langetermijnplanning vaak verkeerd wordt begrepen. 'Korte termijn' en 'lange termijn' worden niet bepaald door een bepaalde hoeveelheid tijd. Een besluit is niet voor de korte termijn omdat het maar een aantal maanden duurt om in te voeren. Belangrijker is de periode waarin het effectief is. Een besluit is niet voor de lange termijn omdat we in 1970 besluiten dat we iets in 1985 gaan doen: dat is geen besluit maar een nutteloze opmerking. Het heeft net zoveel realiteit als het plan van een achtjarige om, als hij later groot is, brandweerman te worden. Zie Peter F. Drucker, *Management: Tasks, Responsibilities, Practices* (Harper & Row, 1974).

57 Jonathan nam deze zin over van zijn vroegere baas bij Apple, James Isaacs, die hem ooit gebruikte in een beoordeling van een van zijn favoriete medewerkers (tenminste, dat hopen we dan maar), ene Jonathan Rosenberg.

weerhielden hem hiervan.[58] Het bedrijf hoefde het plan niet op te schrijven (of er zelfs maar een te hebben), maar om mensen te kunnen aannemen en ervoor te zorgen dat iedereen dezelfde kant op bewoog, moest er wel een soort uitgangspunt voor het plan zijn. 'Geef dat soort uitgangspunten aan Googlers,' zeiden Salar, Marissa en Susan, 'en die vullen de rest in.'

Het resultaat was een presentatie onder de naam 'Google's strategie: verleden, heden en toekomst'. We presenteerden het in oktober 2002 aan de board (wat ervoor zorgde dat Mike Moritz de volgende zomer kon vragen naar een gedetailleerder plan), en onderdelen ervan worden nog steeds gebruikt om Google's aanpak in de komende jaren te beschrijven. De uitgangspunten die erin genoemd worden verschillen nogal van een normale dotcom in de late jaren negentig en ze zijn tegenwoordig een blauwdruk voor hoe je een succesverhaal creëert in het internettijdperk: zet in op een technisch idee dat een groot probleem op een nieuwe manier kan oplossen, pas het aan op de grootte van het probleem en zorg voor een markt waar iedereen van kan profiteren.

Zet in op technische ideeën, niet op marktonderzoek

In het midden van de jaren negentig, toen Larry en Sergey begonnen met hun afstudeeronderzoek dat uiteindelijk Google zou worden, rangschikten de belangrijkste zoekmachines hun zoekresultaten op basis van de inhoud van een website. Als je de zoekopdracht 'universiteit' gaf, dan had je net zoveel kans om verwezen te worden naar een website van een boekwinkel of fietsspeciaalzaak als naar die van een echte universiteit. Sterker nog, Larry klaagde tijdens een bezoek aan een zoekmachinebedrijf daadwerkelijk over de slechte resultaten die hij kreeg na het intypen van 'universiteit'. Men vertelde hem dat de schuld bij hem lag. Hij had de zoekopdracht beter moeten formuleren.

---

58 Jonathan noemde het trio Marissa/Salar/Susan gekscherend 'een kudde kamelen', omdat ze altijd hun eigen ideeën hadden en over het algemeen weigerden naar hem te luisteren. Na verloop van tijd werd dit hun koosnaampje.

En dus bedachten Larry en Sergey een betere manier. Ze ontdekten dat ze de kwaliteit van een zoekopdracht, dus de relevantie voor de gebruiker, konden verbeteren door gebruik te maken van de pagina's die naar die site linkten. Zoek een site waar een heleboel andere pagina's naar verwijzen en je hebt waarschijnlijk een pagina te pakken met een content van hogere kwaliteit.[59] Er zijn nog veel meer factoren waardoor Google Search bij de lancering al een stuk beter was dan andere zoekmachines: men hechtte bijvoorbeeld meer waarde aan resultaten die op wetenschappelijke sites werden gevonden, maar het belangrijkste voordeel bestond uit het simpele technische idee om gebruik te maken van de structuur van het web als leidraad voor het beste antwoord.

Sinds die tijd zijn Google's meest succesvolle producten gebaseerd op grote technische kennis en ideeën, terwijl de minder succesvolle dat ontberen. AdWords, de Google-advertentiegenerator die het leeuwendeel van de omzet van de onderneming genereert, is gebaseerd op het idee dat advertenties geplaatst en gerangschikt kunnen worden op de site naargelang hun waarde voor de gebruiker, in plaats van welke adverteerder het meeste wil betalen.[60] Google News, de site die het nieuws verzamelt van duizenden mediabronnen, was gebaseerd op het inzicht dat we via algoritmes onderwerpen gegroepeerd konden weergeven in plaats van per bron. Chrome, de opensourcewebbrowser van Google, had als achterlig-

---

59 Deze methode is het PageRank-algoritme, genoemd naar Larry Page, en is de basis voor Google Search en beschreven in: 'Lawrence Page, Sergey Brin, Rajeev Motwani en Terry Winograd, 'The PageRank Citation Ranking: Bringing Order to the Web' (Stanford InfoLab Technical Report, 1999).

60 Een van Google's concurrenten in het begin van de eenentwintigste eeuw was Overture, een pionier in het veilen van advertenties. Het probleem van de aanpak van Overture was dat adverteerders niet werden beloond om betere advertenties te maken en niet werden gestraft als hun advertenties slecht waren. Adverteerders begonnen hun advertenties te koppelen aan zoekopdrachten die niets met hun product van doen hadden; een autoadvertentie werd bijvoorbeeld geplaatst bij een zoekopdracht naar een restaurant. Gebruikers klikten zelden op deze advertenties, dus hoefden de adverteerders niet te betalen, maar men zag wel de naam en de boodschap en werd dus gratis beïnvloed. Hoe meer adverteerders dit gingen doen, hoe slechter de kwaliteit van de advertenties werd. De aanpak van Google, advertenties op basis van hun kwaliteit rangschikken, maakte een einde aan deze praktijk, want de weinig relevante advertenties werden niet meer getoond. Daardoor werden de advertenties beter en werd er meer op geklikt.

gende gedachte dat als websites steeds complexer en krachtiger werden, dit ook voor de browser moest gelden. Neem elk succesvol, innovatief Google-product en je zult hoogstwaarschijnlijk minstens één technisch uitgangspunt ontdekken, een idee waarover in een technisch tijdschrift wordt geschreven. Knowledge Graph is gebaseerd op het organiseren van de onmetelijke hoeveelheid ongestructureerde data op het internet over een bepaald persoon, plek of ding tot gestructureerde data, en die te presenteren op een toegankelijke manier. YouTube Content ID zorgt voor een unieke datapresentatie van elke audio- en videoclip en vergelijkt die met een bestand waarin alle rechten wereldwijd worden bijgehouden, waardoor de rechthebbenden de kans hebben hun content op YouTube te vinden (en soms zelfs te gelde kunnen maken). Translate maakt gebruik van een enorme meertalige gebruikersgroep, waardoor de kwaliteit van de vertalingen steeds verder toeneemt. Hangouts, voor livevideochats met een of meer mensen, 'vertaalt' de verschillende videoformats in de cloud en niet op het apparaat zelf, waardoor het veel makkelijker wordt om een videoconferentie met gebruikers van verschillende systemen te houden.

Productleiders maken productplannen, maar deze productplannen missen meestal één ding: wat is de technische gedachte achter dit product, deze functie of dit platform? Een technisch inzicht is een nieuwe manier waarop je een technologie of ontwerp toepast, waardoor je de kosten verlaagt, of de functionaliteit of toepasbaarheid aanzienlijk weet te verbeteren. Het gevolg is iets wat op een fundamentele manier een stuk beter is dan dat van de concurrentie. De verbetering is vaak nogal duidelijk: je hebt maar weinig marketing nodig om de consument te vertellen dat dit product een stuk beter is dan alle andere producten op de markt.

Soms is het bedenken van een nieuw technisch inzicht eenvoudig. Zo heeft OXO een bedrijf opgezet rond ergonomisch ontworpen keukenapparaten. Maar meestal valt het niet mee en dat zal ook de reden zijn dat de meeste bedrijven het geen uitgangspunt van hun strategie maken. In plaats daarvan volgen ze de normale MBA-aanpak van uitzoeken waar ze goed in zijn (hun concurrentievoordeel, volgens Michael Porter),[61] en vervolgens proberen ze dit voordeel ook in aangrenzende markten uit te buiten. Deze aanpak kan erg effectief zijn als je een gevestigd bedrijf bent dat succes afmeet aan een percentage, maar is dat niet als je iets nieuws hebt opgezet. Als jouw strategie erop is gebaseerd om het bestaande concurrentievoordeel ook in andere markten te introduceren, zul je hiermee nooit een branche overhoopgooien of de markt transformeren, en nooit de slimste creatieven aan je weten te binden.

Bedrijven kunnen ook gebruikmaken van een betere prijs, marketing, distributie en verkoop om tot een hoger marktaandeel te komen en meer winst te behalen. Denk maar eens aan alle producten in de supermarkt waar een sticker met NIEUW, NU VERBETERD op zit, terwijl het enige nieuwe is dat er een andere verpakking om zit of dat de reclamecampagne is aangepast. Dit soort tactieken wordt vaak ingegeven door marktonderzoek, waarmee adviseurs het potentiële klantenbestand van het bedrijf weten onder te verdelen in kleine, goed gedefinieerde segmenten (generatie X hier, de *tweens*, *bleens* en *spleens* daar), waardoor productontwerpers gedwongen worden om 31 smaken van nietszeggende middelmatigheid te ontwikkelen. Weet je wat het beste is aan marktonderzoekadviseurs? Je kunt ze makkelijk de schuld geven en ontslaan als het misgaat.

Excite@Home, waar Jonathan eind jaren negentig de leiding had over het productteam, was een bedrijf dat gebaseerd was op het technische idee waarmee de coaxkabel, waarmee de televisie de huiskamer in kwam, werd omgetoverd tot breedbandpijpleiding. De kabelmodem die Excite@Home ontwikkelde was een revolutionair product, maar men

61 De econoom Michael Porter, hoogleraar aan Harvard Business School en de oprichter van het adviesbureau Monitor, is een zeer invloedrijke expert op het gebied van strategie en hoe bedrijven, regio's en landen tot een concurrentievoordeel kunnen komen. In zijn beroemdste boek *Competitive Strategy: Techniques for Analyzing Industries and Competitors* (Free Press/Simon & Schuster, 1980) legt Porter uit dat er vijf krachten zijn die bepalen of een bedrijf concurrerend en winstgevend kan blijven. In zijn eveneens zeer invloedrijke vervolg hierop, *Competitive Advantage: Creating and Sustaining Superior Performance* (Free Press/Simon & Schuster, 1985), legt Porter uit wat je moet doen om zo'n concurrentievoorsprong te krijgen, waarbij hij betoogt dat dit voordeel voorkomt uit ofwel kostenleiderschap, ofwel differentiatie, ofwel de gerichtheid op een specifieke niche in de markt.

raakte in conflict met een weerbarstige vijand: het marktonderzoek. De kabelmaatschappijen hadden data waaruit bleek dat hun klanten meestal pc's met Intel 80286- en 80386-processoren hadden, dus de modems van Excite@Home moest die kunnen ondersteunen. Maar de technici van Excite@Home wisten dat die oudere processoren niet de capaciteit hadden om wat dan ook met breedband te doen en dat klanten met zo'n computer die hun product aanschaften zich snel bekocht zouden voelen. De kabelmaatschappijen bleven aandringen en probeerden Excite@Home een zinloos product voor ouderwetse pc's in de markt te laten zetten, omdat hun marktonderzoek dat nu eenmaal aangaf. Maar het marktonderzoek had 'de wet van Moore', die zegt dat de capaciteit van pc's ruwweg elke twee jaar verdubbelt, volledig over het hoofd gezien, net als het feit dat het niet lang meer zou duren voordat al die slome pc's verdwenen waren.[62]

Hoewel Excite@Home uiteindelijk vasthield aan zijn eigen standpunt, was het bedrijf niet immuun voor fout marktonderzoek. Toen men aan potentiële klanten de vraag stelde wat men het belangrijkst vond, bleek de nummer één snelheid, en dat was dan ook het argument dat Excite@Home in zijn marketing de meeste aandacht gaf. Maar hoewel breedband natuurlijk erg snel was, was het belangrijkste punt, nadat men eenmaal was aangesloten, dat de dienst altijd beschikbaar was. Men hoefde niet meer te wachten op het inbellen en piepen van het modem en servers die trager werden bij het toegang geven tot het internet. Jonathan en zijn collega's communiceerden wat de gebruikers zeiden dat ze wilden, maar marktonderzoek kan je niets vertellen over het oplossen van proble-

62 De wet van Moore is de voorspelling, gedaan door de medeoprichter van Intel Gordon Moore, dat het aantal transistors op een chip, en dus de computercapaciteit, elke twee jaar verdubbelt. In zijn oorspronkelijke artikel uit 1965, voorspelde hij eigenlijk elk jaar een verdubbeling, maar later werd hij iets conservatiever. Zie Gordon E. Moore, 'Cramming More Components onto Integrated Circuits' (*Electronics*, 19 april 1965), pag. 114–17. Tot nu toe is zijn voorspelling uitgekomen. Het moet wel gezegd dat de wet van Moore vroeg of laat tegen een grens aan loopt, hetzij door fysieke beperkingen in de productie van chips, hetzij op economische gronden. Zie Karl Rupp en Siegfried Selberherr, 'The Economic Limit to Moore's Law' (*Proceedings of the* IEEE, maart 2010), en Rick Merritt, 'Moore's Law Dead by 2022, Expert Says' (*EE Times*, 27 augustus 2013).

men waarvan de klant nog helemaal niet weet dat ze oplosbaar zijn. De klant geven wat hij wil is minder belangrijk dan hem iets geven waarvan hij nog helemaal niet weet dat hij dat wil.

Er is niets mis met het voortdurend verbeteren van je product of van je marktbewerking, maar het wordt de omgekeerde wereld als marktonderzoek belangrijker wordt dan technische innovatie. De meeste gevestigde ondernemingen zijn ooit begonnen met een technisch idee, maar zijn onderweg het spoor bijster geraakt. De pakken worden belangrijker dan de laboratoriumjassen. Dat kan een tijdelijke fout zijn, maar het is zeker een fout voor een gevestigde onderneming en biedt mogelijkheden voor concurrenten.

Het baseren van producten op een technisch idee is altijd het belangrijkste uitgangspunt van Google geweest, maar het belang ervan werd ons in 2009 duidelijk toen we onze productlijn doornamen en we een patroon zagen: het succes van de beste producten was gebaseerd op technische factoren en niet op zakelijke, en de minder goede misten een technisch kenmerk. Ons merk was sterk genoeg om voor elk nieuw gelanceerd product een bepaalde mate van aandacht te genereren, alleen al omdat het van Google kwam. Als we succes afmaten aan het aantal gebruikers, dan konden we, en dat deden we ook, onszelf wijsmaken dat de producten succesvol waren. Soms waren ze dat ook niet, omdat ze niet voldoende aandacht wisten te trekken. En in vrijwel alle gevallen waren de producten die niet van de grond kwamen producten zonder een vernieuwend technisch idee.

Google keek bijvoorbeeld op dat moment naar manieren om onze onlineadvertentiekennis ook in andere advertentiemarkten, zoals print, radio en televisie, in te zetten. Dat waren creatieve pogingen, ondersteund door slimme mensen, maar ze misten net die technische vernieuwing waardoor de kosten-batencurve werd verbeterd of een duidelijke differentiatie werd geboden. Alle drie leidden tot niets. En als we terugkijken naar ander Google-producten die geen succes werden (iGoogle, Desktop, Notebook, Sidewiki, Knol, Health en zelfs het populaire Reader), dan blijkt dat deze of vanaf het begin geen duidelijk technisch profiel hadden, of als ze dat wel hadden, dan raakte dat achterhaald door het evolueren van het internet.

Een periode van combinatorische innovatie

Maar goed, waar haal je zo'n magisch inzicht nu vandaan? In het internettijdperk hebben alle bedrijven de mogelijkheid om nieuwe technologie in te zetten om grote problemen op een nieuwe manier op te lossen. We staan aan de vooravond van wat de belangrijke Google-econoom Hal Varian 'de combinatorische innovatie' noemt. Die vindt plaats op het moment dat er een grote beschikbaarheid is van verschillende onderdelen die kunnen worden gecombineerd om tot nieuwe uitvindingen te komen. In de negentiende eeuw leidde bijvoorbeeld de standaardisering in het ontwerp van mechanische componenten, zoals koppelingen, katrollen, kettingen en nokken, tot een geweldige vooruitgang van de productiemogelijkheden. In de twintigste eeuw zorgde de benzinemotor voor innovaties bij auto's, motorfietsen en vliegtuigen. Na 1950 zag je de geïntegreerde schakeling of transistor in steeds meer producten opduiken. In al deze gevallen leidde de ontwikkeling van complementaire componenten tot een golf van nieuwe uitvindingen.

Tegenwoordig draait alles om informatie, onderlinge verbondenheid en rekenkracht. Potentiële uitvinders hebben alle data van de hele wereld tot hun beschikking, kunnen zich wereldwijd presenteren en hebben een vrijwel onbeperkte rekenkracht. Ze hebben opensourcesoftware en interfaces (API)[63] in overvloed zodat ze in staat zijn om op andermans werk voort te borduren. Ze kunnen gebruikmaken van standaardprotocollen en programmeertalen. Ze hebben de beschikking over informatieplatforms met data over de de meest uiteenlopende zaken als het verkeer, het weer, economische transacties, menselijke genetica en wie in contact staat met wie; zowel op groepsniveau als, na toestemming, op individueel niveau. Een manier om tot een nieuw inzicht te komen is deze toegankelijke technologieën en data te gebruiken en ze toe te passen in een andere branche om op die manier een bestaand probleem op een nieuwe manier aan te pakken.

---

63 Application Programming Interfaces, waardoor softwaretoepassingen onderling kunnen communiceren op het internet.

Naast deze bekende technologieën heeft elke bedrijfstak ook zijn eigen unieke technische en ontwerpkennis. Wij hebben altijd bij computerbedrijven rondgelopen, waar de basis de computerwetenschap is. Maar in andere branches kan de basistechnologie geneeskunde zijn, wiskunde, biologie, scheikunde, luchtvaartwetenschap, geologie, robotica, psychologie, enzovoort. De entertainmentbranche is gebaseerd op een andere vorm van technische kennis, bijvoorbeeld het vermogen om een verhaal te vertellen, op te treden, te componeren en iets te maken, terwijl in consumentenmarkten technische kennis wordt gecombineerd met design om tot baanbrekende producten te komen. Financieel dienstverleners gebruiken technische kennis om tot nieuwe manieren voor de handel in waardepapieren te komen (en bijzonder rijk te worden totdat de luchtbel weer barst of justitie op de stoep staat). Waar je ook werkt, er is een behoorlijk grote hoeveelheid technische kennis waarop de branche is gebaseerd. Wie zijn de nerds bij jullie op de zaak? De gasten die in het laboratorium of in de studio werken aan nieuwe, interessante dingen? Wat het ook is, het draait om jullie technologie. Zoek de 'uitvinders', zoek waar ze mee bezig zijn, want daar vind je de technische inzichten waarmee je succes kunt nastreven.

Een andere potentiële bron voor een nieuw technisch inzicht is om te beginnen met het zoeken van een oplossing voor een klein probleem en daarbij op zoek te gaan naar een bredere toepassing van de oplossing. Dit is in lijn met een lange en mooie traditie in de wereld van de innovaties. Nieuwe technologieën verschijnen meestal eerst in de vorm van een heel primitieve toepassing voor een heel specifiek probleem. De stoommachine werd in eerste instantie gebruikt als een erg handige manier om water uit mijnen te pompen, lang voordat hij werd ingezet als manier om treinen te laten rijden.[64] Marconi verkocht radio's als manier om vanaf schepen contact met het vaste land te houden, niet als een manier om popmuziek en 'geblablabla' te horen. In de jaren zestig zag Bell Labs zo

64 Het idee dat nieuwe technologieën in eerste instantie erg primitief zijn, was een observatie van Jonathans vader, Nathan Rosenberg, een eminente historisch econoom. Zie Nathan Rosenberg, *Perspectives on Technology* (Cambridge University Press, 1976).

weinig commerciële potentie in de door hen ontwikkelde laser, dat men er in eerste instantie van afzag om er patent op aan te vragen. Zelfs het internet was in eerste instantie bedoeld voor natuurwetenschappers en andere academici om onderzoeksresultaten uit te wisselen. Hoe slim hun ontdekkers ook waren, ze hadden nooit de toekomstige functionaliteit ervan kunnen bevroeden voor het uitwisselen van foto's en video's, het onderhouden van contact met vrienden, het leren over van alles en nog wat of het doen van al die andere verbazingwekkende dingen waar we het tegenwoordig voor gebruiken.

Ons favoriete voorbeeld van het voortborduren op een oplossing die voor een erg klein probleem is ontwikkeld, heeft te maken met de erg slimme, vroege gebruikers van computertechnologie: de pornobranche. Toen Google een steeds groter marktaandeel kreeg, bleek dat een groot deel van de zoekopdrachten betrekking had op pornogerelateerde onderwerpen. Pornofilters waren toentertijd behoorlijk ineffectief, dus hadden wij een klein team vrijgemaakt om het algoritmische probleem aan te pakken van wat Amerikaans opperrechter Potter Stewarts definitie van pornografie was: 'Ik weet wat het is wanneer ik het zoek op Google.' Zij slaagden erin om een aantal technische inzichten met elkaar te combineren. Ze begrepen steeds beter hoe de content van een beeldje (oftewel een *skin*) in elkaar stak en konden de inhoud beoordelen aan de hand van hoe andere gebruikers erop reageerden. (Als iemand zoekt naar een pornogerelateerde term en de afbeelding komt uit een medisch handboek, dan is de kans niet zo groot dat daarop wordt geklikt, en als ze dat wel doen zullen ze niet lang op die site blijven hangen.) Het duurde niet lang voordat we een filter, SafeSearch, hadden dat veel effectiever was in het tegenhouden van ongepaste plaatjes dan wat dan ook op internet. Een oplossing (SafeSearch) voor een klein probleem (het filteren van pornografische content).

Maar waarom zouden we hier stoppen? In de jaren daarna gebruiken we de technologie die we gebruikt hadden om het pornoprobleem aan te pakken in een veel breder verband. We verbeterden onze kennis over de relevantie van beelden voor zoekopdrachten (alle beelden en niet alleen porno) door gebruik te maken van de miljoenen op content gebaseerde modellen (de modellen hoe gebruikers op verschillende beelden reageren) die we voor SafeSearch hadden ontwikkeld. Daarna voegden we mogelijkheden toe zodat gebruikers op zoek konden gaan naar beelden die vergelijkbaar waren met de beelden die ze gevonden hadden ('Ik vind dat een mooie foto van Yosemite, ik wil er nog meer hebben die er net zo uitzien'). Ten slotte ontwikkelden we de mogelijkheid om een zoekopdracht niet in geschreven vorm te geven ('Half Dome Yosemite'), maar via de foto die je zelf nam van de Half Dome in Yosemite Park. Al deze toepassingen kwamen voort uit de technologie die oorspronkelijk was bedoeld om vieze plaatjes van het scherm te weren. Dus als je nu foto na foto voorbij ziet komen van Yosemite die vrijwel identiek zijn aan de foto die jij hebt genomen, dan mag je de pornobranche bedanken voor hun hulp bij het ontwikkelen van de noodzakelijke technologie daarvoor.

Zoek geen snellere paarden

Als je je productstrategie bepaalt op basis van technische kennis, dan vermijd je *me-too*-producten die gewoon leveren wat de consument verwacht. (Henry Ford zei eens: 'Als ik naar klanten had geluisterd, dan zou ik op zoek zijn gegaan naar snellere paarden.')[65] Dit soort geleidelijke verbeteringen kunnen goed zijn voor gevestigde bedrijven die bezorgd zijn over het handhaven van de status quo en kibbelen over procentpunten marktaandeel. Maar als jij een nieuw bedrijf begint of probeert een bestaand bedrijf te reorganiseren, dan is dat niet voldoende.

Het baseren van producten op technische ideeën lijkt een vrij logische aanpak, maar het is een stuk lastiger om het in de praktijk te brengen. In 2009, nadat we onze producten hadden beoordeeld en begrepen hadden hoe belangrijk het was om deze strategie te volgen, vroegen we aan de

65 We vinden dit een geweldige quote, hoewel het misschien niet echt door hem gezegd is. In Fords boek, *My Life and Work*, zegt hij niets over snellere paarden, sterker nog, hij schrijft dat voordat hij ooit een auto had gebouwd, mensen al jaren spraken over een paardloze koets. Karl Benz bouwde zijn eerste door een benzinemotor aangedreven auto in 1885, die Ford later zag en waarvan hij geringschattend zei: 'Er zit niets in wat het de moeite waard maakt.' Misschien was Ford dus niet op zoek naar snellere paarden, maar naar een snellere Benz.

productmanagers van de belangrijkste binnenkort te lanceren producten om in een paar zinnen het technische idee achter hun producten te verwoorden. Een paar konden dat, maar erg veel ook niet. 'Wat is je technische idee?' blijkt een simpele vraag om te stellen, maar een stuk lastiger om te beantwoorden. Als jij geen goed antwoord weet te bedenken, kijk dan nog eens goed naar je product.

Optimaliseer voor groei

Vroeger werden bedrijven langzaam en volgens een bepaald patroon groter. Creëer een product, zorg voor lokaal of regionaal succes, groei daarna stapje voor stapje door het opzetten van verkoop-, distributie- en servicekanalen en voer de productie op om aan de vraag te voldoen. Alles had tijd nodig. De eikel groeide na verschillende, kabbelende decennia uit tot een eik.

We noemden dit 'groei' en er bestaan nog steeds bedrijfstakken waarvoor dit genoeg is. Men doet een uitspraak als: 'Het topsegment groeide dit kwartaal met acht procent,' en dat is goed genoeg voor een bonus of promotie. Nou, geniet er nog van, want die tijd is snel voorbij. Als je iets groots wilt bereiken, dan is het niet voldoende om gewoon maar te groeien, je moet opschalen. Dat wil zeggen dat je erg snel en wereldwijd moet groeien.

In het internettijdperk is dit soort wereldwijde groei binnen ieders bereik. Wij zijn in zo'n beetje alles gedemocratiseerd: in informatie, verbondenheid, computerkracht, productie en talent. Je hoeft dus geen hordes mensen meer te hebben en een wijdverbreid netwerk van kantoren om een bedrijf op te zetten dat wereldwijd zijn vleugels kan uitslaan. Dat wil niet zeggen dat je niet moet nadenken over de manier waarop je opschaalt, integendeel. Snel groeien moet een integraal onderdeel zijn van je basisprincipes. De concurrentie is veel heviger en concurrentievoordelen zijn een veel korter leven beschoren, dus je moet een 'snelle groei'-strategie hebben.

De omgeving, het ecosysteem waarin je functioneert, doet zeker ter zake. De meest succesvolle leiders in het internettijdperk zijn zij die begrijpen hoe je snel platforms ontwerpt en bouwt. Een platform is eigenlijk een aantal producten en diensten die een groep afnemers en leveranciers aan zich bindt om intermediaire markten te vormen.[66] Platforms zijn steeds meer, en misschien al volledig, op technologie gebaseerd. YouTube is bijvoorbeeld een platform dat iedereen video's laat maken en distribueren naar een wereldwijd publiek (of in de meeste gevallen binnen de eigen familie). Een mooi klassiek voorbeeld is de telefoon, waarvan het platform (het netwerk van draden en schakelingen dat apparaten aan elkaar koppelt en waardoor mensen met elkaar kunnen praten) redelijk waardeloos was toen de eerste telefoon werd aangesloten, aangezien je daar niemand mee kon bellen. Maar met elke volgende aansluiting werd het netwerk nuttiger voor iedere gebruiker omdat er meer mensen waren die je kon bellen.

Het klinkt nu wat curieus als je praat over vaste telefonie. Vroeger betekende opschalen dat je miljoenen mensen moest zien te bereiken; het wereldwijde telefoonnetwerk deed er 98 jaar over om naar 150 miljoen aansluitingen te gaan.[67] Tegenwoordig kunnen platforms uitgroeien tot miljarden gebruikers en dat in een veel korter tijdsbestek. Facebook, dat zich losmaakte uit een serie van sociale netwerksites toen het overging naar een applicatieplatform, had niet lang na zijn achtste verjaardag meer dan een miljard gebruikers.[68] Android, het grootste besturingssysteem voor mobiele communicatie, activeerde zijn miljardste gebruiker na vijf jaar.[69] Terwijl de financieel analisten zich alleen maar druk maakten over de winstgevendheid, zette Amazon in op alleen maar groei. Nu is het een van de meest ontwrichtende krachten in ten minste drie bedrijfstakken: retail, media en de computerbranche.

Toen Jonathan op een goede dag in 1999 voor het eerst Larry ont-

---

66 En wat is een intermediaire markt? Een plek waar twee of meer onderscheidbare gebruikersgroepen samenkomen en elkaar wederzijds diensten aanbieden. Dagbladen zijn een goed voorbeeld, die verbinden lezers en adverteerders, en creditcardbedrijven, waar consumenten en leveranciers aan elkaar worden gekoppeld. Voor een uitgebreide beschrijving van platforms en intermediaire markten zie Thomas Eisenmann, Geoffrey Parker, en Marshall W. Van Alstyne, 'Strategies for Two-Sided Markets' (*Harvard Business Review*, oktober 2006).

67 Jessi Hempel, 'How Facebook Is Taking Over Our Lives' (*Fortune*, 17 februari 2009).

68 Helen A.S. Popkin, 'Facebook Hits One Billion Users' (NBCNews.com, 4 oktober 2012).

69 'Mobile Makeover' infographic (MIT *Technology Review*, 22 oktober 2013).

moette, liepen ze samen over het Google-parkeerterrein naar Jonathans auto. Larry zei bijna tussen neus en lippen door dat er geld te verdienen moest zijn met een zoekmachine. Tenslotte was het zo, beredeneerde Larry, dat als mensen een zoekopdracht ingaven, ze aan Google vertelden waar ze in geïnteresseerd waren. Toentertijd werd er steeds meer gebruikgemaakt van de zoekmachine, maar het bedrijf verdiende nog maar weinig geld. Larry en Jonathan spraken over een mogelijk samenwerkingsverband tussen Google en Excite@Home, een gevestigd bedrijf, ontstaan uit een fusie tussen @Home, een pionier in kabelmodems, en Excite, een van de eerste zoekmachines op internet. Maar hoewel Excite@Home op elke mogelijke manier probeerde geld te verdienen aan het aantal bezoekers, richtte Google zich volledig op groei. Er waren genoeg mogelijkheden om omzet te maken. Het aantal gebruikers van Google.com groeide snel en de onderneming had het pad kunnen volgen van elke andere commerciële website en advertenties op de homepage kunnen plaatsen. Maar dat deed ze niet. In plaats daarvan investeerde men in het verbeteren van de zoekmachine.

We kozen voor dezelfde aanpak met ons AdWorks-advertentieplatform. We sloten overeenkomsten met contentleveranciers als America Online (AOL) en Ask Jeeves, die het Google-advertentiesysteem gebruikten om advertenties op hun website te zetten. Bij dit soort overeenkomsten kwam altijd het punt naar voren hoe de opbrengst moest worden verdeeld. Laten we zeggen dat wij een advertentie plaatsten op AOL of Ask Jeeves en een gebruiker klikte erop. De adverteerder betaalde dan aan Google een bepaald bedrag, dat wij vervolgens deelden met de leverancier van de content. Maar hoeveel moesten we delen? Wij probeerden steeds zo veel mogelijk te delen, tenslotte hadden wij ingezet op groei en niet op geld. Hiermee waren onze partners erg blij. Zij hadden allemaal ambitieuze omzetdoelstellingen, die moeilijker bereikbaar werden nu Google zo hard begon te groeien. Dus om de kloof te dichten en meer omzet aan het einde van een kwartaal te laten zien, wilden ze altijd meer advertenties op de site hebben.

Jonathan ging zelfs zo ver dat hij naar zijn contactpersoon bij AOL ging en erop aandrong om niet zoveel advertenties op de site te zetten. 'Je doet het gebruiksplezier geweld aan,' zei hij tegen hen, 'en dat zal op termijn van invloed zijn op het aantal bezoekers op de site.' Hij zei het tegen dovemansoren. Men hechtte meer belang aan omzet dan aan groei en wij deden juist het tegenovergestelde.

Met het risico een open deur in te trappen moeten we wel zeggen dat een gezonde basis garant moet staan voor het genereren van omzet. Het oude dotcom-mantra van 'We hebben geen idee hoe we geld gaan verdienen, maar hebben we geen geweldig programma?' werkte toen niet en nu nog steeds niet. De oprichters van Google wisten dat ze met advertenties geld zouden verdienen. Ze hadden in het begin geen idee hoe ze dat moesten doen, en ze dachten daar goed over na terwijl ze ondertussen hun platform opschaalden, maar ze wisten donders goed waar het geld vandaan moest komen.

Er is nog een groot voordeel van platforms. Als ze groeien en steeds waardevoller worden, trekken ze meer investeerders aan, waardoor men de producten en diensten kan verbeteren die het platform ondersteunen. Dat is de reden dat men in de computerbranche altijd nadenkt over platforms en niet over producten.

Coase en het wezen van de onderneming

Een zeer belangrijk, maar sterk ondergewaardeerd fenomeen van het internet is het vermogen om er platforms mee te ontwikkelen; niet alleen in de computerwereld, maar in elke bedrijfstak.

Bedrijven hebben altijd al netwerken opgezet, maar in het verleden waren die netwerken intern gericht en opgezet om kosten te besparen. Op deze manier volgden ze de mening van Ronald Coase, econoom aan de universiteit van Chicago en winnaar van de Nobelprijs, die beweert dat het voor bedrijven vaak zinvoller is om iets intern te doen dan extern, omdat de transactiekosten voor het vinden van verkopers, het onderhandelen over contracten en het controleren of alles goed gebeurt te hoog zijn. Zoals Coase zegt: 'Een bedrijf zal proberen te groeien totdat de interne kosten van een extra transactie gelijk zijn aan de kosten wanneer dezelfde transactie verkrijgbaar is via een uitwisseling op een open markt of de kosten die een ander bedrijf ervoor moet maken.'[70] Veel verstandige twintigste-eeuwse bedrijven onderzochten dit en ontdekten dat voor het meeste wat zij deden Coase gelijk had: de interne managementkosten waren lager dan de transactiekosten bij outsourcing. Dat zorgde ervoor dat ze zo veel mogelijk intern deden en dat als ze iets buiten de deur deden, ze alleen samenwerkten met een kleine groep goed geselecteerde partners. De twintigste eeuw werd op deze manier gedomineerd door corporaties die grote hiërarchische systemen waren of, in de meest uitgebreide vorm, gesloten netwerken.

Tegenwoordig gelden de uitgangspunten van Coase nog steeds, maar ze leiden tot radicaal andere uitkomsten dan in een groot deel van de twintigste eeuw. In plaats van een zo groot mogelijk gesloten netwerk op te bouwen, besteden bedrijven steeds meer uit en werken ze samen met een groter en uiterst divers netwerk van verschillende partners. Waarom? Don Tapscott omschreef het treffend in *Wikinomics*: 'Het internet heeft ervoor gezorgd dat de transactiekosten zo enorm dalen dat het zinvoller wordt om de wet van Coase achterstevoren te lezen: bedrijven moeten tegenwoordig zo ver inkrimpen dat de interne transactiekosten niet meer opwegen tegen de kosten om iets extern te laten doen.'[71] De meeste bedrijven hebben voor deze aanpak gekozen puur om operationele en kostenbesparende redenen: ze besparen geld door arbeid uit te besteden aan lagelonenlanden.

Maar er ontgaat ze een belangrijk element. In het internettijdperk is de doelstelling bij het opzetten van netwerken niet het besparen van kosten of de werkzaamheden efficiënter laten verlopen, maar het maken van fundamenteel betere producten. Veel bedrijven zetten netwerken op om hun kosten te reduceren, maar veel minder doen het om hun producten of ondernemingsmodel aan te passen. Dit is een kans die de gevestigde bedrijven in menige bedrijfstak massaal laten liggen, waardoor ze de deur openzetten voor nieuwe concurrenten.

Twitter is geen technologiebedrijf, maar een uitgeverij. Airbnb is een

---

70 Ronald Coase, 'The Nature of the Firm' (*Economica*, november 1937).

71 Don Tapscott en Anthony D. Williams, *Wikinomics: How Mass Collaboration Changes Everything* (Portfolio/Penguin, 2006), pag. 56.

platform voor de logiesbranche, terwijl Uber er een is voor persoonlijke transportoplossingen. 23andMe is naast een platform ook een dienstverlener in de consumentenmarkt. Tegen een vergoeding geeft het een overzicht van de genetische code van de klant en als men al die gegevens samenvoegt, ontwikkelt men een uiterst krachtig dataplatform. Farmaceutische bedrijven kunnen bijvoorbeeld de gegevens van 23andMe gebruiken om deelnemers voor nieuwe studies te selecteren en als ze dat doen, kunnen ze alle extra data weer teruggeven aan het platform.

De lijst is eindeloos: Square voor betalingen in het midden- en kleinbedrijf, Nike FuelBand voor persoonlijke gezondheid, Kickstarter voor financieringen, MyFitnessPal voor afvallen, Netflix voor video-entertainment en Spotify voor muziek. Deze bedrijven voegden bestaande technologische componenten samen om tot een andere opzet van een bestaand bedrijfsmodel te komen. Ze creëerden platforms voor gebruikers en partners om onderling contact te hebben en gebruikten deze platforms om zeer verschillende producten en diensten te maken. Je kunt dit model vrijwel overal toepassen: in de reisbranche, bij auto's, kleding, restaurants, voedsel en retail. Je kunt in vrijwel elke branche producten beter maken als meer mensen ze gebruiken.[72]

Dit is het verschil tussen eenentwintigste- en twintigste-eeuwse economieën. Terwijl de twintigste eeuw gedomineerd werd door monolithische, gesloten netwerken, wordt de eenentwintigste eeuw gekenmerkt door wereldwijde, open netwerken. Overal om ons heen liggen kansen voor platforms. De succesvolle leiders zijn degenen die ze ontdekken.

Specialiseer

Een andere manier is om jezelf te specialiseren. Soms is het vinden van een specialisatie met groeipotentie de beste manier om een platform te

72 Nathan Rosenberg onderstreept de waardevolle rol die dit soort bedrijven speelt in het op een nieuwe manier toepassen van bestaande technologie. Hij stelt voor dat een goede definitie van innovatie zoiets moet zijn als 'het ontwikkelen van een nieuwe structuur waarin incrementele innovaties kunnen plaatsvinden', die vaak leiden tot een geheel nieuwe bedrijfstak.

ontwikkelen.[73] Om zijn zoekplatform aan het einde van de jaren negentig te laten groeien, richtte Google zich op één element: geweldig goed zijn in zoeken, waarvoor we vijf criteria hadden, namelijk: snelheid (snel is altijd beter dan langzaam), accuraatheid (hoe relevant zijn de resultaten voor de gebruiker?), gebruiksgemak (kunnen alle grootouders Google gebruiken?), allesomvattend (doorzoeken we het hele internet?) en versheid (hoe recent zijn de resultaten?). De onderneming was zo begaan met het geven van de juiste gegevens aan de gebruikers, dat Google vaak onder aan de pagina links aangaf naar Yahoo, AltaVista en Ask Jeeves, zodat gebruikers makkelijk naar die sites konden gaan als de resultaten van Google in hun ogen tegenvielen.

Toentertijd probeerden de meeste commerciële sites zogenaamde 'portals' te worden, multifunctionele mediasites die voorzagen in een grote verscheidenheid aan interesses en behoeften. Sommige van die bedrijven (Netscape, AOL, Yahoo) waren helemaal niet zo geïnteresseerd in zoekresultaten en stonden zeker niet afkerig tegenover een samenwerkingsovereenkomst met Google om die klus aan ons over te laten.[74] Hoewel Google zeker van mening was dat de zoekfunctie een van de belangrijkste toepassingen was voor het snel uitdijende internet, wilden we ons niet specialiseren in die richting omdat onze kristallen bol ons vertelde dat het uiteindelijk veel lucratiever zou zijn dan het normale en populairdere

73 Uitgaand van een beeld dat de filosoof Isaiah Berlin in een essay oproept, noemt Jim Collins het idee van specialiseren 'Het Egel Concept'. Berlin zelf was geïnspireerd door een regel van de Griekse dichter Archilochus: 'De vos weet van alles wat, de egel maar van één ding veel.' Collins vond dat van de bedrijven die hij onderzocht voor *Good to Great,* de grote allemaal egels waren. Academici zijn op basis van Collins' bevindingen tot de conclusie gekomen dat Het Egel Concept wel een sleutel tot succes moet zijn, omdat je specialiseren een riskante aangelegenheid is, die ofwel tot grote verliezen ofwel tot grote successen kan leiden. Zie bijvoorbeeld Phil Rosenzweig, *The Halo Effect* (Free Press/Simon & Schuster, 2007). Hoewel Het Egel Concept ons aanspreekt, hebben we overigens geen idee wat het ene ding is waarvan de egel veel weet.

74 De eerste samenwerkingsovereenkomst, met Netscape in 1999, leverde zoveel extra bezoekers op dat toen we ermee begonnen, we tijdelijk onze eigen site Google.com even plat moesten leggen om alle verzoeken van de Netscape-klanten te kunnen beantwoorden. Volgens onze collega Craig Silverstein zit de code die we toen schreven om onze site op zwart te zetten nog steeds in Google's programmatuur, maar wordt hij slapend gehouden door het commando '#ifdef MAKE_GOOGLE_UNAVAILABLE_BECAUSE_DISASTERS_ARE_HAPPENING'.

portalmodel. Wij richtten ons juist op de zoekfunctie omdat we het gevoel hadden dat we daar beter in waren dan wie dan ook.[75] Dus in de beginperiode van het internet, terwijl de grote mannen in de branche bezig waren met het opzetten van portals, werd Google Search beter en beter in het geven van de juiste antwoorden aan de gebruikers.

(Het verbeteren van Google Search had ook als voordeel dat het aantal bezoekers op de site van de contentverschaffers erdoor groeide, omdat het makkelijker werd nieuws, informatie en entertainment op die sites te vinden. En dit bevorderde op zijn beurt weer de verspreiding van de online content.)

Uitgangspunt is open, niet gesloten

Platforms hebben de neiging veel sneller te groeien als ze open zijn. Kijk naar het grootste platform dat er bestaat, het internet. In het begin van de jaren zeventig, toen Vint Cerf[76] en Robert Kahn het TCP/IP (Transmission Control Protocol/Internet Protocol) ontwikkelden, waardoor verscheidene computernetwerken (zoals de voorloper van internet, ARPANET) aan elkaar werden gekoppeld en onderling konden communiceren, hadden ze eigenlijk geen idee hoe groot de netwerken waren die ze aan elkaar koppelden, laat staan dat ze wisten hoeveel het er waren. Ze stelden dan ook geen bovengrens aan het aantal netwerken dat kon worden gekoppeld en besloten dus dat alle netwerken die hun protocol gebruikten zich met elkaar in verbinding mochten stellen. Deze bijzondere beslissing om het internet open te houden, en dat was toentertijd zeker geen uitgemaakte zaak, leidde direct tot het opmerkelijke web dat we nu elke dag

---

75 Hoewel Larry en Sergey dat helemaal niet wisten, borduurden ze voort op een belangrijk idee van Michael Porter, die schreef: 'Een effectieve strategie voor bovengemiddelde resultaten is om je te specialiseren in een beperkt aantal producten... Je kunt daarmee ook een vergaande vorm van productdifferentiatie aan de consument laten zien, die het gevolg is van de veronderstelde expertise en het imago van de producent in die specifieke productmarktcombinatie.' Michael Porter, *Competitive Strategy: Techniques for Analyzing Industries and Competitors* (Free Press, 1980), pag. 208–9.

76 Vint, die wordt beschouwd als een van de oprichters van het internet en als een goed voorbeeld van een slimme creatief, is op dit moment Google's Chief Internet Evangelist.

gebruiken. (Hal Varian noemt het internet 'een laboratoriumexperiment dat uit de hand gelopen is'.)

Of kijk nog eens naar het klassieke voorbeeld van het vastetelefonienetwerk. Opgezet als een netwerk voor één toepassing, het overbrengen van gesproken woord, kwam er op een gegeven moment een einde aan de groei van het AT&T-netwerk in de Verenigde Staten. Er werd nauwelijks geïnnoveerd en de enige groei kwam uit de bevolkingsaanwas en de babyboomers die een tweede lijn wilden. Maar toen, in opdracht van de overheid, opende AT&T zijn netwerk voor nieuwe apparaten en andere telefoonmaatschappijen, en de innovatie kwam van de grond. Nieuwe typen telefoons, faxen, datamodems, goedkope langeafstandtelefonie (ja, ja, dat was wat vroeger): allemaal innovaties die mogelijk waren nadat het netwerk van gesloten op open gezet werd.[77]

Een ander voorbeeld is de IBM-pc, die op de markt kwam in 1981 met een architectuur die softwareontwikkelaars en producenten in staat stelden om applicaties en aansluitbare componenten te bouwen, en zelfs hun eigen 'kloon-pc's', zonder dat IBM daarvoor een licentievergoeding vroeg. Dit besluit droeg er mede toe bij dat de IBM-pc de standaard werd in de opkomende markt voor 'microcomputers', en daarmee een enorme impuls gaf aan een aantal jonge en kleine bedrijven als Microsoft en Intel.[78] Hierdoor werden ook heel veel leveranciers van toepassingen, accessoires en concurrerende producenten de markt in getrokken, waardoor uiteindelijk het dominante computerplatform van de komende vijfentwintig jaar ontstond. Dit zou allemaal niet gebeurd zijn als de pc gesloten in plaats van open was geweest.[79]

---

77 Phil Lapsley, *Exploding the Phone: The Untold Story of the Teenagers and Outlaws Who Hacked Ma Bell* (Grove/Atlantic, 2013), pag. 298–99.
78 James M. Utterback, *Mastering the Dynamics of Innovation* (Harvard Business School Press, 1994), pag. 15.
79 De Apple Macintosh, die in 1984 op de markt kwam, was daarentegen een gesloten systeem. Bill Gates, de topman van Microsoft, schreef in een memo aan de toenmalige topman van Apple, John Sculley: 'De IBM-architectuur heeft, vergeleken met de Macintosh, waarschijnlijk honderd keer zoveel softwareontwikkelaars die eraan werken, als je de investeringen van de kloonmakers erbij telt.' Zie Jim Carlton, 'They Coulda Been A Contender' (*Wired*, november 1997).

'Open' kan een 'Rashomon'-achtig begrip zijn, de verschillende ondernemingen definiëren het op een verschillende manier zodat het aansluit bij hun doelstellingen. Maar in het algemeen betekent het delen van intellectueel eigendom zoals software of onderzoeksresultaten, aansluiten bij bestaande standaarden in plaats van die zelf te ontwerpen en de klant de vrijheid geven om snel afscheid te nemen van je platform. Dit kan in tegenspraak zijn met het traditionele MBA-denken, dat voorschrijft dat je een zo groot en duurzaam mogelijk concurrentievoordeel probeert op te bouwen en daarna de ophaalbrug ophaalt en de poort sluit en het kasteel verdedigt met kokende olie en brandende pijlen. Open is beangstigend voor de gevestigde denkpatronen, net als alle nieuwlichterij. Het is een stuk eenvoudiger te concurreren door klanten op te sluiten in jouw leuke, gesloten wereld, dan door je in een open en wilde wereld te wagen en te moeten concurreren op innovatie en toegevoegde waarde. In een open setting ruil je controle in voor schaalgrootte en innovatie.[80] Vertrouw erop dat jouw slimme creatieven een manier zullen weten te vinden.

Als je een gevestigde partij die in een loopgraaf zit wilt aanvallen, kan die verschansing in je voordeel werken. Jouw varkensachtige concurrent vreet vast en zeker nog uit zijn gesloten trog en jij kunt hem aanpakken door voor je ontregelende product een ontregelend ondernemingsmodel te ontwerpen. Open kan daar een belangrijke rol in spelen. Het brengt innovatie in de markt (nieuwe gebruiksmogelijkheden voor het platform, nieuwe toepassingen van partners) en het verlaagt de kosten van complementaire componenten. Dit alles leidt tot meerwaarde voor de gebruikers en meer groei in de markt, wat meestal ten koste gaat van het gesloten platform van de gevestigde partijen. Kijk maar eens hoe bijvoorbeeld organisaties als Khan Academy, Coursera en Udacity vaste voet aan de grond proberen te krijgen in de onderwijsmarkt.[81] Zij combineren de technologie uit het internettijdperk (online video, interactieve en sociale

---

80 Een vooraanstaande onderzoeker van 'open innovatie' is de econoom Henry Chesbrough, schrijver van *Open Innovation: The New Imperative for Creating and Profiting from Technology* (Harvard Business School Press, 2003) en *Open Business Models: How to Thrive in the New Innovation Landscape* (Harvard Business School Press, 2006).

81 Eric is lid van de board van Khan Academy.

toepassingen) met een open ondernemingsmodel (iedereen kan gratis college volgen), wat radicaal anders is dan hoe de gevestigde partijen functioneren (hoge collegegelden om de hoge kosten te dekken). Niemand kan voorspellen of en welke van deze marktverstoorders zullen groeien en succesvol zullen zijn, of dat een aantal van de meer vaardige gevestigde partijen ze zullen weten af te schudden. Maar wat wel zeker lijkt is dat de combinatie van technologie en open leidt tot een betere markt voor hoger onderwijs die, zoals de missie van Khan duidelijk maakt, garant staat voor 'een gratis opleiding van wereldklasse voor iedereen en overal'.

Open stelt je ook in staat om gebruik te maken van het talent van duizenden mensen, omdat, zoals de medeoprichter van Sun, Bill Joy, liet aantekenen: 'Het maakt niet uit wie je bent, want de meeste slimme mensen werken toch voor een ander.'[82] Het zet aan tot grotere innovaties, omdat mensen niet meer opnieuw hoeven te doen wat er al gedaan is en zich in plaats daarvan kunnen richten op het vooruithelpen van het hele systeem door middel van nieuwe innovaties. Netflix is daar een goed voorbeeld van. In 2006 wilde de filmverhuurder zijn recensie-algoritme verbeteren, maar intern kreeg men dat niet voor elkaar. Men nam de eigen database van honderd miljoen geanonimiseerde filmrecensies van gebruikers en publiceerde die, en gaf daarbij aan dat het eerste team dat of de eerste persoon die erin zou slagen de accuraatheid van de algoritmen van de concurrenten met ten minste 10 procent te verslaan, een miljoen dollar zou krijgen. Zelfs de wedstrijd was open: Netflix publiceerde de voortgang van de topteams op een scorebord en binnen drie jaar was de winnende oplossing gevonden.[83]

Er is een ander, minder duidelijk maar net zo belangrijk voordeel van open source. Als je al je informatie online zet, laat je zien dat je geen verborgen agenda hebt. Als je met opensourcesoftware werkt, kan iedereen zien of het programma wel of geen voordeel oplevert voor een specifiek

---

82 Karim Lakhani en Jill A. Panetta, 'The Principles of Distributed Innovation' (*Innovations*, Volume 2, No. 3, zomer 2007).
83 Steve Lohr, 'Netflix Awards $1 Million Prize and Starts a New Contest' (*Bits*-blog, *The New York Times*, 21 september 2009).

bedrijf en als dat wel zo is, kun je actie ondernemen om dat te verhinderen. Het principe van open source wil zeggen dat we ons committeren aan het bouwen van zowel een platform als een branche, als een ecosysteem. Het toont dat iedereen evenveel kans heeft en dat geen enkele speler een oneerlijk voordeel heeft. Als je dit soort vermoedens weet weg te nemen stimuleer je de groei.[84]

Een laatste opmerking over het standaardiseren van open bronnen heeft betrekking op het concept van de vrijheid van de gebruiker, een gebruik dat het tegenovergestelde is van het 'ketenen' van de klant. Maak het klanten makkelijk je te verlaten. Bij Google hebben we een team wiens taak het is om het voor onze klanten zo makkelijk mogelijk te maken afscheid van ons te nemen. We willen gelijke kansen voor iedereen in de markt en de loyaliteit van onze klanten verdienen met wat we doen. Als klanten makkelijk kunnen weggaan, dan ben je nog meer bereid je best te doen om ze vast te houden.

Open als standaard, tenzij...

Open source is geen moreel argument. Open als standaard is meestal de beste manier om innovatie en lagere kosten mogelijk te maken, dus beschouw het als een extra strategische optie: vergroot het je kans op schaalvergroting en winstgevendheid als je voor open kiest? De uitstraling van open kan je helpen slimme creatieven aan te trekken, want, zoals de dichter ooit zong: 'Niets kan de wereld zo veranderen als een wereldwijd platform.' (Nou ja, hij had dat eigenlijk moeten zingen.)

Een aantal uitzonderingen daargelaten heeft Google altijd open als standaard gehad en juist vanwege die paar uitzonderingen zijn we vaak als

---

84 Zelfs kleine bedrijven en kweekvijvers kunnen gebruikmaken van open source. Y Combinator, dat financiering geeft aan veelbelovende starters, publiceert, zodat iedereen het kan zien, juridische documenten die oorspronkelijk werden gebruikt door bedrijven die door Y Combinator zijn geholpen om geld los te krijgen bij zogenaamde *angel investers*. Het idee achter het openbaar maken van deze documenten is dat de financiering makkelijker en goedkoper wordt voor beide partijen. Zie Michael Arrington, 'Y Combinator To Offer Standardized Funding Legal Docs' (*TechCrunch*, 13 augustus 2008) en 'Series AA Equity Financing Documents' (ycombinator.com/seriesaa).

hypocriet neergezet, omdat we open prediken, maar soms ons eigen advies negeren. Dit is niet hypocriet, maar pragmatisch. Hoewel we in het algemeen geloven dat open de beste strategie is, zijn er omstandigheden waarin gesloten ook goed werkt. Als je een product hebt dat duidelijk beter is, meestal omdat het gebaseerd is op een sterk technisch uitgangspunt, en je moet concurreren in een nieuwe, snelgroeiende markt, dan kun je snel groeien zonder dat je het platform open hoeft te zetten. Dit was het geval met Google's zoek- en advertentieprogramma's in het begin van hun bestaan, maar het is iets wat zelden voorkomt.

Maar daarnaast zijn er ook situaties waarin open platforms niet positief werken voor gebruikers en innovatie. De meeste gevestigde partijen die hun platforms gesloten houden, verdedigen dit door te zeggen dat open slecht is voor de kwaliteit, dus door hun platforms gesloten te houden tonen ze zich een goed ondernemer en doen ze alleen maar het beste voor de consument. In sommige gevallen, zoals bij ons, is dit een valide argument. Het openmaken van onze zoek- en advertentiealgoritmes zou de kwaliteit zeker niet ten goede zijn gekomen, omdat er genoeg partijen in de zoekwereld zijn die willen profiteren van een slechte gebruikservaring. Zij willen niet dat gebruikers zoeken en klikken op de meest relevante zoekresultaten en advertenties, zij willen dat de gebruikers hun resultaten en advertenties zien, zelfs al is de gebruikservaring een stuk minder. Dus de wereld van het zoeken is het beste gediend, vinden wij, met het geheimhouden van de algoritmen waarmee wij de resultaten koppelen aan de zoekopdrachten.

In 2005, toen wij een destijds klein mobiel besturingssysteem met de naam Android kochten, was er enige discussie in ons managementteam over in hoeverre we dit open moesten gooien. Andy Rubin en het team van Android vonden in eerste instantie dat het gesloten moest zijn, maar Sergey stelde het tegenovergestelde voor: waarom gooien we het niet open? Als we het opengooiden, zouden we snel kunnen opschalen in de zeer versnipperde wereld van de mobiele besturingssystemen. Dat deden we dus. Ondertussen lanceerde Apple de iPhone, gebaseerd op een gesloten iOS, waarmee men meer op controle inzette dan op schaalbaarheid. Android bleef open, groeide exceptioneel snel en hielp Google geruisloos de overstap te maken van vast (de pc) naar mobiel door ons een platform te geven dat zeer goed aansloot bij de zoekmachine (want hoe meer mensen online waren met hun smartphone, hoe meer mensen gebruikmaakten van de zoekmachine). iOS bleef gesloten en bereikte zowel een enorme omvang als winstgevendheid. Vanuit het gezichtspunt van een nieuw bedrijf zijn beide mogelijkheden succesvol, maar besef dat het succes van Apple met de iPhone, net als dat van Google met de zoekmachine, gebaseerd was op een ongebruikelijke hoeveelheid technische hoogstandjes die leidden tot een duidelijk superieur product in een uiterst snelgroeiende markt. Als je dat soort extreme impact weet te bereiken in een gesloten systeem, ga er dan voor. Anders moet open de standaard zijn.

Verlaat je niet op de concurrentie

We staan er elke keer weer versteld van hoeveel topmanagers zijn geobsedeerd door de concurrentie. Als je in één ruimte bent met een aantal topmannen van grote bedrijven, dan kunnen ze afgeleid raken als ze op hun telefoon kijken en nadenken over wat ze de rest van de dag moeten doen, maar breng het gesprek op de concurrentie en opeens hebt je ieders aandacht te pakken. Het lijkt wel alsof je je boven een bepaald hiërarchisch niveau net zo druk moet maken over de concurrentie als over het presteren van je eigen organisatie. Op het allerhoogste niveau van het bedrijfsleven lijkt het wel gebruikelijk om met maar één ding bezig te zijn: winnen.

Deze fixatie leidt tot de vicieuze cirkel van middelmatigheid. Topmanagers besteden het merendeel van hun tijd aan het kijken naar en kopieren van de concurrentie en als ze daar eindelijk mee ophouden en iets nieuws proberen, dan gaan ze erg voorzichtig te werk; ze voeren maar kleine en zeker geen wereldschokkende veranderingen door. In de buurt blijven van de concurrentie is geruststellend. Het lijkt op het gedrag bij wedstrijdzeilen: de boot aan de leiding gaat overstag als zijn achtervolgers dat ook doen, waarmee men ervoor zorgt dat de volgers niet een andere kant op gaan en daar een sterkere wind vinden. De gevestigde partijen houden elkaar angstvallig in de gaten, want stel je voor dat iemand ergens een betere wind vindt. Maar zoals Larry Page zegt: hoe opwindend is het om op je werk te komen en jacht te maken op een bedrijf dat ruwweg hetzelfde doet als jullie?[85]

Als je gefocust bent op de concurrentie dan zul je nooit met iets echt innovatiefs op de proppen komen. Terwijl jij en je concurrent je heel erg druk maken over fracties marktaandeel, komt er een ander die zich daar totaal niet mee bezighoudt en begint een platform dat alle andere in de schaduw stelt. Larry opnieuw: 'Natuurlijk houden we ons tot op zekere hoogte bezig met de concurrentie. Maar ik vind dat mijn werk er voor een groot deel uit bestaat om mijn mensen niet aan de concurrentie te laten denken. Ik denk dat mensen de neiging hebben na te denken over de dingen die bestaan. Ons werk bestaat uit nadenken over de dingen die nog niet bestaan, maar die je hard nodig hebt. En als de concurrentie zo'n ding al heeft gevonden zullen zij dat, per definitie, niet aan de grote klok hangen.'[86]

Dat wil overigens niet zeggen dat je de concurrentie moet negeren. Concurrentie haalt het beste in je naar boven. Wij zijn allemaal mensen en gevoelig voor zelfgenoegzaamheid, hoe vaak we onszelf ook voorhouden scherp te blijven. Een concurrent is vaak de meest aangewezen persoon om de schouders er weer onder te zetten. Toen Microsoft in 2009 de Bing-zoekmachine in de markt zette, waren we bezorgd genoeg om een alle-hens-aan-dekcampagne op te zetten om onze zoekresultaten te verbeteren. Deze inspanningen leidden tot nieuwe producten als Google Instant (zoekresultaten terwijl je typt) en Image Search (sleep een afbeelding naar de zoekregel en Google zoekt voor je uit wat het is en gebruikt dat als zoekopdracht). Je kunt een rechte lijn trekken tussen het op de markt verschijnen van Bing en deze nieuwe mogelijkheden.

Zoals Nietzsche schreef in *Aldus sprak Zarathoestra*: 'Je moet trots zijn op je vijand, omdat het succes van je vijand ook jouw succes is.'[87] Wees trots op je concurrenten maar volg ze niet.

---

85 Steven Levy, 'Google's Larry Page on Why Moon Shots Matter' (*Wired.com*, 17 januari 2013).
86 Miguel Helft, 'Larry Page on Google' (*Fortune*, 11 december 2012).
87 Friedrich Nietzsche, *Aldus sprak Zarathoestra.*

Erics advies voor een strategiesessie

We hebben een ontelbaar aantal uren samen met onze teams gesproken over strategie. Als je met een groep slimme creatieven bij elkaar zit en op het punt staat om de uitgangspunten van iets nieuws op papier te zetten, is dat een ervaring die je op een gegeven moment prettig vindt. Dus als je op het punt staat zo'n eerste gespreksronde te beginnen, sta dan eens stil bij deze (naar wij hopen) pareltjes van wijsheid die we in de loop der jaren overgehouden hebben van onze eigen strategiesessies, overgenomen hebben van whiteboards in vergaderzaaltjes, Post-its op muren, kladjes en e-mails naar onszelf.

De juiste strategie heeft iets moois, een notie van veel mensen en ideeën die samenwerken om iets goeds tot stand te brengen.

Begin met je af te vragen wat er over vijf jaar moet zijn en werk dan terug. Sta uitgebreid stil bij de dingen waarvan je denkt dat ze snel kunnen veranderen, zeker bij de productiefactoren waarvan de kosten door middel van technologie zullen dalen of de platforms die kunnen ontstaan.

Gedurende een periode van vijf jaar zijn er in veel markten verstorende factoren, en kansen. Welke hebben betrekking op jou?

Marktinformatie is nu vrijwel volledig aanwezig en kapitaal is in grote hoeveelheden beschikbaar, dus je moet inzetten op product en platform. Zorg dat je het merendeel van je tijd nadenkt over product en platform.

Als er verstorende factoren in de markt optreden, zijn er twee mogelijkheden. Als je tot de gevestigde orde behoort dan kun je zo'n verstorende kracht opkopen, namaken of negeren. Het negeren van de uitdager werkt maar voor korte tijd. Als je ervoor kiest hem te kopen of te kopiëren, dan moet je volledig op de hoogte zijn van de technische uitgangspunten en mogelijkheden die de uitdager heeft om je aan te vallen.

Als jij de uitdager bent, bedenk dan een nieuw product en bouw daar een bedrijf omheen. Realiseer je welke mogelijkheden de gevestigde orde heeft om je het leven zuur te maken (zakelijke contacten, wetgeving en rechtzaken).

Sta stil bij andere partijen die je op een of andere manier kunnen helpen. Onderdeel van jouw strategie moet zijn dat mensen buiten de bestaande constellatie (divisie, afdeling, team) met jouw mensen meedenken over innovatie.

Groei is het allerbelangrijkste. Alle succesverhalen in het internettijdperk hebben betrekking op platforms die krachtiger en beter worden naarmate ze groeien.

Stel een grof tijdschema op en definieer een eindpunt dat je wilt bereiken.

Maak geen gebruik van marktonderzoek en concurrentieanalyse. Cijferreeksen maken een eind aan elke discussie. Zorg dat iedereen zijn inbreng heeft.

Het voortdurend herhalen van het proces is het belangrijkste onderdeel van elke strategie. Het moet constant plaatsvinden en altijd gebaseerd zijn op leren.

Alle grote succesvolle bedrijven zijn met het volgende begonnen:

1. Ze hebben een probleem op een nieuwe manier opgelost.
2. Ze hebben die oplossing gebruikt om snel te groeien.
3. Hun succes is voornamelijk gebaseerd op hun producten.

En de groep mensen die je bij elkaar zet om aan de strategie te werken? Weet wie je daarvoor uitnodigt. Die groep moet niet alleen bestaan uit de mensen die het langst bij je werken of zij met de grootste titels, maar ook de slimste creatieven en zij die goed inzicht hebben in de veranderingen die op stapel staan moeten erin zitten.

Talent – het aannemen van mensen, belangrijker bestaat niet

Toen Jonathan op een goede dag in februari 2000 op weg was naar Mountain View voor een gesprek met Sergey over een rol als productenman bij Google, nam hij aan dat de bijeenkomst slechts een formaliteit was. Hij was als senior vicepresident bij Excite@Home erg tevreden met zijn baan en was niet echt op zoek naar iets nieuws. Maar als hij dat wel was, dan zag hij zichzelf als expert in online zoek- en advertentiesystemen, en hij kwam op voorspraak van John Doerr, een partner bij Kleiner Perkins en lid van de board van Google en Excite@Home. Als hij wilde was de baan dus voor hem en Sergey zou hem waarschijnlijk in het gesprek proberen te overtuigen die ook aan te nemen.

Maar toen kwam hij bij het overvolle kantoor op Bayshore Parkway, een steenworp afstand van de 101, en liep achter Sergey aan naar een vergaderruimte. Na een aantal vriendelijkheden stelde Sergey een van zijn favoriete vragen: 'Kun je mij iets ingewikkelds leren wat ik nog niet weet?' Jonathan is als econoom afgestudeerd aan Claremont McKenna en het kind van een econoom aan Stanford, dus nadat hij van zijn verbazing was bekomen dat dit een echt sollicitatiegesprek was, begon hij op een whiteboard de economische wet uit te leggen waaruit blijkt dat de curve van de marginale kosten door het laagste punt van de kromme van de gemiddelde kosten gaat. Hij vermoedde dat hij Sergey op basis hiervan zou kunnen verbazen door uit te leggen hoe je via de kosten- en winstcurve de optimale productie en winst kon vinden via het maximeren van de hoeveelheid uit te brengen producten. (Voor afgestudeerde economen is dit gesneden koek.) Hij kwam er al snel achter, toen Sergey begon te spelen met zijn Rollerblades en uit het raam keek, dat hij er niet in slaagde om volledig aan de vraag te voldoen. Hij leerde Sergey niets nieuws, de betreffende economische wet was niet interessant en als wiskundig wonder was er een gerede kans dat Sergey allang had gezien hoe je deze economische wet wiskundig kon bewijzen. Jonathan had het gevoel dat hij zijn tactiek moest aanpassen. Hij stopte met zijn economisch verhaal en begon aan een nieuw onderwerp: iemand het hof maken. Hij begon met een uitleg over hoe je 'iemand aan de haak moest slaan', de manier waarop Jonathan een eerste afspraakje voor elkaar kreeg, waarbij hij zijn vrouw als voorbeeld nam.[88] Sergey begon weer te luisteren en Jonathan kreeg de baan.[89]

Als je managers bij grote bedrijven vraagt: 'Wat is bij uitstek het belangrijkste wat je doet?' dan is het meest gehoorde antwoord: 'Vergaderen.' En als je aandringt: 'Nee, niet het meest vervelende deel van je werk, het belangrijkste,' dan antwoorden ze waarschijnlijk met een van de standaardkreten die ze op de universiteit hebben geleerd, zoiets als: 'Het bedenken van slimme strategieën of het creëren van kansrijke synergiëen om financiële effecten in een toenemende competitieve markt te effectueren.' Stel je nu voor dat je dezelfde vraag voorlegt aan topsportcoaches of technisch directeuren. Ook zij hebben vergaderingen, maar zij zouden waarschijnlijk antwoorden dat het belangrijkste wat ze doen, het scouten, recruteren en aankopen van de best mogelijke spelers is. Slimme coaches weten dat strategie het altijd aflegt tegen talent en dat dit niet alleen geldt op het sportveld, maar ook in de zakenwereld. Scouting is net als scheren: als je het niet elke dag doet, dan zie je dat.

Voor een manager is dus het antwoord op de vraag 'Wat is het belangrijkste onderdeel van je werk?': het aannemen van mensen. Toen Sergey die dag dat gesprek met Jonathan voerde, beschouwde hij dat niet als een

---

88 Hij stuurde haar rozen en een puzzel. De rozen om haar nieuwsgierig te maken naar die kerel die ze nog nooit had ontmoet en de puzzel om erachter te komen of ze wel slim was. Dat was ze, maar ze besloot toch met hem uit te gaan.

89 Jonathan kreeg in februari 2000 het aanbod om bij Google te komen werken, maar besloot om een aantal redenen, die geen van alle erg slim waren, het aanbod niet aan te nemen. Toen Eric hem twee jaar later opnieuw een aanbod deed besloot hij er wel gebruik van te maken.

verplicht nummer, hij wilde er juist al zijn energie in stoppen. In eerste instantie dacht Jonathan dat het gesprek zo verliep omdat hij kwam voor een topfunctie en nauw zou samenwerken met Sergey, maar nadat hij eenmaal binnen was realiseerde hij zich dat de leiding van de onderneming dezelfde intensiteit aan de dag legde bij elk sollicitatiegesprek. Het maakte daarbij niet uit of het iemand betrof onder in de piramide, een softwareontwikkelaar of een topmanager: Google zorgde ervoor dat iedereen het belangrijk vond om tijd en energie te investeren in het vinden van de allerbeste mensen.

Je zou denken dat dit standaard is bij elk bedrijf, maar hoewel de meeste managers hun baan hebben gekregen via een formeel aannameproces (via cv, telefoonscherm, gesprek, nog een gesprek, aanbod, onderhandeling, nog meer onderhandeling, het akkoord), lijkt het wel of zij er alles voor overhebben om hun snor te drukken als het aankomt op het aannemen van iemand anders. Het doorlopen van cv's kun je wel overlaten aan een jonge medewerker of aan iemand van HR. Het voeren van een sollicitatiegesprek is vervelend. Dat feedbackformulier is zo uitgebreid en intimiderend dat de klus om het in te vullen automatisch verschuift naar vrijdagmiddag, waardoor de details van het gesprek allang vergeten zijn. Dus vullen de interviewers een oppervlakkig verslagje in en hopen dat hun collega's er meer werk van maken. In de meeste organisaties geldt: hoe hoger je komt, hoe verder je verwijderd raakt van het sollicitatiegesprek. En dat zou juist het tegenovergestelde moeten zijn.

Er is nog een, even belangrijk, aspect met betrekking tot het aannemen van mensen in het internetttijdperk. Het traditionele model is hiërarchisch: de manager zelf bepaalt wie de baan krijgt, terwijl de andere leden van het team voor de input zorgen en akkoord gaan met elke beslissing die de manager neemt. Het probleem hiermee is dat zodra die persoon bij het bedrijf begint, het werkmodel collaboratief is (of zou moeten zijn), met een grote mate van vrijheid en transparantie en een dedain voor rangen. Dus we hebben dan de situatie dat één enkele manager een besluit neemt dat naast zijn eigen team, ook direct veel andere teams beïnvloedt.

Er is nog een reden waarom een hiërarchisch aannamebeleid niet werkt. Leiders (en de schrijvers van managementboeken) zeggen vaak dat ze mensen aannemen die slimmer zijn dan zijzelf, maar in de praktijk zie je dit in een hiërarchisch personeelsmodel erg weinig gebeuren. Het rationele 'laten we deze vent aannemen want hij is zo slim' wordt meestal verdrongen door het meer emotionele 'maar dan is hij misschien slimmer dan ik en daardoor zie ik er minder goed uit en dan krijg ik geen promotie en gaat mijn vrouw ervandoor met die kerel van Peet's en neemt ze mijn truck en hond mee'-beslissing. Met andere woorden: de menselijke natuur komt tussenbeide.

Vanaf het begin hebben de oprichters van Google ingezien dat als je de best mogelijke mensen wilt aannemen, je niet het model van zakelijk Amerika moet volgen, maar dat van de academische wereld. Universiteiten ontslaan meestal geen professoren, dus investeren ze erg veel tijd in het op orde krijgen van het aanname- en bevorderingsproces van faculteiten, meestal door gebruik te maken van comités. Daarom denken we ook dat het aannemen van mensen moet gebeuren door hun gelijken en niet hiërarchisch, waarbij besluiten worden genomen door comités met als invalshoek dat de best mogelijke mensen worden aangenomen, ook al sluit hun ervaring niet aan op de vacature. Eric nam Sheryl Sandberg aan hoewel hij geen baan voor haar had. Het duurde niet lang voordat zij de taak op zich nam van het op poten zetten van ons kleine verkoopteam, een positie die officieel niet eens bestond toen zij in dienst trad. (Sheryl verliet ons later uiteraard en werd COO van Facebook en schrijver van bestsellers. Als je slimme creatieven in dienst neemt dan weet je dat sommige van hen slimmere mogelijkheden voor zichzelf weten te vinden buiten jouw bedrijf. Daarover later in dit hoofdstuk meer.) Als mensen door hun gelijken worden aangenomen, dan ligt de nadruk op mensen en niet op de organisatie. De slimme creatieven zijn belangrijker dan de rol die ze hebben, het bedrijf is belangrijker dan de manager.

'Onze medewerkers zijn ons grootste bezit' is een populair cliché, maar het opbouwen van een team met slimme creatieven die voldoen aan dat cliché is makkelijker gezegd dan gedaan. Je moet de manier waarop mensen worden aangenomen veranderen. Het leuke hieraan is dat iedereen dit kan. Een aantal adviezen die we eerder gaven over het aanpassen van je cultuur zijn misschien lastig uitvoerbaar in bestaande bedrijven, maar iedereen kan de manier waarop de sollicitatieprocedure verloopt aanpassen. Het minder leuke eraan is dat een sollicitatieprocedure veel tijd en energie kost, maar het is de beste investering die je kunt doen.

Het kuddegedrag

Een geweldige groep medewerkers doet niet alleen geweldig werk, ze trekken ook andere geweldige mensen aan.[90] De beste mensen zijn als een kudde: ze hebben de neiging elkaar te volgen. Neem er een aantal in dienst en je weet dat de rest zal volgen. Google staat bekend om zijn secundaire arbeidsvoorwaarden, maar de meeste slimme creatieven kwamen niet naar ons toe vanwege de gratis lunch, gesubsidieerde massages, de groene velden of hondvriendelijke kantoren. Ze kwamen naar ons toe omdat ze samen wilden werken met de beste slimme creatieven.

Het kudde-effect kan twee kanten op werken: hoewel A's de neiging hebben om A's aan te nemen, nemen de B's niet alleen B's aan, maar ook C's en D's. Dus als je gaat morrelen aan je uitgangspunten of een fout maakt en een B aanneemt, dan heb je binnen de kortste keren B's, C's en D's in je bedrijf rondlopen. En ongeacht of het positief of negatief uitpakt voor het bedrijf, het kudde-effect is sterker als de medewerkers slimme creatieven zijn en het een nieuw bedrijf betreft. In dat geval is ieders relatieve waarde nog groter en vallen de eerste medewerkers het meeste op. Daarnaast, als je geweldige mensen bij geweldige mensen zet, creëer je een omgeving waarin men ideeën uitwisselt en daar samen aan wil werken. Dit geldt altijd, maar zeker in de startfase van een bedrijf.

Een positief ingestelde kudde is maakbaar. 'Jij bent briljant en wij zoeken mensen', de slogan waarmee Google adverteerde voor nieuwe mede-

90 Bekend met het ASA-model? Zie Benjamin Schneider, 'The People Make the Place' (*Personnel Psychology*, september 1987). Hier zie je de eerste A: de heilzame cirkelbeweging dat geweldige mensen weer geweldige mensen aantrekken, waardoor er een geweldige cultuur ontstaat.

werkers,[91] was een slimme marxistische truc. Niet Karl, maar Groucho, want hij was bedacht om een reactie uit te lokken die in lijn lag met: 'Ja, ik wil lid worden van een club die mij als lid wil hebben!' Het idee was dat we de wereld wilden laten zien dat we de lat hoog leggen voor nieuwe medewerkers en in plaats van dat het nieuwe mensen afschrikte, bleek het een extra dimensie aan onze zoektocht te geven. Jonathan heeft de gewoonte om een stapel cv's van mensen die hij heeft aangenomen in een bureaula te hebben liggen en als hij weer een kandidaat wilde overhalen gaf hij een aantal van die cv's en liet aan de betreffende persoon zien in wat voor team hij of zij terechtkwam. Het waren niet alleen de cv's van de allerbeste mensen die hij ooit had aangenomen, nee, van iedereen. Dat was een groep waar onze slimme Groucho's meestal wel deel van wilden uitmaken. Leg de lat dus vanaf het begin erg hoog en roep het daarna van de daken.

Dit geldt in het bijzonder voor mensen van productmanagement, omdat wat zij doen zoveel impact heeft. Let daarom erg goed op bij het aannemen van deze personen. Als je sollicitatieprocedure er garant voor staat dat je de beste mensen binnenhaalt, straalt dat uit naar de rest van het bedrijf. Het doel is het organiseren van een wervingsproces dat ingaat tegen de lokroep van het compromis, een roep die alleen maar luider wordt in de wervelwind van de hypergroei.

Gepassioneerde mensen gebruiken het woord niet

Slimme creatieven zijn goed te herkennen aan hun passie. Zij zijn begaan. Maar hoe kom je erachter of iemand echt gepassioneerd is, want de echt gepassioneerden gebruiken zelden het 'P-woord'. Wij hebben gemerkt dat veel sollicitanten er inmiddels wel achter zijn dat passie iets is waar werkgevers op zoek naar zijn. Als iemand een zin begint met de nogal voor de hand liggende opmerking: 'Ik ben erg gepassioneerd door...' en dan vervolgt met iets algemeens als reizen, voetbal of zijn gezin, dan is dat

---

91 Marissa Mayer zag deze kreet ooit op een flyer in het gebouw van computerwetenschappen toen ze nog aan Stanford studeerde. De zin viel haar op en ze nam hem mee naar Google.

een waarschuwing dat hij alleen maar gepassioneerd is in het woord gepassioneerd regelmatig gebruiken in een sollicitatiegesprek.

Mensen met passie lopen daarmee niet te koop, die zit gewoon in hun systeem. Ze beléven het. Passie gaat een stuk verder dan een cv, omdat je de kenmerken ervan (doorzettingsvermogen, lef, oprechtheid, het vermogen alles te overzien) niet op een checklist terugvindt. Het is ook niet altijd synoniem met succes. Als iemand ergens echt door gepassioneerd is, dan zal hij het lang willen doen, ook al heeft hij er in het begin geen succes mee. Falen hoort erbij. (Dit is een van de reden waarom we zoveel waardering hebben voor atleten, omdat je in sport leert hoe je een verlies moet verwerken, of daar in elk geval veel kansen voor krijgt. Gepassioneerde mensen praten, om niet te zeggen ouwehoeren, vaak erg lang over wat ze doen. Dat kan heel goed over hun werk gaan. In onze wereld is 'het perfectioneren van het zoekproces' een goed voorbeeld van iets waar mensen hun hele leven aan kunnen werken en wat ze elke dag nog een uitdaging vinden om mee bezig te zijn. Maar het kan ook een hobby zijn. Andy Rubin, die met Android begon, is gek op robots (en geeft nu leiding aan Google's ontluikende inspanningen in die richting). Wayne Rosing, Google's eerste hoofd Software, is weg van telescopen. Gezagvoerder Eric is gek van vliegtuigen en vliegen (en verhalen vertellen over vliegende vliegtuigen).

Vaker dan je denkt hebben deze, niets met het werk van doen hebbende, passies een directe positieve invloed op een bedrijf. De geweldige Sky Map van Android is een sterrenkundige app die je telefoon omtovert in een sterrenkaart. Hij is gebouwd door een team Googlers in hun vrije tijd (die wij de '20 procent vrije tijd' noemen, maar daar later meer over); niet omdat ze dol zijn op het programmeren van computers, maar omdat ze enthousiaste amateurastronomen waren.[92] Wij worden net zo geraakt door een sollicitant die Sanskriet heeft gestudeerd als iemand die in zijn vrije tijd flipperkasten restaureert. Hun diepgaande interesse maakt ze alleen maar interessanter en daarom houden wij ons tijdens onze sollici-

92 Sky Map werd bij Google ontwikkeld en gelanceerd in 2009 en in 2012 als open source beschikbaar gesteld.

tatiegesprekken niet aan de regel 'Laat ze niet losgaan over hun hobby's'. Als het gaat over de zaken waar ze het meeste gevoel voor hebben, dan willen we juist dat ze daarover beginnen te vertellen.

En als ze eenmaal beginnen, dan luisteren we aandachtig. Letten we goed op hoe gepassioneerd ze zijn. Atleten kunnen bijvoorbeeld vol passie zitten, maar zoek je een triatleet of een ultramarathonloper, mensen die hun passie alleen beleven, of iemand die in een groep traint? Doet hij zijn sport alleen of in een team? Als mensen praten over hun professionele ervaring, dan kennen ze wel de juiste antwoorden op die vragen; de meeste mensen zoeken geen einzelgänger op de werkplek. Maar als je mensen hoort praten over hun passie, dan laten ze hun façade normaal gesproken wel vallen en krijg je meer inzicht in hun persoonlijkheid.

Zoek de leergierigen

Sta eens stil bij je werknemers. Van wie kun je echt zeggen dat ze slimmer zijn dan jij? Wie van hen zou je niet tegenover je willen hebben met schaken, triviant of bij een kruiswoordpuzzelduel? De kreet is dat je altijd mensen moet inhuren die slimmer zijn dan jij. Maar in hoeverre hou je je daaraan?

De kreet klopt wel, maar niet vanwege voor de hand liggende redenen. Natuurlijk weten slimme mensen veel en krijgen ze daarom ook meer voor elkaar dan de gemiddelde medemens. Maar neem ze niet aan om de kennis die ze bezitten, maar om de dingen die ze nog niet weten. Ray Kurzweil zei: 'De informatietechnologie groeit exponentieel... en ons begrip van de toekomst is niet exponentieel maar lineair.'[93] Wij hebben gemerkt dat zuivere denkkracht het startpunt is voor iedere exponentiële denker. Intelligentie is de beste indicator voor iemands vermogen om met verandering om te gaan.

Het is overigens niet de enige factor. We kennen erg veel zeer intelligente mensen die, geconfronteerd met de achtbaan aan verandering, veel

93 Geciteerd in 'IT Growth and Global Change: A Conversation with Ray Kurzweil' (*McKinsey Quarterly*, januari 2011).

liever plaatsnemen in de draaimolen. Zij vermijden het liefst al die buikkramp veroorzakende schokken, met andere woorden: de realiteit. Henry Ford zei: 'Iedereen die stopt met leren is oud, of hij nu twintig is of tachtig. Iedereen die blijft leren blijft jong. Het allermooiste van het leven is een jonge geest houden.'[94] Onze ideale kandidaten zijn degenen die de achtbaan prefereren, die willen blijven leren. Deze 'leerbeesten' hebben het vermogen om enorme veranderingen aan te kunnen en het karakter om het nog leuk te vinden ook.

Psycholoog Carol Dweck gebruikt hier een andere term voor. Zij noemt het een 'groei-instelling'.[95] Als je gelooft dat de eigenschappen die jou maken tot wie jij bent in steen zijn gehouwen, dan zal je nooit verder komen dan elke keer opnieuw aantonen dat ze dat zijn, onafhankelijk van de omstandigheden. Maar als jij een 'groei-instelling' hebt, dan ben je ervan overtuigd dat de eigenschappen die jou definiëren kunnen worden aangepast en gecultiveerd, als je maar je best doet. Je kunt jezelf veranderen, je kunt je aanpassen; eigenlijk voel je je zelfs beter en presteer je beter als je daartoe wordt gedwongen. Dwecks experimenten tonen aan dat jouw mentale instelling veel gedachten en gedragingen in gang kan zetten: als jij denkt dat jouw mogelijkheden beperkt zijn, dan stel je voor jezelf wat je noemt een aantal 'prestatiedoelstellingen' om dat zelfbeeld in stand te houden. Maar heb je een groei-instelling, dan stel je 'leerdoelstellingen' vast,[96] doelen die ervoor zorgen dat je risico's durft te nemen zonder dat je je erg veel zorgen maakt over bijvoorbeeld hoe je overkomt met een domme vraag of dom antwoord. Dat interesseert je niet, omdat je een

94 Zoals meestal het geval met uitspraken die aan Ford worden toegeschreven, weten wij ook nu niet zeker of deze echt van hem is.

95 Tenminste, dat is hoe ze het omschrijft als ze met niet-academici spreekt. De term die ze in haar onderzoek heeft gebruikt is dat deze mensen een 'incrementele theorie' van intelligentie, persoonlijkheid en andere positieve eigenschappen hebben. Haar populairwetenschappelijke boek is Carol S. Dweck, *Mindset: The New Psychology of Success* (Random House, 2006). Zie verder ook Elaine S. Elliott en Carol S. Dweck, 'Goals: An Approach to Motivation and Achievement (*Journal of Personality and Social Psychology*, Deel 54, Nummer 1, januari 1988), pag. 5–12.

96 Zie Elaine S. Elliott en Carol S. Dweck, 'Goals: An Approach to Motivation and Achievement' (*Journal of Personality and Social Psychology*, Deel 54, Nummer 1, januari 1988), pag. 5–12.

leerbeest bent, en op de lange termijn leer je zo meer en zul je tot grotere hoogten stijgen.[97]

De meeste mensen die op zoek zijn naar een nieuwe medewerker voor een bepaalde baan zoeken naar iemand met ervaring in die branche. Zo vind je geen leerbeest. Lees vrijwel elke functieomschrijving door en je ziet dat ervaring een van de belangrijkste voorwaarden is. Als het gaat om een baan als hoofd dingetjesontwerper, dan staat zeker hoog op de lijst van vereisten: vijf tot tien jaar ervaring als dingetjesontwerper en je moet zijn afgestudeerd aan de dingetjesuniversiteit.

Specialismen prefereren boven intelligentie is absoluut verkeerd, zeker in de hightechbranche. De wereld in elke bedrijfstak en onderneming verandert zo snel dat het een gegeven is dat de rol van de persoon die je aanneemt gaat veranderen. Het dingetje van gisteren is morgen overbodig en het inhuren van een specialist op dat gebied kan zonde van je geld zijn. Een specialist kan zeker bijdragen aan het oplossen van een probleem, zijn expertise is een geweldig voordeel, maar kan daarnaast ook een rem zetten op een nieuwe oplossing die een nieuw specialisme vereist. Een slimme generalist heeft geen vooroordeel en heeft dus zijn handen vrij om de beste keus te maken uit een groot aantal mogelijke oplossingen.

Het vinden van leergierige mensen is lastig. Jonathan vraagt sollicitanten altijd om terug te gaan naar een grote fout die ze gemaakt hebben. In het begin van de eentwintigste eeuw had hij de gewoonte om kandidaten te vragen: 'Welke grote trend op het internet heb je in 1996 gemist? Wat

---

97 Zie voor Dwecks pionierwerk in het begrijpen van hoe een andere mentale instelling motivatie en het leren bij kinderen kan stimuleren Carol S. Dweck, 'Motivational Processes Affecting Learning' *(American Psychologist*, Deel 41, Nummer 10, oktober 1986). Leergierige mensen hebben ook een gezamenlijke kwaliteit, een combinatie van passie en doorzettingsvermogen, iets wat psychologen 'lef' noemen. De psychologe Angela Duckworth heeft samen met collega's ontdekt dat mensen met meer lef eerder geneigd zijn door te gaan, ondanks terugslagen en verleidingen, en daardoor beter in staat zijn langetermijndoelen te behalen, zoals een universitaire opleiding afronden, goed scoren in de National Spelling Test en succesvol zijn in het 'Beast Barrack'-trainingsprogramma op West Point. Zie: Angela L. Duckworth, Christopher Peterson, Michael D. Matthews en Dennis R. Kelly, 'Grit: Perseverance and Passion for Long-Term Goals' (*Journal of Personality and Social Psychology*, juni 2007, Deel 92, Nummer 6).

had je wel goed en waar zat je mis?' Het is een uiterst verraderlijke vraag. Het zorgt ervoor dat de kandidaat definieert wat hij verwachtte, dat koppelt aan wat hem is opgevallen, daar verder over nadenkt en zo gedwongen wordt een fout toe te geven, en dan niet zo eentje van: 'Mijn grootste zwakte is dat ik een enorme perfectionist ben.' Het is niet mogelijk om ter plekke een antwoord te verzinnen.

Je kunt de vraag aanpassen naar elke grote gebeurtenis uit het recente verleden. Het gaat er niet om of iemand een vooruitziende blik heeft, maar meer om hoe zijn manier van denken zich heeft ontwikkeld en of hij heeft geleerd van zijn fouten. Maar weinigen hebben een goed antwoord op deze vraag, maar als iemand dat wel heeft, dan is dat een goede aanwijzing dat je een leerbeest tegenover je hebt zitten. Natuurlijk kunnen ze ook gewoon tegen je zeggen: 'Ik heb geen speciale talenten. Ik ben alleen uitermate nieuwsgierig.'[98] Dat is wat Albert Einstein over zichzelf zei, en we zouden hem ter plekke hebben aangenomen.

Zodra je leergierigen hebt aangenomen, zorg dan dat ze blijven leren![99] Creëer mogelijkheden zodat iedere werknemer voortdurend iets nieuws kan leren, ook vaardigheden en kennis die niets met het werk van doen hebben, en verwacht van ze dat ze die gebruiken. Dit is voor de echte leerbeesten niet echt een uitdaging, die zullen zich maar al te graag aanmelden voor trainingen of andere bijscholingen. Maar let op de mensen die dat niet doen, misschien zijn ze wel niet zo nieuwsgierig als je had gedacht.

De LAX-test

Oké, passie is dus een pre bij sollicitanten, net als intelligentie en een leergierige instelling. Een andere cruciale eigenschap is persoonlijkheid. We bedoelen daar niet alleen iemand mee die anderen goed behandelt en die je kunt vertrouwen, maar iemand die veelzijdig is en midden in het leven staat. Een interessant iemand.

---

98 Brief aan zijn biograaf Carl Seelig, 11 maart 1952, Einstein Archives 39-013 uit *The Expanded Quotable Einstein* (Princeton, 2000).
99 Geef ze om te beginnen bijvoorbeeld een cursus spellen.

Het inschatten van iemands persoonlijkheid tijdens een sollicitatiegesprek is redelijk makkelijk, omdat dit soort gesprekken zich vaak tijdens een lunch of diner afspelen in een restaurant met misschien een glaasje of twee, de *Mad Men*-stijl. In zo'n setting kan de manager goed zien hoe de kandidaat zich presenteert als 'burger'. Wat gebeurt er als hij zijn façade laat vallen? Hoe behandelt hij de ober en de barkeeper? Goede mensen behandelen andere mensen ook goed, ongeacht hun afkomst of positie.

Het is tegenwoordig vrij lastig om een sollicitant dronken te voeren, dus zul je wat beter moeten opletten, zeker voor en na het officiële gesprek. Jonathan probeerde tijdens zijn tweede jaar op de universiteit een baan bij een groot adviesbureau te krijgen. Zijn concurrent voor de baan was een gefortuneerde en raszuivere *All-American* (Jonathan meent zich te herinneren dat zijn naam Hodsworth Bodsworth III was) die niet alleen veel betere papieren had, maar er ook nog eens een stuk beter uitzag. Jonathan was ervan overtuigd dat hij geen schijn van kans maakte: Bodsworth had de baan vast al in zijn zak. Maar terwijl Jonathan wachtte tot zijn gesprek begon, praatte hij wat met een administratief medewerkster en kreeg te horen dat ze binnenkort een reis ging maken naar Californië, zijn thuisstaat. Binnen de kortste keren gaf hij haar reistips en vertelde hij haar wat ze beslist moest gaan bekijken. Toen het bedrijf hem de volgende dag een aanbod deed, had hij het gevoel dat er een fout werd gemaakt of dat ze twee mensen wilden aannemen. Maar nee. Bodsworth was niet aangenomen, omdat hij, volgens zijn gesprekspartner, 'zich onbeschoft had opgesteld tegenover zijn medewerkster en zij jou wel aardig vond'. Normaal gesproken vragen wij onze assistenten wat ze van een kandidaat vonden en luisteren we naar hun reactie. Noem het de Bodsworth-regel.

Net zo belangrijk als persoonlijkheid is in hoeverre de kandidaat interessant is. Stel je voor dat je zes uur samen met een collega op een vliegveld moet wachten op je vlucht. Eric noemt altijd het vliegveld van Los Angeles (LAX) om het nog erger te maken (hoewel Londen en Atlanta ook best goede opties zijn). Zou je in staat zijn om die tijd op een leuke manier met hem door te brengen? Zou je een boeiend gesprek met hem kunnen hebben of zou je gelijk in je handbagage duiken om je tablet te pakken en je mail te checken of het nieuws of wat dan ook om maar niet met deze saaie persoon hoeven te praten? (Televisiepersoonlijkheid Tina Fey heeft haar eigen versie van de LAX-test, die ze naar eigen zeggen weer heeft van de producer van *Saterday Night Live*, Lorne Michaels: 'Neem nooit iemand aan die je niet 's nachts om drie uur op het toilet wilt tegenkomen als je de hele nacht moet doorwerken.'[100]

We hebben de LAX-test geïnstitutionaliseerd op het sollicitatiefeedbackformulier door 'Googleyness' een van de vier standaardonderwerpen te maken, naast algemeen cognitief vermogen, werkervaring in de specifieke baan en ervaring als leidinggevende. We hebben het dan over ambitie en doorzettingsvermogen, teamoriëntatie, dienstbaarheid, luister- en communicatievaardigheden, actiegerichtheid, effectiviteit, interpersoonlijke eigenschappen, creativiteit en integriteit.

(Larry en Sergey gingen nog een stap verder met de LAX-test toen ze op zoek waren naar een CEO: ze namen de kandidaten mee voor een weekend weg. Eric vond het een beetje overdreven: 'Zeg mannen, ik hoef helemaal niet met jullie naar Burning Man. Is een etentje wat?')

Inzichten die je niet kunt leren

Een persoon die de LAX-Googleyness-drie-uur-'s nachts-*SNL*-toilettest heeft doorstaan moet iemand zijn met wie je een goed gesprek zou kunnen voeren en die je respecteert. Maar het hoeft niet iemand te zijn die je aardig vindt. Stel je voor dat je niets gemeenschappelijks hebt met die persoon met wie je vastzit op LAX en dat hij of zij precies aan de andere kant van het politieke spectrum zit als jij. Maar als die persoon net zo intelligent of creatief (of meer) is als jij en de kenmerken bezit die we Googleyness noemen, dan kunnen jullie altijd nog een prikkelend gesprek voeren en zal het bedrijf er voordeel van hebben dat jullie allebei lid van het team zijn.

Je hoort vaak zeggen dat mensen alleen willen samenwerken met ie-

100 Tina Fey vertelde deze uitspraak aan Eric toen hij haar bij Google voor een zaal vol mensen interviewde op 20 april 2011.

mand (of iemand als president willen kiezen) met wie ze ook een biertje zouden willen drinken. De eerlijkheid gebiedt te zeggen dat een aantal van onze meest gerespecteerde collega's mensen zijn met wie we absoluut geen biertje zouden willen drinken. (In een aantal gevallen zijn het zelfs mensen over wie we graag een biertje heen zouden willen gooien.) Je moet werken met mensen die je niet aardig vindt, want een personeelbestand dat alleen bestaat uit 'de beste kantoormaatjes' kan nogal een homogene groep zijn, en homogeniteit in een bedrijf is de voorbode van mislukking. Een veelheid aan gezichtspunten, ook wel diversiteit genoemd, is je beste verdediging tegen kortzichtigheid.

We zouden hier een zeer politiek correct verhaal kunnen houden over hoe je een personeelsbestand samenstelt dat divers is in ras, seksuele voorkeur, fysieke gesteldheid en al het andere dat mensen van elkaar doet verschillen, en dat dat goed is om na te streven (en dat is ook zo). Maar puur gezien vanuit de organisatie is een grote diversiteit nog veel belangrijker. Mensen met een verschillende achtergrond zien de wereld anders. Vrouwen en mannen, blanken en niet-blanken, joden en moslims, katholieken en protestanten, veteranen en burgers, homo's en hetero's, latino's en Europeanen, Klingons en Romulans,[101] Aziaten en Afrikanen, mensen in een rolstoel en mensen zonder beperking: al die verschillen leiden tot inzichten die je niet kunt aanleren. Als je hen samenbrengt in een organisatie, dan zullen ze zo integreren dat er een breder perspectief ontstaat en dat is onbetaalbaar.[102]

Geweldige talenten gedragen zich meestal niet zoals jij en ze zien er ook anders uit. Als je met zo iemand een gesprek aangaat, denk dan eerst

---

101 We trekken een lijn bij de Borg, omdat assimilatie diversiteit niet stimuleert.

102 Wetenschappers hebben echt geprobeerd de waarde van diversiteit vast te stellen. Bijvoorbeeld: in een onderzoek bij ondernemingen vond de socioloog Cedric Herring een verband tussen raciale diversiteit en een verhoogde verkoop, meer klanten, een groter marktaandeel en grotere relatieve winsten. Hij vond ook een verband tussen een aantal van dit soort financiële maatstaven en geslachtsverschil. Zie Cedric Herring, 'Does Diversity Pay?: Race, Gender, and the Business Case for Diversity' (*American Sociological Review*, Deel 74, Nummer 2, april 2009). Andere wetenschappers geven aan dat diversiteit ook onderlinge conflicten veroorzaakt, maar wij hebben geleerd dat conflicten goed zijn; ze leiden meestal tot betere besluiten.

even na over je vooroordelen[103] en probeer vooral te achterhalen of de betreffende persoon de passie, het intellect en de persoonlijkheid heeft om te excelleren en succesvol te zijn.

Hetzelfde gaat op voor leidinggeven aan mensen zodra ze aan je worden toevertrouwd. Net als bij sollicitaties zou leidinggeven aan mensen gebaseerd moeten zijn op gegevens, met als enige doel een meritocratie maken. Je mag niet toegeven aan geslachts-, ras- of kleurenblindheid; je moet empirische, objectieve manieren bedenken waarop je mensen beoordeelt. Op die manier zullen de besten het geweldig doen, ongeacht hun geboorteplek of hoe ze eruitzien.

Kies een groter diafragma

De ideale kandidaat bestaat. Hij heeft passie, intellect, integriteit en een unieke manier van kijken. Maar hoe vind je hem en hoe haal je hem binnen? Er bestaan vier schakels in deze belangrijke ketting: zoeken, sollicitatiegesprek afnemen, aannemen en arbeidsvoorwaarden vaststellen.

Laten we beginnen bij het zoeken, dat op zijn beurt begint met het definiëren van het type kandidaat waar je naar op zoek bent. Onze externe headhunter Martha Josephson noemt dit 'het diafragma kiezen'. Het diafragma is de opening van de lens van een fototoestel waar het licht doorheen valt op de sensoren die het beeld vastleggen. Een doorsneeheadhunter heeft een klein diafragma, bemoeit zich alleen met bepaalde mensen met een bepaalde ervaring op een bepaald terrein, kandidaten die ongetwijfeld de vacature goed zullen invullen. Maar de succesvolle manager stelt een groter diafragma in en gaat op zoek naar kandidaten buiten het gebruikelijke kringetje.

Laten we eens aannemen dat jij mensen zoekt die nu bij een bedrijf werken dat erom bekendstaat dat er erg veel talentvolle mensen in dienst

---

103 Dat is gemakkelijker gezegd dan gedaan, en daarom traint Google zijn mensen in het leren herkennen van hun vooroordelen. Voor meer informatie over dit soort onbewuste gedachten, zie Anthony G. Greenwald en Mahzarin R. Banaji, 'Implicit Social Cognition: Attitudes, Self-Esteem, and Stereotypes' (*Psychological Review*, januari 1995, Deel 102, Nummer 1).

zijn. Dat bedrijf weet dat jij achter hun medewerkers aan zit en heeft het erg lastig gemaakt om hun mensen weg te lokken. Als je nu je diafragma vergroot en op zoek gaat naar iemand die zowel vandaag als morgen invulling aan je baan kan geven, dan kun je zomaar een diamantje vinden en hun een pakket arbeidsvoorwaarden voorleggen waar hun huidige werkgever niet aan kan tippen. De softwareontwikkelaar die graag in productmanagement wil werken maar die daar nu geen ruimte voor krijgt. De productmanager die graag in verkoop wil werken, maar waar op dit moment geen vacature voor is. Je kunt geweldige mensen krijgen als je bereid bent het risico te nemen om ze iets nieuws te laten doen. Ze willen graag bij je komen, juist omdat jij bereid bent dat risico te nemen. En mensen die bereid zijn risico te lopen zijn precies de mensen die jij zoekt.

Als je bijvoorbeeld op zoek bent naar een softwareontwikkelaar en al je programmatuur is in een bepaalde taal geschreven, dan wil dat nog niet zeggen dat je een expert in die taal moet aannemen. Je moet de beste ontwikkelaar aannemen die je kunt vinden, onafhankelijk van zijn taalvoorkeur, want als hij de beste is, dan moet hij in staat zijn om van Java of C naar Python Go over te schakelen.[104] En als zijn voorkeursprogrammeertaal verandert, en dat zal vroeg of laat toch gebeuren, dan is hij het beste in staat om zich aan te passen. De pionier van de supercomputer, Seymour Cray, was met opzet op zoek naar mensen zonder ervaring, want daardoor kwam hij in aanraking met mensen 'die normaal gesproken niet weten wat onmogelijk is'.[105] Bij Google doen we iets soortgelijks met ons APM-project (Associate Product Manager), dat is opgezet door Marissa Mayer, toen ze in Jonathans team verantwoordelijk was voor het zoeken en aannemen van de slimste, net afgestudeerde computerwetenschappers. Dit is niets bijzonders, veel computerbedrijven zijn op zoek naar slimme net afgestudeerden, maar dat is het makkelijkste onderdeel. Het lastigste deel is ze een belangrijke rol geven in een project dat er echt toe doet. Slimme creatieven zijn dol op zo'n rol, terwijl managers die liever geen risico lopen dit het liefst uit de weg gaan. Ze hebben geen ervaring!

---

104 Java, C en Python Go zijn allemaal programmeertalen.
105 Tracy Kidder, *The Soul of a New Machine* (Little, Brown, 1981), pag. 59.

(Goed!) Wat als ze de boel verstieren? (Dat gaan ze ook doen, maar ze zullen ook succesvol zijn op een manier die jij je nog helemaal niet kunt voorstellen.) Brian Rakowski heeft de toon vrij aardig gezet: hij was onze eerste APM, kwam direct van Stanford en kreeg als productmanager direct de verantwoordelijkheid voor Gmail, waarbij hij samenwerkte met het hoofd Software, Paul Buchheit. Brian is nu een van de eindverantwoordelijken voor Android, en met Gmail is het ook niet zo slecht afgelopen.

Natuurlijk gaan we hiermee soms behoorlijk de mist in. Op een zeker moment was Salar Kamangar nogal onder de indruk van een van onze jonge marketingmedewerkers en hij wilde de betreffende jongeman overplaatsen naar het APM-project. Jammer genoeg accepteerde het project alleen maar mensen met een afgeronde studie computertechnologie en die had de betreffende medewerker niet. Hoewel Salar er de nadruk op legde dat hij een autodidact was op het gebied van programmeren en 'ervaring had in het zeer nauw samenwerken met ontwikkelaars en zelf dingen gemaakt had', waren een aantal leidinggevenden, onder wie Jonathan, niet van plan het diafragma te vergroten en weigerden ze hem toe te laten. De jonge marketingmedewerker, Kevin Systrom, verliet op een gegeven moment Google. Hij werd daarna medeoprichter van een bedrijf met de naam Instagram, dat hij later voor een miljard dollar doorverkocht aan Facebook.[106] Kevin, graag gedaan jongen!

Een manier om succes te hebben met een groter diafragma is kandidaten te beoordelen op basis van hun carrière. Onze vroegere collega Jared Smith geeft aan dat de beste mensen meestal een carrière hebben die in een stijgende lijn verloopt, omdat als je hun toekomst voor ze uitstippelt, er een grote kans is dat ze nog veel verder kunnen groeien en meer bereiken. Er zijn genoeg jonge en ervaren mensen die tegen hun plafond aan zitten. Met dit soort kandidaten weet je precies wat je krijgt, en daar is niet mis mee, maar er is minder kans op iets uitzonderlijks en dat is dan weer slecht. Het is belangrijk om te onthouden dat leeftijd en carrièrepad niet gecorreleerd zijn en dat er uitzonderingen zijn, zoals mensen die hun

---

106 Somini Sengupta, Nicole Perlroth en Jenna Wortham, 'Behind Instagram's Success, Networking the Old Way' (*The New York Times,* 13 april 2012).

eigen bedrijf hebben of zij die een niet-traditionele carrière achter de rug hebben.

Het vergroten van het diafragma wordt steeds moeilijker naarmate je hoger opklimt in de organisatie. Het aannemen van senior managers gaat vrijwel altijd op basis van ervaring, en ervaring is belangrijk, maar in de meeste bedrijfstakken heeft de technologie zoveel veranderingen gebracht dat ervaring maar een van de dingen is die nodig zijn om succesvol te kunnen zijn. Bedrijven leggen voortdurend te veel nadruk op relevante ervaring als ze kandidaten zoeken voor de hogere functies. Ze zouden meer gericht moeten zijn op wat getalenteerde slimme creatieven allemaal nog meer te bieden hebben.

Toen wij bijvoorbeeld, in 2003, op zoek waren naar een hoofd HRM ter completering van onze board, hebben we wel met vijftig kandidaten gesproken. Veel hadden een schat aan ervaring in de traditionele zin van het woord, maar geen van allen was gekwalificeerd om te doen wat wij wisten dat gedaan moest worden. We groeiden sneller dan waarschijnlijk elk ander bedrijf in de geschiedenis, dus al die standaardoperationele ervaring die deze kandidaten meebrachten was niet voldoende. We moesten mensen hebben die begrepen hoe je op te voeren machines kon bouwen zodat de organisatie op fundamenteel verschillende snelheden kon functioneren.

Het was een lang proces. Op een gegeven moment riep Eric: 'Breng me een wetenschapper van Rhodes die ook een astrofysicus is.' We besloten na enige discussie dat een astrofysicus, hoewel waarschijnlijk wel geschikt voor de baan, niet als topmanager naar Google zou komen. 'Oké,' zei Sergey. 'Geef me een partner van een advocatenkantoor.' Op een gegeven moment vond Jonathan iemand die in Sergeys kantoor verwoed een contract aan het opstellen was. Sergey had hem een opdracht gegeven: stel een contract op dat goed is, dat klopt als een bus en grappig is. Een halfuur later had de kandidaat contract 666 opgesteld, waarbij de heer Sergey Brin zijn ziel voor een dollar en verschillende andere voorwaarden verkocht aan de duivel. Het was een briljant stuk en grappig, maar hij kreeg de baan niet: hij had te weinig verstand van computers.

Nadat de juridische weg niets had opgeleverd, suggereerde onze headhunter Martha Josephson om iemand te zoeken die zowel bij McKinsey werkte als van Rhodes afkomstig was en zij stelde ons aan Shona Brown voor, die we aannamen om de functie in te vullen hoewel ze nog nooit iets dergelijks gedaan had. Dat bleek zo'n succes te zijn dat toen we in 2008 een CFO zochten, ter vervanging van de eminente George Reyes, Eric aan Martha vroeg: 'Vind een tweede Shona Brown voor me.' Ze vond de Rhodes-wetenschapper en voormalig partner bij McKinsey Patrick Pichette, die in 2008 CFO werd.

(Bij Google is de voorkeur voor talent niet alleen beperkt tot de hoogste rangen. Op een dag stond Jonathan op het punt naar ons kantoor in Londen af te reizen, waar hij onder andere een lezing zou houden voor een groep Rhodes-studenten die Shona daarvoor had uitgenodigd. Hij liep te piekeren over hoe hij moest bepalen wie van die groep voor een gesprek in Mountain View werd uitgenodigd. Hij liep toevallig Sergey tegen het lijf en legde zijn probleem voor. 'Waarom een keuze maken?' zei Sergey. 'Bied ze allemaal een baan aan.' Dat leek in eerste instantie een merkwaardig idee, maar nadat hij erover nagedacht had, bleek het toch helemaal niet zo gek. Een aantal van die Rhodes-mensen deden het erg goed bij Google.)

Het vergroten van het diafragma brengt risico's met zich mee. Soms ontstaan er problemen en dan zijn de startkosten voor een briljante, onervaren persoon een stuk hoger dan die van een minder briljant, maar een stuk ervarener iemand. De manager in kwestie is misschien niet bereid die kosten te dragen, maar dat soort belangen moet het grote doel niet frustreren. Het aannemen van briljante alleskunners is verreweg het beste voor het bedrijf.

Iedereen kent een fantastisch iemand

Je kent waarschijnlijk wel iemand met een briljant cv, iemand die de K2 beklommen heeft, een ijshockeyer van olympisch niveau, een schrijver die een zeer goed ontvangen roman heeft uitgebracht, iemand die cum laude afgestudeerd is, net een expositie heeft gehad, een (echte) nonprofitorganisatie heeft opgezet, vier talen spreekt, de eigenaar van drie patenten is, top 100-apps voor de gein maakt, gitaar speelt in een band en ooit op het podium met Bruno Mars heeft staan dansen. Als je minstens één zo'n persoon kent, dan lijkt het logisch dat iedereen met wie jij werkt ook zo iemand kent. Waarom zou je dan headhunters het werk laten doen? Als iedereen een geweldig persoon kent, waarom is het dan niet onderdeel van ieders taak om die geweldige mensen het bedrijf binnen te halen?

Het inrichten van een geweldige wervingscultuur die een constante stroom uitstekende mensen weet te selecteren, begint met het begrijpen van de rol die headhunters spelen bij het zoeken van mensen. Hint: zij zijn niet de enigen die dit doen. Begrijp ons niet verkeerd, wij zijn dol op headhunters. We werken voortdurend met ze samen en we appreciëren hun kennis en hun harde werk. Maar de taak om mensen te vinden is van iedereen en dat is iets waar het hele bedrijf zeer goed van op de hoogte moet zijn. Headhunters kunnen het proces managen, maar iedereen moet geworven worden om te werven.

Dat is niet zo moeilijk in een klein bedrijf, omdat het dan vanzelfsprekend is dat iedereen daar een rol in speelt. Maar vanaf een bepaalde grootte (uit ervaring zeggen wij een man of vijfhonderd), maken managers zich drukker over het aantal fte's dan over de mensen die deze fte's moeten invullen. Je hoort voortdurend dat er mensen bij moeten en steeds minder waar je goede mensen vandaan haalt, omdat dat laatste meer de taak is van recruiters, toch? Toch niet. Het probleem met je te veel te verlaten op recruiters is dat het voor hen verleidelijk wordt om niet meer te zoeken naar de allerbeste mensen, maar genoegen te nemen met de middelmaat of nog minder. Zij hebben geen last van hun fouten, maar het bedrijf wel. Aan de andere kant is het voor elk bedrijf makkelijk om in omvang te verdubbelen met goede mensen. Het enige wat je daarvoor nodig hebt, zegt Larry Page steeds, is dat elke medewerker een ander geweldig persoon aanbrengt. Als je de werving volledig delegeert, zal de kwaliteit omlaaggaan.

De eenvoudigste manier om werving een onderdeel te maken van ieders taak- en functieomschrijving is om het te meten. Hou het aantal tips en gesprekken bij. Hou bij hoe snel mensen een sollicitatieverslag indienen. Stimuleer je medewerkers om een onderdeel te zijn van wervingscampagnes en hou bij hoe vaak ze dat doen. Zorg er dan voor dat die cijfers betekenis hebben voor functioneringsgesprekken en promoties. Werven is een taak van iedereen. Laat dat het dan ook zijn.

Het sollicitatiegesprek is het allerbelangrijkst

Hoe ambitieuzer je verwachtingen, hoe belangrijker de rol van de sollicitatieprocedure. Het sollicitatiegesprek is waar je de kandidaat echt leert kennen en is veel belangrijker dan iemands cv. Het cv vertelt je dat iemand met een gemiddelde van 7,6 als computerwetenschapper is afgestudeerd aan een elite-universiteit en aan hardlopen doet. Het gesprek vertelt je dat het een saai persoon is, die al jaren geen aansprekend idee meer heeft gehad.

De allerbelangrijkste vaardigheid die iedereen in het zakenleven moet leren is het voeren van een sollicitatiegesprek. Dat heb je waarschijnlijk nog nooit gelezen in een managementboek of gehoord tijdens je MBA-opleiding. CEO's, hoogleraren en durfkapitaalverstrekkers prediken (terecht) het belang van hun mensen als reden voor succes, maar vertellen zelden hoe je aan ze komt. In theorie hebben ze volkomen gelijk, maar zakendoen is de praktijk en in de praktijk is het je taak om de kwaliteit van een kandidaat te beoordelen in het beperkte tijdsbestek van een kunstmatig sollicitatiegesprek. Daarvoor moet je speciale en gecompliceerde vaardigheden bezitten, en het is gewoon een feit dat maar weinigen dat gegeven is.

Ga eens terug naar de eerste reactie van mensen na onze hypothetische vraag: 'Wat is het allerbelangrijkste wat je in je baan doet?' 'Het bijwonen van vergaderingen,' was het antwoord. Natuurlijk brengen we een groot deel van onze tijd door in vergaderingruimtes. Het leuke aan vergaderingen is dat hoe hoger je in de organisatie komt, hoe minder tijd je nodig hebt om je erop voor te bereiden. Als je de topman bent, of daar aardig in de buurt komt, dan bereiden anderen de vergadering voor en jij hoeft alleen maar te luisteren en je mening te geven. Jouw collega's krijgen hun actiepunten toebedeeld en jij hoeft verder niets anders te doen dan naar de volgende vergadering te gaan.

Het voeren van een goed sollicitatiegesprek vereist iets anders: voorbereiding. Dat geldt altijd, of je nu een senior of beginnend manager bent. Als je een goed gesprek wilt voeren, moet je begrijpen wat er van je wordt verwacht, het cv lezen en, het belangrijkste, nadenken over de vragen die je gaat stellen.

Je moet eerst zelf onderzoek doen naar wie de sollicitant is en waarom die persoon belangrijk is. Kijk naar hun cv, googel ze, kijk waar ze aan hebben gewerkt en googel ook daarop. Je bent niet op zoek naar een foto van toen ze dronken waren tijdens carnaval, maar je wilt een mening over ze vormen: is dit een interessant persoon? Gebruik in het gesprek jouw kennis over hun projecten om dieper te graven. Je moet uitdagende vragen stellen die de kandidaat uit zijn tent lokken. Wat was het moeilijkste van het project, of waarom was het succesvol? Je wilt achterhalen of de kandidaat de hamer of het ei was: iemand die de ommekeer in gang wist te zetten of gewoon achteraan aansloot.

Het is jouw doel de grens van zijn capaciteiten te ontdekken, niet om een beleefd gesprek te voeren, maar het gesprek hoeft ook niet overdreven gespannen te verlopen. De beste sollicitatiegesprekken verlopen als een intellectuele discussie onder vrienden ('Welk boek ben je nu aan het lezen?'). De vragen moeten veelomvattend zijn en ingewikkeld, waarbij meerdere antwoorden mogelijk zijn (om iemands gedachtenpatroon helder te krijgen) en waar je tegenin kunt gaan (om te zien hoe een kandidaat argumenteert en achter zijn mening blijft staan). Het is een goed idee om dezelfde vragen bij meerdere kandidaten te stellen omdat je zo de antwoorden kunt vergelijken.

Als je meer wilt weten over iemands achtergrond, stel dan vragen die de kandidaat de kans geven te vertellen over wat ze heeft geleerd, in plaats van de kans geven uit te weiden over hun ervaringen. Geef iemand de kans zijn denkproces te laten zien en niet alleen maar een cv. 'Wat verbaasde je het meest over...' is een goede manier om dit te doen. Zo'n vraag zal de kandidaat verrassen, en hem de kans ontnemen om met voorbereide antwoorden te komen. Het dwingt hem om na te denken over de dingen die hij heeft meegemaakt vanuit een iets andere invalshoek. 'Hoe heb je je studie betaald?' is nog zo'n goede, net als: 'Als ik naar de geschiedenis op je webbrowser zou kijken, wat leer ik dan over jou wat niet op je cv staat?' Beide vragen kunnen leiden tot een veel beter begrip van de kandidaat. Ze zijn ook redelijk specifiek, waardoor je inzicht krijgt in hoe goed iemand luistert en vragen weet te ontleden.

Scenariovragen kunnen ook zinvol zijn, maar meestal alleen als je een gesprek voert voor een hogere functie, omdat ze kunnen aangeven in hoeverre de persoon zijn eigen medewerkers ergens bij betrekt en vertrouwt. Om een voorbeeld te geven: 'Stel dat er een crisis is of dat je een belangrijk besluit moet nemen, hoe doe je dat dan?' haalt meestal boven water of een kandidaat een type is van 'als je wilt dat er iets gebeurt, dan moet je dat zelf doen', of dat diegene vertrouwt op de mensen om zich heen. In het eerste geval raakt iemand sneller geïrriteerd door de mensen die voor hem werken en hecht diegene dus veel waarde aan controle; de tweede zal eerder op zoek gaan naar goede mensen en op hen vertrouwen. Algemene antwoorden op deze vragen geven meestal aan dat mensen weinig inzicht in dit soort situaties hebben. Je wilt dat de antwoorden interessant zijn of ten minste toegespitst. Als de antwoorden die je krijgt afkomstig lijken te zijn uit een reclamecampagne of alleen terugslaan op iets wat iedereen al weet, dan heb je te maken met een generalistische kandidaat die niet doordenkt over dingen.

Dan heb je ook nog Google's befaamde breinbrekers. In de afgelopen jaren zijn we langzaam maar zeker gestopt om dit soort puzzels tijdens sollicitatiegesprekken op tafel te leggen. Veel van die vragen (en antwoorden) hebben hun weg naar het internet gevonden, dus doorgaan met het stellen ervan zou dan niet alleen het vermogen van de kandidaat aantonen om complexe problemen aan te pakken, maar ook zijn vermogen om zich te informeren voor een sollicitatiegesprek en dan net te doen alsof hij die vraag voor het eerst hoort en ondertussen niet allang alle antwoorden op onze breinbrekers uit zijn hoofd kent. (Ook een goede vaardigheid trouwens, maar helaas niet een waar we naar op zoek zijn.) De breinbrekers bleken ook kritiek op te roepen: er waren mensen die ze te elitair vonden. Laten we nu voor eens en altijd duidelijk zijn tegen deze critici: jullie hebben gelijk. We willen de slimste mensen hebben die er te vinden zijn, omdat we denken dat er een groot verschil bestaat tussen geweldige mensen en goede mensen, en we willen alles doen wat in ons vermogen ligt om een onderscheid tussen deze twee te maken. En als jullie, geachte critici, willen blijven geloven dat elitair gedrag bij werving verkeerd is, dan hebben we een vraag voor jullie: als je twaalf munten hebt en een daarvan is vals en heeft een ander gewicht dan de andere munten, hoe kun je die valse er dan uit halen als je maar drie keer mag wegen?[107]

Als je je voorbereidt op een sollicitatiegesprek, dan is het belangrijk om je te realiseren dat de persoon met wie je praat niet de enige is die wordt ondervraagd. Een zeer geschikt iemand evalueert jou net zo goed als jij hem. Als je de eerste paar minuten van het gesprek verspilt door een cv te gaan zitten lezen en wat gezellige inleidende opmerkingen te maken, dan zal de kandidaat die meerdere ijzers in het vuur heeft (en geweldige mensen hebben dat altijd) niet echt onder de indruk raken. Een eerste indruk werkt twee kanten op.

Hoewel jij sterke inhoudelijke vragen wilt stellen, moet je ook letten op kandidaten die slimme vragen stellen. Mensen die goede vragen stellen zijn nieuwsgierig, slimmer, flexibeler en interessanter, en begrijpen dat zij niet alle antwoorden hebben, kortom: precies de eigenschappen van de slimme creatief die je zoekt.

De enige manier waarop je kunt leren een goede gespreksleider te zijn is door veel te oefenen. Daarom zeggen we tegen jonge mensen dat ze elke gelegenheid te baat moeten nemen om een sollicitatiegesprek te voe-

---

107 Neem bij de eerste weging vier munten en maak van de andere acht twee stapeltjes en weeg die ten opzichte van elkaar. Als die setjes in evenwicht zijn, moet de valse in het derde stapeltje zitten. Neem dan twee munten van de acht die je net hebt gewogen en weeg die tegen twee van de overgebleven munten. Als ze nu weer in evenwicht zijn, moet de valse munt een van de twee munten zijn die je nog niet hebt gewogen. Als ze echter niet in evenwicht zijn, dan zit de valse munt bij de munten van de tweede weging. In de derde weging neem je een van de twee overgebleven munten en die weeg je tegen een 'goede' munt. Zijn ze in evenwicht, dan is de valse munt degene die nog op tafel ligt; zo niet, dan ligt hij op de weegschaal.
Dit was het makkelijke scenario. Kijk eens of je er ook komt als de eerste weging geen evenwicht oplevert.
Er zijn twee redenen waarom we dit soort vragen stellen. Ten eerste merk je of iemand het intellect heeft om zo'n complex probleem op te lossen, al maakt het daarbij niet uit of ze tot het goede antwoord komen. Ten tweede: vonden ze het leuk om te doen?

ren. Sommigen doen dat wel, maar anderen niet en kiezen ervoor hun tijd te besteden aan dingen die ze belangrijker vinden. Kom op, zeggen we dan, de belangrijkste vaardigheid die je kunt ontwikkelen, betaald en al, kun je oefenen, en omdat jij waarschijnlijk niet zijn manager zult worden, zul je geen last hebben van een foute inschatting. Ze luisteren niet naar ons. Mensen een sollicitatiegesprek laten voeren lijkt wel net zoiets als je tanden laten trekken.

Natuurlijk is niet iedereen goed in het voeren van een sollicitatiegesprek en mensen die er niet goed in willen worden, worden dat ook niet. Bij Google hadden we een groep van mensen samengesteld die goed waren in het voeren van een sollicitatiegesprek, een elitegroep die het niet alleen goed kon, maar het ook leuk vond om te doen. Zij voeren het merendeel van de gesprekken (en krijgen daarvoor extra punten tijdens hun beoordelingsgesprekken). Productmanagers die hier onderdeel van wilden uitmaken moesten een sollicitatietraining doorlopen en eerst met minimaal vier gesprekken meelopen. Als ze eenmaal in het programma waren opgenomen, werden ze beoordeeld op een groot aantal punten, zoals het aantal gesprekken dat ze gevoerd hadden, betrouwbaarheid (het zal je verbazen hoeveel mensen het geen probleem vinden om een gesprek op het laatste moment af te zeggen, of zelfs gewoon niet komen opdagen) en de hoeveelheid en snelheid van de feedback. (De kwaliteit van feedback vermindert meestal na achtenveertig uur; onze beste mensen plannen altijd tijd in om direct na het gesprek hun bevindingen op papier te zetten.) We maakten deze data bekend en lieten mensen die niet in het programma zaten de 'gevestigde orde' uitdagen, en als hun resultaten beter waren, mochten ze hen vervangen. Met andere woorden: als je geen sollicitatiegesprekken afnam, werd dat als een straf gezien. Met dit programma werd het voeren van sollicitatiegesprekken een privilege, in plaats van een vervelend klusje, en de kwaliteit nam zienderogen toe.

Nog even over die foto tijdens carnaval: tenzij hij op een ernstige karakterfout duidt, zullen we online gevonden foto's of commentaren niet tegen de kandidaat gebruiken. We nemen mensen aan omdat ze gepassioneerd zijn, weet je nog, en gepassioneerde mensen zullen online vaak op een uitbundige wijze naar voren komen. Dit laat liefde voor het digitale medium zien en dat is tegenwoordig een belangrijke eigenschap.

Plan sollicitatiegesprekken van dertig minuten

Wie bepaalde dat een sollicitatiegesprek een uur moet duren? Vaak begin je aan een gesprek en weet je al binnen een paar minuten dat de persoon niet goed is voor het bedrijf en de baan. Wie zegt dat je de rest van het uur moet besteden aan zinloos gezwets? Tijdverspilling. Daarom duren de sollicitatiegesprekken bij Google een halfuur. De meeste gesprekken lopen op niets uit, daarom wil je er ook weinig tijd in steken, en de meeste goede voerders van sollicitatiegesprekken weten wel binnen een halfuur of het iets wordt of niet. Als de kandidaat je aanspreekt en je met hem verder wilt praten, dan kun je altijd nog een vervolggesprek plannen of kijken of je direct een gaatje hebt in je agenda. (Makkelijk zat als je na elk gesprek vijftien minuten hebt gepland om je feedback op te schrijven.) Hoe korter het gesprek, hoe meer je gedwongen wordt direct tot de kern van de zaak te komen en niet te blijven hangen in ditjes en datjes. Het dwingt mensen, onder wie (in het bijzonder) jezelf, tot een inhoudelijke discussie.

Niet alleen voeren de meeste bedrijven veel te lange sollicitatiegesprekken, ze houden er ook te veel. Op een gegeven moment, in de beginjaren van Google, hebben we met een bewuste kandidaat wel dertig keer om de tafel gezeten, maar we konden maar niet beslissen of we hem aan zouden nemen. Dat is helemaal fout. Daarom hebben we ook bij acclamatie besloten dat een kandidaat nooit meer dan dertig keer langs mag komen. Daarna hebben we wat onderzoek gedaan en het bleek dat met elk volgende gesprek na het vierde onze 'beslissingsaccuraatheid' met minder dan 1 procent toenam. Met andere woorden: na vier gesprekken wegen de marginale kosten van een extra gesprek niet meer op tegen de waarde van de extra feedback voor de beslissing om iemand in dienst te nemen. We hebben dus het maximale aantal gesprekken op vijf gezet, een getal met als extra toegevoegde waarde (tenminste voor computerwetenschappers) dat het een priemgetal is.

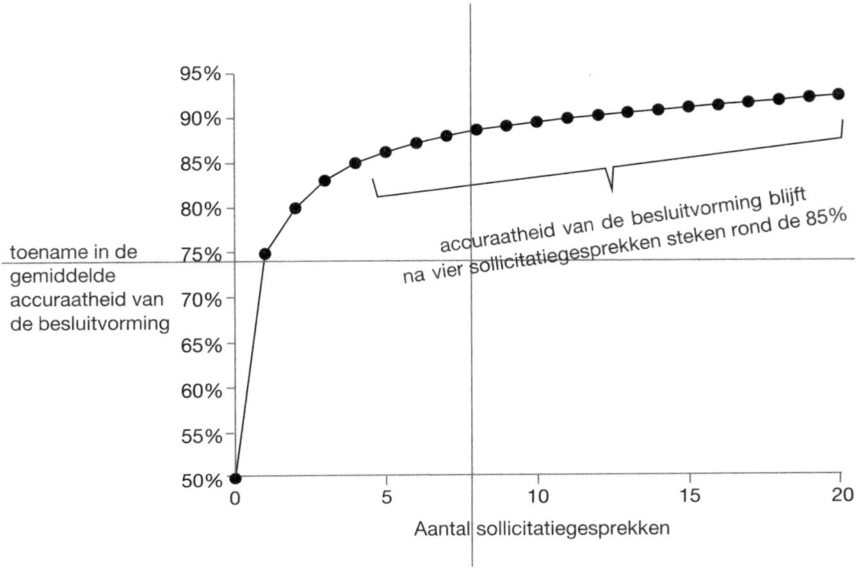

Heb een mening

Onthoud: vanuit het standpunt van de gespreksleider is het doel van een sollicitatiegesprek om een mening te krijgen. Een duidelijke mening. Een ja of nee. Bij Google delen we de kandidaten in op een schaal van één tot vier. De gemiddelde score ligt ergens rond de drie, wat zoveel wil zeggen als: 'Ik ben ermee akkoord als deze persoon een aanbod krijgt, maar iemand anders moet hem erg aardig vinden.' Als gemiddelde is een drie goed, maar als een individuele reactie is het een uitvlucht, omdat het eigenlijk zegt dat de gespreksleider het gewoon niet zeker weet en de bal bij iemand anders neerlegt om een beslissing te nemen. We moedigen onze gespreksleiders dus aan een standpunt in te nemen. Bij het productmanagersteam betekent bijvoorbeeld een score van vier: 'Deze persoon is perfect voor de baan. Als je hem niet aanneemt, dan moet je er rekening mee houden dat je nog van me zult horen.' Het is alsof wordt gezegd: 'Als iemand het in zijn hoofd haalt om deze persoon niet aan te nemen, dan zal ik je persoonlijk achternazitten en jouw besluit scherp tegen het licht houden gezien de informatie die we hebben verzameld.'

Het taalgebruik dat ik hier gebruik is bewust emotioneel van aard, 'dan zal ik je achternazitten', omdat het slimme creatieven veel uitmaakt wie hun team komt versterken. Alsof ze iemand bij hen thuis uitnodigen. Zij vinden dat elk sollicitatiegesprek tot een besluit moet leiden en dat die beslissing persoonlijk is. Er is geen tussenweg.

Als je tegen je mensen zegt dat ze een mening moeten hebben, dan moet je ze wel vertellen waarover. Over of je wel of niet een kandidaat aanneemt spreekt voor zich, maar interviewers moeten ook begeleid worden in hoe ze die mening formuleren. Bij Google delen we de mening over een kandidaat op in vier verschillende categorieën en we zorgen ervoor dat deze vier categorieën bij alle functies gelijk zijn; van verkoop tot boekhouden en softwareontwikkeling, ongeacht wat iemand doet en op welk niveau. De categorieën en de bijbehorende uitleg:

- Leiderschap: we willen weten hoe iemand in verschillende situaties heeft gereageerd binnen een team. Dit kan betekenen dat iemand een leidersrol op zich heeft genomen op zijn werk of bij een vereniging, of zelfs een team heeft geholpen iets tot een succes te brengen terwijl hijzelf niet officieel als leider was aangesteld.

- Functiegerelateerde kennis: we kijken naar mensen die een breed scala aan sterke punten hebben en daarnaast gepassioneerd zijn, en niet alleen maar een aantal vaardigheden hebben. We willen er ook zeker van zijn dat kandidaten de ervaring en achtergrond hebben die hen geschikt maakt voor deze functie. Zeker voor softwareontwikkelaars onderzoeken we welke programmeertalen ze beheersen en op welke technische gebieden ze ervaring hebben.

- Algemene cognitieve vaardigheden: we zijn minder geïnteresseerd in titels en diploma's, maar meer in de manier waarop iemand denkt. Daarom proberen we de kandidaat ook een aantal baangerelateerde vragen te stellen die inzicht moeten geven in hoe ze met problemen omgaan.

- Googleyness: we willen erachter komen wat een kandidaat uniek maakt. We willen er zeker van zijn dat Google de plek is waar ze zich thuis voelen en het beste uit zichzelf zullen halen. We zijn dus op zoek naar signalen omtrent hoe ze omgaan met onzekerheid, hun actiebereidheid en of ze teamspelers zijn.

Vrienden willen niet dat vrienden vrienden aannemen of aanbevelen

Wat de meeste bedrijven ook fout aanpakken in een sollicitatieprocedure is dat degene die het sollicitatiegesprek afneemt ook de persoon aanneemt. Het probleem hiermee is dat de degene die het gesprek voert dan waarschijnlijk ook de nieuwe baas van de kandidaat is, maar voor slechts een paar maanden of een jaar of twee; bedrijven zijn onderling sterk uitwisselbaar. Daarnaast is het in de meeste organisaties minder belangrijk voor wie je werkt, dan mét wie. Het aannemen van mensen is te belangrijk om over te laten aan de manager die misschien geen belang heeft bij hoe de sollicitant over een jaar of twee presteert.

Daarom hebben we bij Google een procedure opgezet waarbij mensen door een comité worden aangenomen. Voor een comité maakt het niet uit wie je bent: als je iemand wilt aannemen, dan wordt het besluit daarover door een comité genomen en die besluiten zijn gebaseerd op objectieve informatie en niet op een relatie of mening. De eerste voorwaarde om in zo'n comité te komen is dat je je niet laat leiden door iets anders dan wat het beste is voor het bedrijf, punt. Comités moeten genoeg leden hebben om veel verschillende invalshoeken af te dekken, maar klein genoeg zijn om er een efficiënt proces van te maken. Vier of vijf leden is meestal een goed aantal. De best samengestelde groepen bevatten mensen met verschillende achtergronden, dus zet in op diversiteit: ervaring, vaardigheden en sterke punten (omdat mensen altijd een voorkeur hebben voor mensen die op hen lijken) en achtergrond. De wervende manager is niet volkomen machteloos in een door een comité aangestuurd proces: hij kan aanzitten bij vergaderingen van het comité en mag beslissen of de kandidaat overgaat van de gespreksronde naar de fase waarin een aanbod wordt gedaan. Hij heeft dus wel vetorecht, maar niet het recht om iemand een aanbod te doen. Het aannamecomité zorgt ervoor dat mensen geen vrienden aannemen; of die vrienden moeten een superster zijn.

In het begin van 2000 begon Google duizenden nieuwe medewerkers aan te nemen. Eric, Larry en Sergey zagen dat veel van de nieuwe mensen goed waren, maar niet zo goed als nodig was. Het trio vond dat ze misschien niet goed konden controleren wat elke groep deed, maar ze konden wel invloed uitoefenen op wie er werd aangenomen. Larry stelde voor de regel in te voeren dat het senior management elk aanbod zou beoordelen. Het hieruit voortvloeiende sollicitatieproces is opgezet door Urs Hölzle en bestaat uit een hiërarchie van comités, dat uiteindelijk culmineert in een comité van één: Larry, die een aantal jaar lang elk dossier onder de loep nam. Dit maakte het voor iedereen in het wervingsproces duidelijk hoeveel belang het bedrijf aan dit onderwerp hechtte. Het proces was ontworpen voor optimale kwaliteit en niet voor efficiency, controle of om grote aantallen te verwerken. In de loop der jaren hebben we geprobeerd om het toch geschikt te maken voor grotere aantallen, maar ons oorspronkelijke uitgangspunt geldt nog steeds, zelfs nu we meer dan 45.000 medewerkers hebben: niets is belangrijker dan de kwaliteit van je wervingsproces.

De beslissende factor in dit proces is het sollicitatiedossier, een serie documenten waarin alle bekende informatie over de kandidaat in de sollicitatieprocedure staat. Een sollicitatiedossier moet zowel beknopt als gestandaardiseerd zijn zodat alle leden van het comité exact dezelfde informatie krijgen en de informatie een volledig beeld geeft van de kandidaat. Het Google-sollicitatiedossier is opgezet door een aantal softwareontwikkelaars met dit in hun achterhoofd (net als de doelstelling om Larry te vriend te houden, omdat hij alle dossiers van mensen die een aanbod wordt gedaan doorneemt. Het is gebaseerd op een aantal standaardformulieren, met ruimte voor eigen invulling, die overal in de organisatie worden gebruikt (voor alle functies en landen en overal in de hiërarchie).

Als het dossier compleet is, staat het vol met gegevens en niet met meningen, en dit onderscheid is cruciaal. Als jij de wervend manager bent of de persoon die het sollicitatiegesprek afneemt, dan is het niet voldoende om je mening te geven, je moet die met objectieve feiten ondersteunen.

Je kunt niet zeggen: 'We moeten Jane aannemen omdat ze slim is.' Je moet zeggen: 'We moeten Jane aannemen omdat ze slim is, en het feit dat ze een MacArthur Fellowship heeft is daarvoor het bewijs.' De meeste kandidaten zijn niet inschikkelijk genoeg om een MacArthur Fellowship te winnen, dus het ondersteunen van een mening met objectieve feiten is vaak een stuk lastiger dan in dit voorbeeld. Maar als mensen het niet doen, worden de dossiers niet door een comité in behandeling genomen.

De andere belangrijke regel is dat het dossier de enige bron van informatie is voor het comité. Als er iets niet in het dossier staat dan wordt het niet meegenomen. Dit zorgt ervoor dat mensen zorgvuldig moeten zijn bij de samenstelling ervan. Je kunt geen informatie achterhouden en die dan in een vergadering ineens op tafel leggen in een poging de leden te overtuigen van de kandidaat; een troefkaart in de mouw kan mensen het leven kosten (nou ja, figuurlijk dan). De mensen die worden aangenomen zijn de mensen met het beste dossier, niet degenen met de luidste supporter in het comité.

De beste dossiers lijken erg op een goede managementmemo: een samenvatting van één pagina met alle feiten en een beknopt deel waarin alles wordt onderbouwd. De samenvatting bestaat uit gecontroleerde feiten en bewijsstukken ter ondersteuning van een positief advies, en de ondersteunende informatie bestaat uit gespreksverslagen, cv, arbeidsvoorwaarden uit het verleden, referenties (zeker als de kandidaat een interne referent heeft) en ander relevant materiaal (zoals kopieën van diploma's, patenten of prijzen die de kandidaat op zijn naam heeft staan en voorbeelden van ontwikkelde software).

Bij het samenstellen van het dossier gaat het om de details. Voor mensen die net zijn afgestudeerd, bijvoorbeeld, komen de cijfers op hun diploma overeen met de Amerikaanse gewoonte om op een vierpuntschaal te scoren of gaat men uit van het op de universiteit van Genève gehanteerde systeem om een zespuntsschaal te hanteren? De plaats in de klasrangorde is een ander belangrijk punt waarnaar wordt gekeken bij net afgestudeerden. Omdat het geven van cijfers aan inflatie onderhevig is, kan een tien misschien wel geen ouderwetse tien zijn, maar als beste van je klas afstuderen blijft een belangrijk gegeven. Het dossier moet goed opgebouwd en makkelijk leesbaar zijn; de beste en slechtste antwoorden van de kandidaten moeten onderstreept zijn, zodat ze direct opvallen. Maar niet alles moet goed geformatteerd zijn: het cv van de kandidaat moet er als origineel in zitten, zodat iedereen de typefouten en manier van presenteren ziet (bijvoorbeeld veel vet of cursief lettergebruik). Als je al deze informatie goed weet te presenteren, dan is het voor het comité ook makkelijk om een goede afweging te maken.

Maar ook een puur op feiten gebaseerd dossier kan het mis hebben. De mensen die het gesprek afnemen hebben natuurlijke voorkeuren. Wat de een als een 2,9 ziet, vindt de ander een 3,8. De oplossing hiervoor? Meer gegevens. Onderstreep het belang van statistische gegevens in alle dossiers over eerdere scores van alle wervers (waaronder het aantal eerdere gesprekken, zijn of haar scores, met een gemiddelde), zodat de leden van het comité rekening kunnen houden met wervers die hoger scoren dan hun collega's en zij die hun scores altijd een beetje in het midden van de gausscurve houden. (Wervers die weten dat dit allemaal in het dossier komt, hebben de neiging om strenger te oordelen en beter onderbouwd te scoren.)

Er zijn managers die absolute zeggenschap willen over de samenstelling van hun team. Toen we de comités instelden, waren er een aantal mensen zeer op tegen en ze dreigden zelfs op te stappen. Dat is oké. Als iemand zo graag absolute controle over zijn team wil uitoefenen, dan wil je hem misschien niet in je bedrijf hebben. Dictatoriale neigingen beperken zich zelden slechts tot één aspect van iemands werkhouding. Goede managers realiseren zich dat het werven via een comité eigenlijk een veel beter systeem voor de onderneming in haar totaliteit is.

Ook het promoveren van mensen zou via een comité moeten verlopen en geen top-down managementbesluit moeten zijn. Onze managers kunnen hun mensen voordragen voor promotie, maar de beslissing ligt niet bij henzelf. De reden daarvoor is dezelfde als bij de werving: promoties zijn van invloed op het hele bedrijf en zijn dus te belangrijk om aan één individuele manager over te laten. Maar bij het onderwerp promoties speelt er nog een factor mee die maakt dat een comité een betere optie is. Veel slimme creatieven (volgens ons de meerderheid) zijn van het harmoniemodel en vinden het moeilijk om nee te zeggen. Als je gebruikmaakt van een comité, komt een afwijzing niet van één individu, maar van een wat anoniemer comité. Dit kleine verschil kan een groot kalmerend effect hebben op de promotiestatistieken.

(Er valt nog veel meer te vertellen over de manier waarop Google nieuwe mensen aanneemt. Als je meer wilt weten en je wilt verdiepen in de theorie achter niet alleen het wervingsproces, maar ons totale HRM-beleid, lees dan het binnenkort te verschijnen boek, *Work Rules!*, van onze collega Laszlo Bock. Lazslo gaat bij Google over de medewerkers en in zijn boek beschrijft hij nauwkeurig hoe de principes uit onze beginperiode zijn uitgegroeid tot een systeem waar elke organisatie iets van kan leren.)

De snelheid mag niet ten koste gaan van de kwaliteit

De nadruk die wij leggen op kwaliteit hoeft niet te betekenen dat het proces langzaam moet verlopen. Je zou zelfs kunnen zeggen dat alles wat we hier beschrijven erop gericht is het sneller te laten verlopen. Gesprekken duren niet langer dan een halfuur en we beperken ons tot maximaal vijf gesprekken per kandidaat. We vertellen onze afnemers van sollicitatiegesprekken dat ze aan het eind van het gesprek de kandidaat direct moeten zeggen of we met ze doorgaan of niet. We maken de dossiers zo dat een comité binnen 120 seconden een definitief besluit kan nemen (en dat bedoel ik letterlijk, want we hebben het gemeten). Deze stappen zorgen ervoor dat het sollicitatieproces hanteerbaar blijft en het dwingt tot helderheid. Het is ook goed voor de sollicitanten, omdat het steeds weer op gesprek komen en het uitstellen van een besluit onwenselijk is. Want als zij de mensen zijn die wij willen hebben, dan willen ook zij snel tot zaken komen.

Maar er is één gouden regel bij de werving: de snelheid waarmee een functie moet worden ingevuld mag niet ten koste gaan van de kwaliteit in het wervingsproces. In de uiteindelijke keuze tussen snelheid en kwaliteit moet de laatste altijd de overhand hebben.

Disproportionele arbeidsvoorwaarden

Zodra je je slimme creatieven aan boord hebt, zul je ze moeten betalen, en exceptionele mensen verdienen een exceptionele beloning. Ook hier kijken we naar de sportwereld als vergelijkingsmateriaal: fantastische atleten verdienen fantastische bedragen. Het is niet ongewoon voor de beste speler van een team om bedragen toegeschoven te krijgen die kunnen oplopen tot honderden miljoenen, terwijl de jeugdspeler die op de hoek van de bank mag zitten het moet doen met een paar honderdduizend. Zijn dat soort sterren dat waard? Toen de fameuze honkballer Babe Ruth werd gevraagd of hij het normaal vond dat hij meer verdiende dan president Herbert Hoover, zei hij: 'Waarom niet? Ik heb een beter jaar gehad dan hij.' Wij kijken daar enigszins genuanceerder naar. Ja, ze zijn het waard, tenminste, als ze aan de verwachtingen voldoen. Succesvolle atleten bezitten zeldzame eigenschappen die buitengewoon invloedrijk zijn. Als ze goed presteren dan hebben ze een disproportionele invloed. Zij zorgen ervoor dat een team wint en winnen heeft grote financiële consequenties: meer fans, meer kijkers, meer shirts en petjes die worden verkocht. Kortom, het grote geld.

Slimme creatieven hebben misschien niet erg veel gemeen met professionele sporters, maar één ding wel: ze kunnen van disproportionele waarde zijn. Topatleten worden goed betaald in de sport, dus dat zou ook moeten gelden voor toppresteerders in het zakenleven. Als je wilt dat je beste mensen beter presteren, prijs ze dan en beloon ze disproportioneel.

Dat wil niet zeggen dat je nieuwe mensen een blanco cheque moet geven. Sterker nog, de salarisschaal moet laag beginnen. Je kunt de beste slimme creatieven aantrekken met arbeidsvoorwaarden die verder gaan dan geld: met de mooie dingen die ze kunnen doen, de mensen met wie ze werken, de verantwoordelijkheid en de kansen die ze krijgen, de inspirerende bedrijfscultuur en ja, zelfs met de gratis maaltijden en honden die lief naast het bureau zitten. (Een van de eerste softwareontwikkelaars bij Google wilde zijn fret meenemen naar zijn werk. We vonden dat goed. Hij maakte geen stampij over zijn salaris.) Maar als zo'n slimme creatief medewerker wordt en geweldig werk aflevert, beloon hem dan overeenkomstig. Hoe groter hun impact, hoe groter de beloning.

Aan de andere kant moet worden gesteld dat managers mensen alleen goed betalen als ze goed werk leveren. Ze managen professionals en zijn geen coach bij de pupillen, waar voor iedereen wordt geklapt, ook voor de dromer rechtsachter die tijdens de wedstrijd madeliefjes plukt en zoekt naar een klavertjevier. Alle mannen en vrouwen zijn gelijk geschapen in de zin van dat ze allemaal een aantal onvervreemdbare rechten hebben, maar dat wil niet zeggen dat ze precies even goed zijn in wat ze doen. Dus betaal of bevorder ze niet als ze niet goed zijn. In het zakenleven worden mensen traditioneel beter betaald naarmate ze dichter bij de top zitten (zie bijvoorbeeld de belachelijke CEO-salarissen), of dichter op transacties (bijvoorbeeld investmentbankiers en verkopers).[108] Maar in het internet-tijdperk zijn excellente producten het allerbelangrijkst, wat betekent dat de hoogste salarissen betaald zouden moeten worden aan de mensen die het dichtst bij de producten en innovaties staan. Dat betekent dus dat de medewerker laag in de organisatie die medeverantwoordelijk is voor een baanbrekend product of toepassing meer dan goed moet worden betaald. Betaal uitstekende mensen uitstekend, ongeacht hun titel of status. Het enige wat telt is hoeveel impact ze hebben.[109]

---

108 Economen verklaren dit fenomeen meestal aan de hand van de 'toernooitheorie'. Die begint met de observatie dat er op veel verschillende velden langdurig wordt gespeeld om de topfuncties, met een buitensporige beloning als het prijzengeld. De originele theorie is van de economen Edward Lazear en Sherwin Rosen in 'Rank-Order Tournaments as Optimum Labor Contracts' (*Journal of Political Economy*, Deel 89, Nummer 5, oktober 1981).

109 Wij zijn net als economen verbaasd over egalitaire beloningsystemen, waarbij mensen die uiterst verschillende bijdragen leveren min of meer hetzelfde verdienen. Wordt door de toepassing van kleine loonverschillen niet het onder de maat presteren bevorderd waarbij de mensen die wel hun best doen worden gedemoraliseerd? Voor een academische discussie over dit onderwerp, zie: George P. Baker, Michael C. Jensen en Kevin J. Murphy, 'Compensation and Incentives: Practice vs. Theory (*Journal of Finance*, juli 1988). Een mogelijke verklaring is dat een groot onderling salarisverschil slecht is voor de motivatie van een groep en de productiviteit van het team kan aantasten. Zie voor een voorbeeld: David I. Levine, 'Cohesiveness, Productivity, and Wage Dispersion' (*Journal of Economic Behavior and Organization*, Deel 15, Nummer 2, maart 1991). We geloven dat deze afweging best te maken is: wij hebben gemerkt dat geweldig werk geleverd door de beste mensen belangrijker is dan het gevoel van oneerlijkheid dat het zou kunnen opleveren binnen het team. In het merendeel van de gevallen zijn de mensen blij voor hun collega's en doen ze hun uiterste best om zelf ook iets geweldigs te doen om op die manier ook een heerlijk loonstrookje tegemoet te kunnen zien.

Deel de M&M's uit en houd de rozijnen

Je hebt al dit werk gedaan om een sollicitatieprocedure te ontwerpen die al dit soort fantastische slimme creatieven heeft opgeleverd en wat doen ze dan om je terug te betalen? Ze nemen ontslag! Let op: als je geweldige mensen aanneemt, dan komt een aantal er waarschijnlijk achter dat er nog meer in de wereld te beleven valt. Dat is helemaal niet erg, het is eigenlijk een onvermijdelijk bijproduct van een gezond en innovatief team. Maar natuurlijk, doe je uiterste best om ze vast te houden.

De beste manier om slimme creatieven voor je bedrijf te behouden is door ze niet al te routinematig te laten werken, door hun werk steeds weer interessant te maken. Toen Georges Harik, die lid was van het team dat AdSense heeft ontwikkeld en die ook heeft geholpen om het 'de advertenties zijn klote'-probleem op te lossen waar we het eerder in het boek over hadden, erover dacht om het bedrijf te verlaten, stelde Eric voor dat hij het misschien leuk zou vinden om bij zijn stafvergaderingen aanwezig te zijn. En zo gebeurde het dat bij Erics stafvergaderingen niet alleen de oprichters en alle managers die direct aan Eric rapporteerden aanwezig waren, maar ook Georges, die ook op de e-maildistributielijst van de staf was gezet. Eric en de rest van het topmanagement kregen meer inzicht in de zaken die speelden bij softwareontwikkeling en Georges leerde veel over de manier waarop het bedrijf werd aangestuurd. Wat hij daar hoorde boeide hem zo dat hij voor de afdeling Productmanagement ging werken en nog twee jaar in dienst bleef. Dat zijn twee extra jaren van bijdrages van Georges die ons anders ontnomen waren.

Jonathan koos voor dezelfde aanpak toen hij op zoek was naar hulp om zijn stafvergaderingen in goede banen te leiden. Normaal gesproken kunnen topmanagers daarvoor een hoofd Stafzaken aanstellen, maar het hebben van dit soort fulltimemedewerkers moedigt politieke spelletjes op de werkvloer alleen maar aan. Jonathans oplossing was om deze functie onder een aantal APM's te laten roteren, waardoor zij de facto als hoofd Stafzaken optraden en direct voor Jonathan werkten, naast hun dagelijkse werkzaamheden. Andere APM's werden aangemoedigd om zich op te geven voor de zogenaamde '*chain-gang*'-taken, losstaande projecten die op een internetsite worden gepubliceerd en waar iedereen zich vrijwillig voor kan opgeven. Bijvoorbeeld in september 2003 werd een bepaalde taak geformuleerd om Larry te helpen meer inzicht te krijgen in hoe projecten bij Google verliepen. Misschien niet de meest spannende opdracht, maar een aantal jonge APM's sprong erbovenop omdat het hun de kans gaf om met een van de oprichters samen te werken. Het was hierbij geenszins de bedoeling om onze stafvergaderingen spannender te maken, of misbruik te maken van goedkope arbeidskrachten. Het had de bedoeling om het werk en leven van onze getalenteerde medewerkers interessanter en uitdagender te maken.

Maar vaak is er meer voor nodig om onze mensen betrokken te houden en ze ervan te weerhouden om ons te verlaten. Je moet de belangen van een uiterst waardevolle medewerker soms laten prevaleren boven de belangen van de organisatie. Salar Kamangar, die door de oprichters rechtstreeks van Stanford was geplukt, is daar een goed voorbeeld van. Salar was een van de mensen achter AdWords en heeft een aantal jaar bij Productmanagement gewerkt, maar toen hij er klaar voor was om zijn verantwoordelijkheden te vergroten en om general manager te worden, hadden we geen baan voor hem. En dus creëerden we er een en maakten hem hoofd van YouTube. Er zijn verschillende andere voorbeelden zoals deze te noemen, waarbij slimme creatieven toe zijn aan iets nieuws en het bedrijf een manier bedenkt waarop dat mogelijk wordt. Doe het beste voor de persoon en laat het bedrijf zich aanpassen.

Je medewerkers aanmoedigen af en toe eens iets nieuws te gaan doen kun je institutionaliseren met behulp van jobrotatie, maar dan moet je dat wel goed doen anders krijg je er problemen mee. In Google's APM-programma (en de spin-offs bij marketing en HRM) moeten mensen elke twaalf maanden iets anders gaan doen. Dat werkt uitstekend op een kleine schaal met medewerkers in een startersfunctie, maar het is veel lastiger om een gestructureerd jobrotatieprogramma te organiseren voor grotere delen van de organisatie. Wij hebben dus altijd geprobeerd om mensen te stimuleren naar een andere baan over te stappen, om dat zo makkelijk mogelijk te maken en om het een standaardonderdeel van de functioneringsgesprekken te maken. We praten erover in onze stafvergaderingen en onderling: wie in je team is een goede kandidaat om naar een andere baan over te stappen? Waar wil diegene heen? Denk jij dat dat het beste voor hem is?

Zorg ervoor dat je deze gesprekken wel voert over de goede mensen. Managers zijn net kinderen die hun snoepjes na de avond van Halloween uitwisselen: als jij ze dwingt om hun medewerkers te laten rouleren dan is hun eerste impuls om de M&M's te houden en de doosjes rozijnen door te geven. Dat is misschien goed voor hen, maar slecht voor het bedrijf. Het zorgt ervoor dat de allerbeste mensen, degenen die je gemotiveerd wilt houden, die je wilt uitdagen, vastgehouden worden binnen een team. Toen Eric Georges Harik uitnodigde om de stafvergaderingen bij te wonen, deed hij dat niet omdat Georges een middelmatig presterende medewerker was die hij wilde stimuleren om beter te worden, maar omdat hij een fantastisch goede medewerker was die hij voor het bedrijf wilde behouden. Zorg ervoor dat managers ook hun M&M's delen; laat ze hun rozijnen maar houden.

Als je ze liefhebt laat ze dan gaan, maar niet nadat je deze maatregelen hebt genomen

Zelfs als je je beste mensen betrokken en uitgedaagd houdt, zijn er nog steeds een paar die het gras aan de andere kant van de heuvel op willen zoeken. Als dat gebeurt, concentreer je pogingen om ze vast te houden dan op de sterren, de leiders en de innovators (wat trouwens niet noodzakelijkerwijs dezelfde mensen zijn), en doe alles in je macht om ze vast te houden. Het verlies van deze mensen kan grote gevolgen hebben, omdat je vaak ziet dat anderen hen volgen. Omdat mensen zelden weggaan omdat ze ontevreden zijn over hun salaris, is luisteren het eerste wat je moet doen om ze te houden: ze willen gehoord worden, relevant zijn en gewaardeerd worden.

In deze gesprekken moet de manager niet in de rol van vertegenwoordiger van het bedrijf gaan zitten ('Blijf toch alsjeblieft!'), maar de vertegenwoordiger zijn van de slimme creatief die erover nadenkt op te stappen. Veel medewerkers, zekere de jongere, hebben een kortetermijnblik, die misschien terug te voeren is op hun herinnering aan de schooljaren. Ze kunnen overreageren als ze eens iets vervelends meemaken en met plezier terugdenken aan de dag dat ze met maagdelijke schriften aan een nieuw semester begonnen en er nog geen cijfers waren die ze moesten ophalen. Help ze de langere termijn in ogenschouw te nemen. Waarom zou blijven op langere termijn veel beter voor ze zijn dan nu weggaan? Hebben ze nagedacht over de financiële consequenties van een vertrek? Hebben ze een duidelijk financieel plan en een helder beeld van wat ze achterlaten? Luister naar waarom ze weg willen en probeer een manier te vinden waarmee ze misschien toch hun batterij weer kunnen opladen als ze blijven. En dan, als ze het gesprek willen voortzetten, zorg dan dat je een plan hebt voor hoe ze hun carrière verder kunnen ontwikkelen als ze toch blijven. Dat laat zien dat je begaan bent met hun succes en niet alleen dat van de organisatie.

De beste slimme creatieven willen vaak weg omdat ze iets voor zichzelf willen beginnen. Ontmoedig ze daar niet in, maar vraag ze om een elevator pitch. (Elevator pitch is durfkapitaalverstrekkerstaal, waarmee men bedoelt: 'Je hebt dertig seconden om mij van je goede idee te overtuigen.') Wat is je basisidee? Wat voor soort cultuur staat je voor ogen? Wat zou je mij vertellen als ik mogelijk geld in je wil investeren? Als de antwoorden niet goed genoeg zijn, is het duidelijk dat ze er nog niet klaar voor zijn. In dat geval adviseren wij ze meestal om nog een tijdje bij ons te blijven en ondertussen door te werken aan hun plan, en als ze ons uiteindelijk overtuigen om in hen te investeren, wensen we ze veel succes en geven we ze misschien wel een cheque. Dat is een aanbod dat je moeilijk kunt afslaan en het heeft ons geholpen om verschillende uitstekende mensen vast te houden.

Dan heb je ook nog het geval waarin een slimme creatief een aantrekkelijk aanbod van een ander bedrijf heeft gekregen. Soms probeert die persoon dat te gebruiken voor een 'als dan'-dreiging: 'Je moet dit doen, anders stap ik op.' Als dat gebeurt, valt de deur meestal wel in het slot, omdat iemand die zo'n houding aanneemt meestal al emotioneel afscheid van ons heeft genomen en het lijkt moeilijk voor te stellen dat diegene een hernieuwde band met ons zou willen opbouwen. Maar als de band er nog steeds is en je wilt een tegenbod doen, doe dat dan snel, als het kan binnen een uur. Wacht je langer, dan is het nieuwe bedrijf al in het hoofd van de medewerker gaan zitten.

Natuurlijk, als het echt het allerbeste is voor de persoon om te gaan, laat hem dan gaan. Zoals Reid Hoffman, Jonathans oud-collega bij Apple en oprichter en CEO van LinkedIn, aangeeft: 'Dat iemand bij je weggaat hoeft nog niet te betekenen dat de relatie met die medewerker tot een einde komt... Het eerste wat je moet doen als een waardevolle medewerker je vertelt dat hij weggaat is proberen hem om te praten. Het tweede is hem te feliciteren met zijn nieuwe baan en hem welkom te heten in jullie netwerk van oud-medewerkers.'[110]

We hadden ooit een jonge, getalenteerde productmanager, Jessica Ewing, die ons heeft geholpen iGoogle (dat ervoor zorgde dat je de Google-homepage naar je eigen smaak kon inrichten en waar we in 2013 mee zijn gestopt) te lanceren en voor wie een mooie toekomst bij ons bedrijf in het verschiet lag. Maar zij had ook het sterke verlangen om te gaan schrijven. Denk na over je carrièreopbouw, zeiden we tegen haar. Denk aan al die stockbonussen die je nog kunt verzilveren. Dat deed ze en ze besloot toch om te vertrekken. Jessica, we hebben al een tijdje niets meer van je gehoord. Waarom schrijf je niet?

Ontslaan is vreselijk

Misschien is het niet zo erg als ontslagen worden, maar leuk is anders. Als je het ooit hebt moeten doen, dan weet je hoe moeilijk het is om iemand apart te nemen en hem te vertellen dat het niet gaat werken. Misschien dat de medewerker het wel voelt aankomen en het goed opneemt, maar misschien ook wel niet en dan wordt hij kwaad. En misschien gebruikt hij wel alle juridische mogelijkheden om het je erg lastig te maken. Alle factoren die ervoor zorgen dat de goede slimme creatieven geweldige medewerkers worden, werken hier tegen je: hun intensiteit, hun zelfvertrouwen, hun gebrek aan angst. Hou dus altijd, vanaf het begin, in je achter-

---

110 Reid Hoffman, Ben Casnocha en Chris Yeh, 'Tours of Duty: The New Employer-Employee Compact' (*Harvard Business Review*, juni 2013).

hoofd dat de beste manier om te voorkomen dat je mensen die slecht presteren moet ontslaan, is om ze niet in dienst te nemen. Daarom zien we liever dat wij in ons wervingsproces tegen een aantal vals negatieven aan lopen (mensen die we wel hadden moeten aannemen, maar die we niet hebben aangenomen) dan tegen vals positieven (mensen die we niet hadden moeten aannemen, maar die we wel hebben aangenomen).

Stel jezelf de vraag: zou je team beter functioneren als je de slechtste 10 procent van je medewerkers zou inruilen? Als het antwoord ja is, dan moet je eens goed kijken naar je wervingsproces dat ervoor heeft gezorgd dat die mindere goden binnen zijn gekomen en het proberen te verbeteren. Nog een vraag: zitten er in je team mensen voor wie je, als ze je zouden vertellen dat ze weggaan, niet zo hard zou vechten om ze tegen te houden? Als er dat soort medewerkers zijn, dan moet je ze misschien inderdaad maar laten gaan.

Een laatste opmerking: er zijn mensen die het heerlijk vinden om een ander te ontslaan. Pas op voor ze. Ontslaan zorgt voor een angstcultuur die uiteindelijk niet succesvol is en het 'Ik schop ze er allemaal uit' is een excuus om niet de tijd te nemen het wervingsproces te verbeteren.

Google's uitgangspunten bij werving

Neem mensen aan die slimmer zijn dan jij en meer weten.
Neem geen mensen aan van wie je niets kunt leren of die je op de proef stellen.

Neem mensen aan die een bijdrage leveren aan het product en de cultuur.
Neem geen mensen aan die geen waarde toevoegen aan beide.

Neem mensen aan die dingen voor elkaar krijgen.
Neem geen mensen aan die alleen maar aan problemen denken.

Neem mensen aan die enthousiast zijn, zichzelf weten te motiveren en gedreven zijn.
Neem geen mensen aan die alleen maar op zoek zijn naar een baan.

Neem mensen aan die anderen inspireren en goed samenwerken.
Neem geen mensen aan die het liefste alleen werken.

Neem mensen aan die meegroeien met je team en het bedrijf.
Neem geen mensen aan met weinig vaardigheden of interesses.

Neem mensen aan met een brede algemene ontwikkeling, en met unieke talenten en interesses.
Neem geen mensen aan die alleen maar leven om te werken.

Neem mensen aan die ethisch zijn en open communiceren.
Neem geen mensen aan die politieke spelletjes spelen en manipuleren.

Neem alleen iemand aan als hij echt heel goed is.
Wijk hier nooit van af.

Carrière: ga voor de F-16

Wij worden regelmatig benaderd voor carrièreadvies. Startende ondernemers, Nooglers (mensen die nog maar kort bij Google werken) die net van school komen, opkomende supersterren: iedereen wil weten wat hij moet doen om zijn carrière uit te stippelen. En als we ooit het geluk mogen hebben te worden uitgenodigd om een toespraak tijdens een examenuitreiking te houden, laten we zeggen op een van onze oude universiteiten (letten jullie een beetje op Princeton en Claremont McKenna?), dan zou die ongeveer zo klinken:

Denk bij je carrière aan surfen

Toen Jonathan studeerde aan een businessschool en geïnteresseerd raakte in productmanagement, ging hij naar een aantal presentaties die werden gegeven door bedrijven die op zoek waren naar nieuwe medewerkers. Een was van een vooraanstaand bedrijf in verpakte consumentengoederen; producten als shampoo en schoonmaakmiddelen. Zij beschreven productmanagement in hun bedrijf als een wetenschap, gebaseerd op harde feiten afkomstig van focusgroepen en productprestaties. 'Het is alsof je naar voren rijdt door voortdurend in je achteruitkijkspiegel te kijken,' zeiden ze en dat bedoelden ze positief.

Daarna ging hij naar een presentatie van een van de leidende technologiebedrijven in Silicon Valley. Zij vertelden dat productmanagement in Silicon Valley leek op 'het vliegen in een F-16 met Mach 2 over rotsachtig terrein op twee meter boven de grond. En als je crasht is het maar een videospelletje en we hebben een heleboel muntjes'. Geweldig! De beste branches zijn die waar je kunt vliegen in een F-16, met een zak vol muntjes, en probeert niet te crashen.

In het bedrijfsleven en zeker in de hightechbusiness, is het niet voldoende dat je goed bent in wat je doet, je moet ten minste één keer een heel grote golf te pakken nemen en daarop helemaal tot aan het strand surfen. Als mensen net van school komen hebben ze de neiging in eerste instantie aan een bedrijf te denken, daarna aan een baan en daarna aan een branche.

Maar op dat punt in hun carrière is dat precies de verkeerde volgorde. De juiste branche is verreweg het belangrijkst, want je zult ongetwijfeld een paar keer van baan wisselen in je carrière, maar het is veel lastiger om van branche te wisselen. Denk aan een branche als de plek waar je gaat surfen (in Noord-Californië zijn de coolste golven in Mavericks, *dude*) en het bedrijf als de golf die je pakt. Je wilt altijd op de plek zijn waar je de grootste en beste golven kunt vinden.

Als je het verkeerde bedrijf uitzoekt, of de pech hebt een kwaaie baas tegen te komen die je al tijdens je eerste golf van je plank gooit, dan nog kun je een geweldige tijd hebben in een branche waar de ene na de andere geweldige golf voorbijkomt. (Oké, meneer Spicoli, genoeg surfpraat nu.)

Als je daarentegen in het begin van je carrière voor de verkeerde bedrijfstak kiest, dan zullen de groeimogelijkheden binnen je bedrijf beperkt zijn. Je baas blijft zitten waar hij zit en jij hebt weinig te laten zien als je op zoek gaat naar een baan in een andere branche.

Gelukkig zorgen de tektonische krachten achter het internettijdperk ervoor dat erg veel bedrijfstakken een geweldige plek zijn om te surfen. We hebben het dan niet alleen over internetbedrijven, maar ook over bedrijven in de energiesector, de farmacie, hightechproductie, reclame, media, entertainment en consumentenelektronica. De meest interessante bedrijfstakken zijn die waar de productlevenscycli versnellen, omdat daar een grote kans op onrust heerst en er dus meer mogelijkheden zijn voor jong talent. Maar zelfs bedrijfstakken waarin die cycli lang zijn, zoals die van energie en farmacie, zijn rijp voor een enorme transformatie en bieden veel kansen.

Wat betreft arbeidsvoorwaarden moet je je realiseren dat stockopties en andere vormen van aandelenbeloning in het begin van je carrière vrij zeldzaam zijn en dat het dus veel lucratiever is om expertise op te bouwen in de juiste branche dan te gokken op dat ene bedrijf. Later, als je ervaring hebt opgedaan (en ouder bent geworden!), wordt het belangrijker om de juiste golf te pakken te krijgen. Op dat moment kun je in de positie komen om betere arbeidsvoorwaarden te krijgen, met veel meer kans op aandelen, en ligt de prioriteit anders.

Luister altijd naar degenen met verstand van technologie

Nadat je een keuze hebt gemaakt voor een branche wordt het tijd om een bedrijf uit te kiezen. Luister hierbij altijd naar de mensen die echt verstand hebben van de computertechnologie. Dat zijn de aan geniaal grenzende slimme creatieven die, voordat de rest van de mensheid dat doorheeft, zien hoe de technologie zich gaat ontwikkelen en hoe het de branche zal veranderen. Bill Gates en Paul Allen zagen dat chips en computers goedkoop werden en dat software de sleutel tot de computerbranche ging worden en dus begonnen ze Microsoft. Chad Hurley zag dat goedkope videocamera's, bandbreedte en opslagmogelijkheden de manier waarop video werd opgenomen en teruggekeken zouden veranderen en dus richtte hij samen met anderen YouTube op. Reid Hoffman wist dat de mogelijkheden voor professionals om onderling contact te hebben op het web enorm waren en begon dus LinkedIn. Marc Benioff geloofde dat goedkope software in de cloud moest zitten, dus baseerde hij Salesforce.com op dat principe en hield stug vol tijdens de crisis in de dotcom-branche. Steve Jobs voorzag dat computers dingen voor consumenten waren en het duurde twee decennia voordat de markt en de technologie daar klaar voor waren.

Hoe weet je of iemand het heeft? Het helpt als je naar hun geschiedenis kijkt. Heel vaak spelen ze al met ondernemerschap en technologie voordat ze dat als een carrière gaan zien. Reid Hoffman kreeg zijn eerste baan (op zijn twaalfde) door een gebruiksaanwijzing van een videospelletje, voorzien van zijn opmerkingen om die te verbeteren, terug te geven aan een van de makers.[111] Hij was niet op zoek naar een baan, hij wilde alleen maar het spelletje beter maken. Op zijn vijftiende verkocht Marc Benioff zijn eerste computerprogramma ('How to Juggle') en begon een bedrijf waar hij spelletjes voor de Atari 800 maakte. Larry Page maakte een printer van Lego. (Het was een matrixprinter, maar toch.)

Dit zijn beroemde voorbeelden, maar er zijn nog veel meer mensen die misschien niet zo bekend zijn, maar overlopen van inzicht. Zij zijn degenen die voor de beste golven op de beste plekken zorgen. Vind ze, haak aan en ga met ze mee.

Plan je carrière

Je moet van tevoren goed nadenken over je carrière, je moet hem plannen. Dat is een geweldige open deur, maar toch is het ongelofelijk hoeveel mensen de afgelopen jaren naar ons toe kwamen die dit niet hebben gedaan. Jonathan geeft deze mensen meestal een stelletje oefeningen, waarbij hij zijn favoriete opmerking van Tom Lehrer aanhaalt: 'Het leven is als een riool, wat je eruit haalt heeft te maken met wat je erin hebt gestopt,'[112] naast de belofte dat als ze echt hun best doen op die oefeningen, hij ze zal helpen.

Hier een aantal eenvoudige stappen om een plan te maken: Denk aan je favoriete baan, niet nu, maar over vijf jaar. Waar wil je dan staan? Hoeveel wil je dan verdienen? Stel de functieomschrijving op: als je deze baan op een website zou zien

---

111 Evelyn Rusli, 'A King of Connections Is Tech's Go-To Guy', (*The New York Times*, 5 november 2011).

112 Tom Lehrer, 'We Will All Go Together When We Go', *An Evening Wasted with Tom Lehrer* (Marathon Media, 2010).

staan, hoe zou die dan worden aangeprezen?

Stel je nu voor dat het vijf jaar later is en dat je de baan hebt: hoe ziet je cv van vijf jaar later er dan uit? Welk pad heb je genomen om te komen waar je zit?

Blijf die ideale baan in gedachten houden en beschrijf nu eens je sterke en zwakke punten met betrekking tot die baan. Wat moet je verbeteren om echt goed in dat werk te zijn? Hiervoor heb je inbreng van buitenaf nodig, dus praat met je manager of collega's en luister naar wat zij daarover te vertellen hebben. Ten slotte: hoe ga je daar komen? Welke training heb je daarvoor nodig? Welke werkervaring?

Als je tot de conclusie komt dat je nu eigenlijk al klaar bent voor die ideale baan, dan denk je niet groot genoeg. Begin opnieuw en maak van die ideale baan een marathon en geen sprintje.

Als je deze stappen doorloopt, dan werkt het. Als je ze niet volgt, dan is de kans groot dat de uitspraak van Yogi Berra uitkomt: 'Als je niet weet waar je heen gaat, kom je er ook nooit.'[113]

Statistiek is het nieuwe plastic

Statistieken zijn sexy. Het is niet anders. De meest sexy baantjes in het internettijdperk hebben met statistiek te maken en niet alleen in een soort parallelle fantasiewereld. Hal Varian stelt dat het voor een individu altijd goed is om expertise op te bouwen in gebieden waar zaken goedkoop worden, en data, in combinatie met de computerkracht om die te verwerken, zijn zeker goedkoop. We zitten in het tijdperk van 'big data' en big data heeft statistici nodig om er lijn in te brengen. De de-

---

113 Yogi Berra, *The Yogi Book: I Really Didn't Say Everything I Said!* (Workman Publishing, 1998), pag. 102.

mocratisering van data betekent dat zij die ermee weten om te gaan, de winnaars worden. Data zijn het zwaard van de eenentwintigste eeuw, en zij die het zwaard goed weten te smeden, de samoerai. Dus begin met het blad goed te slijpen, *uruwashii*,[114] en verdiep je in statistieken.

'Maar ik ben geen man van getallen' horen we een aantal van jullie klagen, vooral jij daar achterin in je rode shirt. Maak je niet druk, want er is hoop. Het stellen van vragen en het interpreteren van antwoorden zijn net zulke belangrijke vaardigheden als zelf met de antwoorden op de proppen komen. Wat je ook doet, je neemt betere besluiten als je weet hoe je informatie op de juiste manier presenteert. Leer welke vragen je moet stellen aan de mensen die wel goed met cijfers zijn en maak gebruik van wat ze zeggen. Zelfs al ben je iemand die niet van cijfers houdt, dan nog kun je leren hoe je getallen gebruikt om slimmer te worden.

Lees

De meeste bedrijven hebben een enorm archief, vol met schriftelijke informatie. Vind de beste delen en lees die. Bij Google vertellen we altijd aan mensen die om advies vragen de brief van de oprichters bij de beursgang van 2004 goed in zich op te nemen, naast alle interne strategiememo's die Eric en Larry op basis daarvan hebben geschreven. Dat is de duidelijkste, meest krachtige beschrijving van onze waarden en strategie die er te vinden is, maar te veel mensen hebben het veel te druk om die te lezen. Maak niet die fout.

Kijk ook verder dan je eigen bedrijf. Er is ongelofelijk veel geschreven informatie op het web en hoewel het meeste onzin is, zit er ook een heleboel uitstekends tussen. Bedenk wat

114 Culturele krijger.

voor mogelijkheden je hebt om de sites en schrijvers die je respecteert tot je te nemen. Creëer groepen van gelijkgestemde mensen en wissel boeken en artikelen uit. Een van de beste en makkelijkste manieren om succes te hebben op een bepaald terrein is om er veel over te weten. En de beste manier om dat voor elkaar te krijgen is te lezen. Mensen zeggen altijd dat ze geen tijd hebben om te lezen, maar wat ze eigenlijk bedoelen is dat het voor hen geen prioriteit heeft om zo veel mogelijk te leren over hun werkterrein. Weet je wie veel lezen over hun werk? CEO's. Dus begin te denken als een CEO en lees.

Jouw elevator pitch

Stel je voor dat je tegen de baas van jouw baas aan loopt in de hal en hij vraagt jou waar je op dat moment mee bezig bent. Sterker nog, je loopt de CEO tegen het lijf, wat ga je hem dan vertellen? Dit is geen retorische vraag; probeer het nu maar eens, hardop. Ga je gang, je hebt dertig seconden.

Ugh, dat klonk niet best. Het is wel duidelijk dat jij je elevator pitch niet klaar hebt. Ga ermee aan de slag. Jouw pitch moet uitleggen waar je aan werkt, de techniek die erachter zit, hoe je meet hoe succesvol je bent (zeker voor de klant) en misschien hoe het past in het grote plaatje. Als je dat weet, oefen dan zo vaak dat het er overtuigend uit komt.

Als je op zoek bent naar een baan moet je altijd een elevator pitch hebben. Die moet geen samenvatting van je cv zijn, maar de meest interessante onderdelen daarvan onderstrepen, duidelijk maken wat je wilt doen en de impact aangeven die je absoluut zult hebben op de klant en op het bedrijf. Wat kun jij vertellen dat niemand anders kan?

Ga naar het buitenland

Handel, ongeacht omvang of product, is altijd wereldwijd en zal dat altijd blijven, terwijl de mens van nature provinciaal is. Het maakt dus niet uit waar je bent of waar je vandaan komt, ga weg zolang je de kans hebt. Ga ergens anders leven en werken. Als je bij een groot bedrijf werkt, ga dan op zoek naar internationale opdrachten. Jouw managers zullen dat geweldig vinden en je zult daardoor een veel waardevollere medewerker worden.

Als werken in het buitenland geen optie is, reis dan, en als je dan ergens anders bent, kijk dan naar de wereld zoals jouw klanten dat doen. Als je werkzaam bent in retail, loop dan eens een aantal winkels binnen; werk je in de media, koop dan eens een krant of zet de radio aan. Het is verbazingwekkend hoe vaak mensen terugkomen van een zakenreis naar het buitenland met indrukken die ze alleen maar hebben opgedaan door gesprekken met de taxichauffeur die ze van het vliegveld naar het hotel bracht. (Zouden die chauffeurs eigenlijk wel weten hoeveel strategische macht ze hebben in het huidige bedrijfsleven?) Kom uit die taxi!

Combineer passie met inbreng

Deze uitspraak komt van onze gewaardeerde voormalige collega Sheryl Sandberg: 'Het is een luxe om passie te combineren met inbreng. Het is daarnaast ook de beste weg naar geluk.'[115] Ze heeft volkomen gelijk. Je zult niet zo succesvol worden als mogelijk is, als je wat je doet alleen maar léúk vindt en er niet van hóúdt. Een cliché misschien, waar zeker waar. Sheryl heeft ook gelijk als ze zegt dat het combineren van passie en inbreng een luxe is; niet in de zin van kostbaar, maar dat

115 Sheryl Sandberg, speech op het Barnard College, 17 mei 2011.

je het maar weinig tegenkomt. Het is iets waarvan niet veel mensen weten hoe ze dat moeten doen (hoeveel mensen weten aan het begin van hun carrière nou echt waar hun passie ligt?) en wat veel mensen zich niet kunnen veroorloven (je bent misschien weg van het uit hout snijden van tuinkabouters, maar de wereld is dol op softwareontwikkelaars en jouw echtgenoot en kinderen op een vast inkomen).

Daarom is dit het laatste wat we over carrière willen zeggen en niet het eerste. Erachter komen waar je passie ligt is niet makkelijk. Misschien was je al heel blij dat je, na het betreden van de arbeidsmarkt, een baan vond, of je nu wist waar je hart lag of niet. Als je carrière zijn loop begint te nemen, kom je erachter dat die toch niet de raket was die je hoopte. Misschien heb je een van de twee variabelen in de passie-inbrengvergelijking niet helemaal goed ingevuld.

Je zou alles kunnen laten vallen en helemaal opnieuw kunnen beginnen. 'Dag schat... Nee hoor, alles goed... O ja, dat is waar ook, ik heb mijn baan opgezegd en een ranch in Montana gekocht... Schatje?'

Je zou ook voor een iets bewustere aanpak kunnen kiezen. Pas je koers aan. Zorg dat de ideale baan die je over vijf jaar wilt hebben dichter in de buurt komt van je o-ik-wilde-dat-ik-dat-kon-doenbaan en ook bereikbaar is vanuit wat je nu doet. We hebben al vaker gezien dat als iemand zichzelf het juiste doel stelde, zijn hele carrière een ander verloop kreeg.

Besluiten – de ware betekenis van consensus

In december 2009 kwamen we erachter dat Google werd aangevallen door hackers. Het feit dat we werden aangevallen was op zich niet zo bijzonder, want dat gebeurde elke dag. Maar deze keer was het anders. Dit soort raffinement hadden we nog niet eerder gezien, net als hun doel. Een crimineel, of liever gezegd een groep criminelen, had op de een of andere manier een mogelijkheid gevonden om binnen te dringen in de interne servers van Google. Tot dan toe hadden de meeste zware jongens geprobeerd om onze dienstverlening te verstoren, ons plat te leggen of het voor gebruikers lastiger te maken ons te bereiken. Deze keer waren ze op zoek naar onze vertrouwelijke informatie.

Sergey ging direct aan de slag om de aanval te stoppen en probeerde erachter te komen wie was binnengedrongen en waarom. In een tijdsbestek van een paar uur had hij een team samengesteld van de slimste computerveiligheidsexperts die hij kende, en had ze bij elkaar in een onopvallend gebouw vlak bij ons hoofdkantoor in Mountain View. In de weken daarna zette het team een systeem op dat hen uiteindelijk in staat stelde de aanval rechtstreeks te volgen, en wat ze ontdekten deed hen de schrik om het hart slaan. De hackers stalen niet alleen intellectueel eigendom, maar probeerden ook Gmail-accounts binnen te dringen, waaronder die van mensenrechtenactivisten. En de aanval kwam uit het land met de snelst groeiende economie wereldwijd: China.

Het was ongeveer vijfenhalf jaar eerder dat we op de Chinese markt actief werden. Zakelijk gezien was het benaderen van de Chinese markt geen controversiële beslissing. China was (en is) een enorme markt, met meer inwoners dan welk ander land dan ook, met tientallen (en nu honderden miljoenen) internetgebruikers en een economie die erg snel groeit. Er was een lokale concurrent, Baidu, die de verreweg meest gebruikte zoekmachine was en ook Yahoo werd er steeds sterker. Larry en Sergey bezochten het land en kwamen erg enthousiast terug met verhalen over de innovaties en de energie die ze waren tegengekomen. Zij hadden altijd al de beste softwareontwikkelaars willen aannemen en een groot deel van hen woonde in China.[116]

Maar hoewel alle zakelijke indicatoren op groen stonden, waren de signalen wat betreft onze interne norm 'Wees niet slecht' nogal gemengd. Informatie stroomde niet ongehinderd over het Chinese internet. We wisten dit uit eigen ervaring: op de meeste dagen werd het de Chinese burgers toegestaan onze Amerikaanse website, Google.com, te benaderen en de ongecensureerde Amerikaanse zoekresultaten (weliswaar in het Engels) te zien. Maar er waren momenten dat het bezoek uit China tot nul werd gereduceerd en dat de mensen uit China die Google.com probeerden te bereiken werden omgeleid naar Baidu (met zijn gefilterde resultaten). Zou het opzetten van een lokale site beter zijn voor de Chinezen, ook al kregen we dan te maken met lokale regelgeving, of werden we daardoor medeplichtig aan de censuur van de Chinese regering, iets wat volkomen in tegenspraak zou zijn met de cultuur en waarden van onze onderneming? Zouden wij als lokaal bedrijf meer kans hebben om de vrije toegang naar informatie te verbeteren en de schijnwerper te zetten op de twijfelachtige (en niet-transparante) praktijken van de lokale zoekmachines?

Vanaf het begin zat Sergey duidelijk in het 'wegblijven'-kamp. Zijn familie was, met hem als klein kind, vanuit de Sovjet-Unie naar de Verenigde Staten geëmigreerd en hij had dus uit de eerste hand ervaring opgedaan met een communistisch regiem en wilde de Chinese regering in geen enkel opzicht steunen. Maar veel anderen in Erics staf waren het daar niet mee eens en de zakelijke factoren, naast de hoop om het infor-

---

116 In 2005 openden we ons eerste softwarecentrum in China.

matieklimaat te verbeteren, deed de balans richting een 'ja' doorslaan. Sukhinder Singh Cassidy, op dat moment hoofd van onze Aziatische afdeling, ging direct aan de slag en binnen een paar maanden hadden we een Chinese dochteronderneming. We betrokken een kantoor in Beijing en besloten schoorvoetend akkoord te gaan met de Chinese censuurregels, maar met een aanpassing: we besloten onze gebruikers te informeren als zoekresultaten werden geblokkeerd. Men kon niet bij de gecensureerde informatie, maar men werd tenminste geïnformeerd over dat er sprake was van censuur.[117]

Een van de dingen die ons verraste was dat veel censuurverzoeken die wij ontvingen betrekking hadden op links naar content die niet in tegenspraak waren met een duidelijke wet. Soms waren de verzoeken een poging om onenigheid tussen twee overheidsorganisaties onder het tapijt te vegen (bijvoorbeeld dat een departement de verklaring van een ander wilde censureren) of om schandalen te onderdrukken die online werden uitgevochten. Er ging bijvoorbeeld het gerucht dat het ontwerp van het spiksplinternieuwe hoofdkantoor van CCTV, de Chinese staatsomroep, gebaseerd was op nogal obscene plaatjes. We ontvingen dus, en accepteerden, het verzoek om zoekresultaten met betrekking tot CCTV, genitalia en pornograppen te verwijderen. (En iedereen die zojuist deze zoektermen op Google heeft ingetypt: 1) schaam je en 2) ik hoop dat je niet op je werk zit.)

In januari 2006 lanceerden we, met lokale servers, onze Chinese site Google.cn, en Eric bezocht Beijing een paar maanden later om de site onder de aandacht te brengen. Tijdens een van zijn vraaggesprekken met de pers bleek dat hij per ongeluk direct onder een portret van Mao Zedong en Ho Chi Minh was gaan zitten. Voor de pers uit de Verenigde Staten, die sowieso al ambivalent stond tegenover het feit dat Google naar China was gegaan, was dit een geschenk uit de hemel. Maar alles verliep

---

117 Hier was al iets aan voorafgegaan. Volgens de Digital Millennium Copyright Act, een Amerikaanse wet uit 1998, kunnen rechthebbenden bij websites (in ons geval YouTube, Blogger en andere Google-sites) aangeven dat men content verspreidt die afbreuk doet aan hun eigendomsrecht. Als Google content verwijdert op basis van een verzoek van de rechthebbenden, dan maken we dat bekend.

goed na dit wat ongemakkelijke begin: onze lokale mensen zorgden ervoor dat het product steeds beter werd en de bezoekersaantallen en de omzet stegen gestaag tussen 2006 en het einde van 2009.

Maar die hackers brachten die vooruitgang ineens in gevaar. Eric had altijd geloofd dat actief worden in China een verstandige zakelijke beslissing was, maar ook moreel te verdedigen. Hoewel Sergey zich bleef verzetten, was Larry het met Eric eens, maar in het licht van de aanvallen had Larry zijn mening gewijzigd. Wat we zagen was kwaadaardig, vertelde hij aan Eric, en het zou niet ophouden, nee, het gedoe zou alleen maar toenemen. Daar was Eric het mee eens, maar hij was verbaasd dat onze reactie was dat we ons moesten terugtrekken. De beide oprichters waren nu faliekant tegen het censureren van de zoekresultaten op Google.cn.

Voor leidinggevenden begint het harde werk bij besluiten nemen; er is een reden waarom het woord 'lastige' zo vaak wordt gevolgd door 'besluiten'. Google's besluit om China te verlaten stond symbool voor de manier waarop wij een besluit nemen. Het formuleren van een strategie, het inhuren van de juiste mensen en het creëren van een unieke cultuur gaan vooraf aan het echte werk in alle bedrijven en van alle leidinggevenden: het nemen van een besluit.

Verschillende instituten hebben verschillende manieren waarop besluiten worden genomen, afhankelijk van hun hiërarchieke structuur. Bij de mariniers (top-down) is het eenvoudig: één vent geeft het bevel om de heuvel in te nemen, alle anderen nemen de heuvel in. 'Verdomme, er is er hier maar één die het voor het zeggen heeft, dus zet je helm op en gaan.' De meeste grote organisaties (bureaucratieën) moeten meer onderzoek doen voordat ze de best mogelijke beslissing kunnen nemen. Hebben ze alle gegevens die ze nodig hebben? Hebben de analisten ze goed onder elkaar gezet? Hebben ze de pro-formaomzet en de EBITDA bepaald?[118] Weken verstrijken, de seizoenen wisselen en de heuvel blijft voor hen liggen en hij is nog steeds niet ingenomen. 'Misschien volgend kwartaal, de heuvel is zeker een van onze langetermijndoelen.' En bij de hippe startende onderneming verklaart de CEO dat hij werkt voor de medewerkers en dat daarom besluiten met consensus worden genomen. Iedereen heeft een stem en de argumenten zijn collegiaal, weloverwogen en langdurig. 'Ga allemaal even chillen, neem een cappuccino en laten we over een halfuur weer even bij elkaar komen om te zien hoe de standpunten dan liggen, qua heuvel.'

Wie heeft er nu gelijk: de top-down mariniers, de bureaucratische organisaties of de verlichte starters? De snelheid van verandering in het internettijdperk dicteert dat besluiten snel moeten worden genomen; in die zin hebben de mariniers gelijk. De steeds veeleisender en beter geïnformeerde klant en de steeds meer toenemende concurrentie zorgen ervoor dat zij zo uitgebreid en snel mogelijk moeten worden geïnformeerd, en daarin hebben de grote bedrijven een voorsprong. En als je een team vol slimme creatieven hebt, willen ze allemaal wat te zeggen hebben; kom er maar in, startende bedrijven. Ze hebben dus allemaal gelijk. Maar ook allemaal ongelijk.

Het punt is namelijk dat je bij het nemen van een besluit moet inzien dat je je niet alleen moet richten op het nemen van de juiste beslissing. Het proces waarmee je tot een besluit komt, het moment waarop je het neemt en de manier waarop het wordt geïmplementeerd, zijn net zo be-

---

118 We hebben overigens niets tegen accountants, die goede redenen hebben om de pro-formaomzet en de EBITDA (*earnings before interest, taxes, depreciation en amaortisation*, oftewel winst voor interest, belastingen en afschrijvingen op materiële en immateriële activa) uit te rekenen.

langrijk als het besluit zelf. Als je één onderdeel daarvan slecht aanpakt, dan is er een grote kans dat de gevolgen negatief zijn. En omdat er altijd weer een volgende beslissing moet worden genomen, kan de impact van een slecht verlopen besluitvormingsproces veel verder reiken dan dit ene specifieke geval.

Terwijl Sergey en zijn team hun onderzoek in het laatste kwartaal van 2009 voortzetten, begreep Eric dat er een van de belangrijkste beslissingen in de geschiedenis van het bedrijf genomen zou worden. Hoewel hij ervan overtuigd was dat een blijvende aanwezigheid in China het beste was voor het bedrijf, wist hij ook dat beide oprichters het niet met hem eens waren. Ze waren er niet meer van overtuigd dat onze aanwezigheid in China de censuurmaatregelen zou kunnen verzachten en ze wilden niet langer, op wat voor manier dan ook, onderdeel zijn van die praktijken. Het zou een uiterst moeilijk proces worden om hen op andere gedachten te brengen, dus Erics focus verplaatste zich. Het ging er niet alleen om een besluit te nemen dat het beste voor het bedrijf was, maar om het proces zo te organiseren dat men tot het juiste besluit kwam. Er zouden nog meer crisissen komen en andere belangrijke beslissingen, en de slimme creatieven die in zijn staf zaten en het bedrijf leidden zouden goed letten op hoe dit proces zou verlopen en ervan willen leren. En het was met name ingewikkeld omdat hij ervan overtuigd was dat hij het niet eens zou zijn met de uitkomst.

Sergey en zijn onderzoeksteam wisten in januari te achterhalen waar de aanval vandaan kwam en hoe grootschalig die was, en het was slecht nieuws. Niet alleen probeerden de hackers de broncode te stelen, zij probeerden ook met de Gmail-accounts van een aantal Chinese dissidenten te rommelen. Sergey vond het belangrijk om het nieuws van de aanval naar buiten te brengen en hoe Google erop zou reageren, en wel snel. Daar was iedereen het over eens. In Erics stafvergadering begin januari drong Sergey erop aan dat we, als antwoord op de aanval van de hackers, ophielden ons te conformeren aan de Chinese censuurregels. Hij wilde stoppen met het filteren van de zoekresultaten op Google.cn, zelfs als dat zou betekenen dat de Chinese regering de site op zwart zou zetten, waardoor veel van onze vooruitgang in die markt verloren zou gaan. Hij stond op in de vergadering om zijn punt te maken; normaal staat Sergey alleen in een vergadering als hij zijn Rollerblades aanheeft. Eric was die dag op reis en woonde de vergadering bij via videoconference, dus hij raadde zijn team aan alle data te verzamelen en naar de volgende vergadering te komen om hun mening te geven over wat er moest gebeuren.

Vanwege de ernst van de situatie besloot Eric de betreffende vergadering voor de volgende zondag uit te schrijven, 10 januari 2010, om vier uur 's middags. Ze begon met een gedetailleerd technisch overzicht van de situatie door Sergey van meer dan een uur. Daarna verkondigde hij het standpunt dat hij ook al eerder in de week had ingenomen: stoppen met het filteren van de resultaten. Eric wist dat Larry het met hem eens was, en dat betekende dat het besluit feitelijk al was genomen. Maar het was ongelofelijk belangrijk dat alle leden van zijn team hun zegje konden doen en dat hun mening telde. Men moest hier, ongeacht hoe je tegen dit probleem aan keek, samen uitkomen en akkoord gaan met het besluit. De vergadering duurde dus nog een aantal uur. We liepen alle feiten nog eens langs en we voerden langdurige en soms verhitte discussies. Op een gegeven moment liet Eric iedereen stemmen. De meerderheid van de aanwezigen was duidelijk op de hand van Sergey en een stemming was niet echt noodzakelijk, maar Eric vond het belangrijk dat alle aanwezigen de mogelijkheid kregen om hun standpunt duidelijk te maken. Sommigen waren het met Eric eens dat het verlaten van China gelijkstond met het verlaten van die markt voor de komende honderd jaar. De meerderheid was het met Sergey eens, die dacht dat de Chinese regering uiteindelijk wel zou bijdraaien, aangezien hun huidige model op termijn niet houdbaar zou zijn, waardoor op een gegeven moment Google zich weer op de markt zou kunnen melden.

De uiteindelijke beslissing, waartoe het vermoeide team 's avonds om negen uur besloot, was om niet onmiddellijk onze activiteiten stil te leggen. In plaats daarvan zouden we de aanval van de hackers zo open mogelijk bekendmaken; voor zover wij weten waren wij van alle bedrijven die met deze aanval te maken hadden het enige dat met alle details naar buiten kwam. Daarnaast zouden we bekendmaken dat we gingen stoppen met het filteren van de resultaten op Google.cn. We zouden dit niet onmiddellijk in gang zetten, maar onszelf de tijd geven om, zoals onze advocaat David Drummond het in zijn blog schreef bij de bekendmaking van het besluit: '[te overleggen] met de Chinese regering op basis waarvan wij binnen de wet, als dat mogelijk is, een ongefilterde zoekmachine zouden kunnen exploiteren.' Op maandag legde Eric het besluit voor aan de board en op dinsdag 12 januari 2010 brachten wij het naar buiten.

Die morgen ontvingen we op ons kantoor in Beijing verschillende telefoontjes van overheidsfunctionarissen waarin ze zich afvroegen of dit soms een grap was. Dit doet niemand, vertelde een beller ons. Men vertrekt gewoon in stilte.

Wij vertrokken niet in stilte. Het was een openlijk ultimatum en Eric wist precies wat er ging komen. We zouden in gesprek blijven met de Chinese autoriteiten, om te zien of we tot een oplossing konden komen die in overeenstemming was met ons beider publiekelijk geuite standpunt en de Chinese wet, maar dat zou tot niets leiden. Google zou niets terugnemen van zijn ingenomen standpunt en China zou de wet niet veranderen. En dus namen we, zoals verwacht, in maart het al eerder genomen besluit om onze activiteiten op Google.cn stop te zetten. Bezoekers van de pagina die probeerden een zoekopdracht in te geven werden

verwezen naar onze site in Hongkong, Google.com.hk. Vanaf dat moment werden onze zoekresultaten geblokt door de grote Chinese Firewall. Het bezoek aan onze site werd bijna tot nul gereduceerd.

De TGIF (Thank God It's Friday) van vrijdag 15 januari 2010 stond volledig in het teken van het onderwerp China. Sergey en het veiligheidsteam vertelden zeer gedetailleerd over wat er was gebeurd en ze doorliepen het proces van hoe het managementteam tot zijn besluit was gekomen. Maar hij was nog niet begonnen of de Googlers gaven het hele managementteam een lange staande ovatie. De reactie van de medewerkers in China was natuurlijk heel anders. Zij vreesden voor hun baan en zelfs voor hun veiligheid. Alan Eustace, hoofd Software, deed samen met een aantal andere toegewijde leden van het team in China, zijn uiterste best de moraal hoog te houden en verzekerde dat het Chinese team veilig, betrokken en succesvol bleef in deze turbulente periode. Het gevolg was dat het besluit over China zeer veel goodwill opleverde van Googlers over de hele wereld, en de erfenis van de weloverwogen manier waarop dit besluit was genomen was de bevestiging dat een serie principiële uitgangspunten de basis zouden moeten vormen voor alle lastige beslissingen die moeten worden genomen.

Besluit op basis van feiten

Een van de meest vernieuwende ontwikkelingen in het internettijdperk is de mogelijkheid om vrijwel elk aspect van het bedrijfsleven te kwantificeren. Besluiten die ooit op basis van een subjectieve mening en anekdotische gegevens werden genomen berusten nu volledig op data. Bedrijven als het onze verzamelen anonieme signalen van mobiele telefoons om de verkeerssituatie realtime in beeld te kunnen brengen. Het Londense waterleidingnet wordt door duizenden sensoren bewaakt, waardoor lekkages met 25 procent zijn teruggedrongen.[119] Veeboeren stoppen sensoren

119 Roman Friedrich, Matthew Le Merle, Alex Koster en Michael Peterson, 'The Next Wave of Digitization: Setting Your Direction, Building Your Capabilities' (*Booz and Company*, 28 juni 2011).

in hun vee die informeren over de gezondheid van de dieren en waar ze zijn. Elke koe verzendt jaarlijks ongeveer 200 megabyte aan informatie,[120] waardoor de boer precies vast kan stellen wat, wanneer en hoeveel de kudde eet.

John Dewey, een Amerikaans filosoof en schrijver, zei: 'Een goed geformuleerd probleem is al voor de helft opgelost.'[121] In de tijd van Dewey, dat wil zeggen het einde van de negentiende en het eerste deel van de twintigste eeuw, was het voor het goed formuleren van een probleem vaak nodig om een anekdote te vertellen en een mening te geven. Maar zoals de hoogleraar politieke wetenschappen van Berkeley Raymond Wolfinger eens opmerkte: 'Het meervoud van een anekdote is data.'[122] Wat voor ons zoveel wil zeggen als: als je geen data hebt, kun je geen besluit nemen. (Wolfinger ging verder met opmerken dat het enkelvoud van data datum is en stuurde daarna de groep naar huis omdat hij een date had.)

Dit is de reden dat de vergaderzalen bij Google twee projectoren hebben. Een is er voor videoconferenties met andere kantoren of voor het projecteren van vergaderstukken. De andere is voor de projectie van data. Als we praten over mogelijkheden en meningen, dan beginnen we de vergadering met data. We proberen niet te overtuigen door te zeggen: 'Ik denk.' We proberen te overtuigen door te zeggen: 'Kijk, hier staat het.'

Een grondhouding van veel data gebruiken is een geweldige manier om het dood-door-PowerPoint-syndroom de nek om te draaien. Hoeveel vergaderingen heb je bijgewoond waar de eerste tien of meer sheets vol stonden met woorden en de spreker ervoor stond en die woorden alleen maar herhaalde? Mensen die een verhaal in een vergadering presenteren zouden hun sheets niet moeten gebruiken om hun argument te presente-

---

120 Zie Dave Evans, 'The Internet of Things' (*Cisco Internet Business Solutions Group*, april 2011).

121 Overigens was dit blijkbaar al een bekende uitspraak in zijn tijd. Zie Larry A. Hickman, *The Essential Dewey*, Deel 2: Ethics, Logic, Psychology (Indiana University Press, 1998), pag. 173.

122 Wolfinger maakte deze opmerking tijdens een seminar dat hij gaf aan Stanford in 1969 of 1970. Het was een repliek op een student die een feitelijk, op data berustende stelling had afgedaan als zomaar een verhaaltje. Zie Nelson W. Polsby, 'Where Do You Get Your Ideas?' (*PS: Political Science and Politics*, Deel 26, Nummer 1, maart 1993).

ren, maar om het te ondersteunen. Sheets moeten niet worden gebruikt om invulling aan een vergadering te geven of een punt te beargumenteren. Ze moeten alleen data bevatten, zodat iedereen dezelfde gegevens heeft. Als de feiten verkeerd zijn of niet relevant dan valt dat niet op te lossen met kekke sheets. Edward Tufte, de goeroe der goeroes van de datapresentatie en -visualisatie is voorstander van meer data op minder sheets. 'Een visuele redenering werkt meestal beter als de relevante data naast elkaar worden gepresenteerd. Vaak geldt: hoe krachtiger het detail, hoe groter de helderheid en het begrip.'[123]

Het staat buiten kijf (hoewel dat vaak wordt ontkend en daarom zeggen we het nog maar een keer) dat data het best worden begrepen door degenen die het dichtste bij het onderwerp staan, en dat is vaak niet het management. Als leidinggevende is het het beste om je niet te verliezen in details die je niet begrijpt, maar in plaats daarvan te vertrouwen op de slimme mensen die voor je werken en die verstand hebben van de materie. Als je bijvoorbeeld financiële besluiten neemt, maak je dan niet druk over de ABC's van de MBA's en de CPA's, EBITDA's, ADR's en RPM's; concentreer je op wat echt belangrijk is en dat zijn meestal de kasstroom en omzet. (Eric gebruikt tijdens discussies over financiën vaak het aforisme: 'Omzet is de oplossing van alle bekende problemen.') Dit geldt zowel voor technische als productbeslissingen. Eric zat ooit in een vergadering met een CEO van een van de partners van Google. De topmanagers zaten te discussiëren over een technisch probleem en bakten daar weinig van. Dus een jonge Googler die vanaf een afstandje had zitten luisteren stond op en presenteerde een aantal gegevens om het standpunt van Google duidelijk te maken. In een vergadering vol met indrukwekkende titels was deze vrouw verreweg de laagste in rang, maar duidelijk de best geïnformeerde van de aanwezigen. Uiteindelijk wist zij de discussie te winnen, doodeenvoudig omdat zij haar feiten op een rijtje had.

123 Edward Tufte, 'PowerPoint Is Evil' (*Wired*, september 2003).

Kijk uit voor de jaknikkers

Misschien ken je die jaknikkende poppetjes die honkbalteams weggeven tijdens hun wedstrijden; Jonathan heeft een jaknikkend hoofd van de catcher van de San Francisco Giants Buster Posey[124] in zijn kantoor. Maar wat je misschien niet weet is dat jaknikkers ook prominent aanwezig zijn in vergaderzalen, waar ze rond een tafel zitten en hun hoofd ritmisch op en neer bewegen. Tim Armstrong, CEO van AOL en voormalig Googler, gaf dit fenomeen de naam het 'jaknikkers-ja'. (Toen Eric CEO bij Novell was, noemde hij dit 'de Novell-knik'.) Jaknikkers onderscheiden zich van de klassieke 'jazeggers' omdat jaknikkers de vervelende gewoonte hebben om te klagen en te piepen en als ze de deur uit lopen, staan ze ineens niet meer achter het voorstel waar ze zojuist voor hebben gestemd. Dat is iets wat jaknikker Buster Posey nooit zou doen.

Iedereen ja laten zeggen in een vergadering betekent nog niet dat je instemming hebt, het wil zeggen dat je een stelletje jaknikkers hebt. Veel leiders streven ernaar beslissingen te nemen op basis van consensus, maar ze begrijpen de betekenis van het begrip consensus niet. Voor degenen die Latijn hebben laten vallen vroeger: het stamt af van het Latijnse *cum*, wat 'samen met' betekent, en *sentire*, wat 'denken of voelen' inhoudt, dus letterlijk betekent het 'samen denken of voelen'. Zie dat dit niets zegt over unanimiteit; consensus wil dus niet zeggen dat iedereen akkoord moet gaan. Nee, het gaat over dat het beste idee voor het bedrijf naar voren moet komen en dat iedereen zich daarachter schaart.

Om tot dit beste idee te komen is een conflict noodzakelijk. Mensen moeten het met elkaar oneens zijn en daarover praten in een open setting, omdat je het niet voor elkaar krijgt dat iedereen akkoord gaat zonder dat alle mogelijkheden openlijk zijn besproken. Ze knikken ja, verlaten de ruimte en doen wat ze zelf willen. Dus om echte consensus te bereiken moet je het niet eens zijn. Als jij de baas bent moet je niet aan het begin van het proces al jouw mening op tafel leggen. Het is jouw taak om er-

124 Buster is catcher voor de San Francisco Giants en was de Meest Waardevolle Speler van de National League in 2012.

voor te zorgen dat iedereen gehoord wordt, ongeacht hun functionele rol, en dat wordt moeilijker als de grote baas zijn mening al bekend heeft gemaakt.

Zoals de beroemde uitspraak van generaal Patton: 'Als iedereen hetzelfde denkt zit er iemand niet na te denken.'[125] Als jij de goede mensen hebt aangenomen, dan is het goede nieuws: er is onenigheid in de rangen. Veel mensen denken na. Slimme creatieven, zeker op de hoogste niveaus in een organisatie, zouden, en meestal doen ze dat ook, zich moeten beschouwen als de eigenaren van de onderneming, in plaats van als leidinggevenden op slechts één bepaald gebied. Daarom moeten ze een mening hebben en mogelijkerwijs ook waardevolle inzichten, ook over besluiten die buiten hun verantwoordelijkheid vallen. Moedig dit aan, omdat het helpt onderling een sterkere band te smeden en je zo meer steun krijgt voor de uiteindelijke beslissing.

Het gebruik van data kan behulpzaam zijn om iedereen tot een besluit te laten komen, omdat het losstaat van personen.[126] Let vooral goed op de stille mensen, spreek degenen aan die hun mond nog niet hebben opengedaan. Het kunnen mensen zijn die het ergens niet mee eens zijn, maar bang zijn om jou in het openbaar af te vallen (maar over die angst heen moeten komen), of het zijn verlegen maar briljante types. Of misschien hebben ze echt niets bij te dragen: in dat geval hebben ze eigenlijk niets te zoeken in die vergadering. Eén manier is om een paar nietszeggende 'proefballonnetjes' op te laten waarop iedereen makkelijk kan reageren en waarover men het oneens kan zijn met de baas. ('Ik denk dat het goed is

---

125 Hoewel deze uitspraak over het algemeen wordt toegeschreven aan Patton, konden we er geen bewijs voor vinden dat hij het ook daadwerkelijk heeft gezegd, tenminste, niet in zijn memoires, *War As I Knew It,* of in zijn beroemde speech voor het Derde Leger. Maar op internet wordt beweerd dat hij het heeft gezegd, dus dan is het waar (geintje).

126 Zie Kathleen M. Eisenhardt, Jean L. Kahwajy en L.J. Bourgeois III, 'How Management Teams Can Have a Good Fight' (*Harvard Business Review*, juli-augustus 1997). Deze onderzoekers, die bestudeerden hoe topmanagers groepsbesluiten nemen, schrijven: 'Er zijn managers die geloven dat het werken met te veel data het interpersoonlijke conflict aanwakkert omdat er over veel meer kan worden gediscussieerd. Wij hebben ontdekt dat meer informatie, als de gegevens objectief en recent zijn, beter is omdat het mensen aanmoedigt zich op de zaak te concentreren, niet op personen. Er bestaat een direct verband tussen het vertrouwen op de feiten en een laag niveau van interpersoonlijke conflicten.

om allemaal wat blauwzuur over ons heen te gooien. Wat vinden jullie?') Doe je best om alle potentiële conflicten in het begin van het proces boven tafel te krijgen: er bestaat een natuurlijke (en valide) tendens om tegenspraak die later in het proces zijn intrede doet eerder af te wimpelen.[127]

Zodra iedereen zijn mening heeft gegeven, is de discussie geopend en kan iedereen een bijdrage leveren aan het besluitvormingsproces en zijn zegje doen. Een goed, op consensus gebaseerd proces kent elementen van inclusie (alle betrokkenen worden erbij betrokken), coöperatie (je gaat voor de best mogelijke beslissing voor de groep en dat gaat soms ten koste van een minderheid of een individu) en gelijkheid (iedereen in het team telt en is ten minste tijdelijk in staat de beslissing tegen te houden). Het allerbelangrijkste is dat het oplossingsgericht is. De juiste beslissing is de beste beslissing, niet de 'kleinste gemene veelvoud'-beslissing waar iedereen mee akkoord kan gaan. En het is niet altijd jouw beslissing. Zoals coach Wooden ooit zei: 'Wees geïnteresseerd in het vinden van de oplossing die voor iedereen het beste is, niet in de oplossing die voor jou het beste is.'[128]

Weet wanneer je aan de bel moet trekken

Deze op conflict gebaseerde aanpak werkt alleen als hij wordt gemanaged door één persoon die de touwtjes in handen heeft, die de deadline beheerst en een knoop kan doorhakken. Vaak is er te veel informatie en is die niet eensluidend. Als dat zo is, dan kunnen mensen uren doorpraten: een tijdspanne die meestal eindigt in een middelmatig besluit en altijd aanzienlijke bijkomende kosten met zich meebrengt, omdat er voor slimme creatieven altijd wel wat beters te doen is dan een besluit voor de zoveelste keer opnieuw onder de loep te nemen. Op een gegeven moment

127 Zie Arie W. Kruglanski en Donna M. Webster, 'Group Members' Reactions to Opinion Deviates and Conformists at Varying Degrees of Proximity to Decision Deadline and of Environmental Noise' (*Journal of Personality and Social Psychology*, Deel 61, Nummer 2, augustus 1991).

128 John Wooden en Steve Jamison, *Wooden on Leadership* (McGraw-Hill, 2005), pag. 2.

leiden meer gegevens niet meer tot een beter besluit. Dit is de allerbelangrijkste taak van de persoon die de uiteindelijke beslissing neemt: stel een deadline vast, zorg dat het proces in gang wordt gezet en wijk vervolgens niet af van de deadline. Het is net als bij kinderen op een speelplaats tijdens de pauze: ze blijven spelen, maar als de bel gaat moeten ze ermee stoppen en gaan ze weer terug naar de klas. (Hopelijk gedragen medewerkers zich beter en zijn ze niet de hele tijd bezig het klimrek in te pikken.) De beslisser bepaalt hoe lang het speelkwartier duurt en luidt daarna de bel.[129]

Onze coach en mentor Bill Campbell vertelde ons ooit het verhaal dat hij, toen hij net als CEO bij Intuit in dienst was, hoorde dat een belangrijk besluit over een product was uitgesteld. De bewuste manager had erg veel informatie verzameld, maar de gegevens waren tegenstrijdig, dus gaf hij opdracht voor meer onderzoek. Toen bleek dat de nieuwe gegevens ook nog geen uitsluitsel gaven, stond hij op het punt opnieuw op zoek te gaan naar informatie. Bill kreeg hier lucht van en gebood hem hiermee te stoppen. 'Doe iets,' zei hij tegen de manager, 'al is het verkeerd.'

Tom Peters zou Bills werkwijze in deze situatie 'de neiging om in actie te komen' noemen, en in zijn boek *In Search of Excellence* noemt hij dit een van de meest voorkomende kenmerken van de bedrijven die hij bestudeerde.[130]

Ook veel ontwerpers vinden de neiging om in actie te komen positief, niets minder dan een 'absolute voorwaarde voor het denkproces van een ontwerper', volgens de Stanford Design School (ook wel de 'd.school' genoemd, omdat 'Design School' niet design genoeg is).[131] Ze propagan-

---

129 Alleen al het stellen van een deadline kan een groep in toom houden en zorgen dat die binnen afzienbare tijd tot een beslissing komt. Zie Connie J.G. Gersick, 'Marking Time: Predictable Transitions in Task Groups' (*Academy of Management Journal*, juni 1989). En Kathleen Eisenhardt, die al lange tijd onderzoek doet naar besluitvorming in technologische bedrijven, heeft ontdekt dat managementteams die sneller tot een besluit komen, in de praktijk meer, in plaats van minder, opties afwegen. Zie Kathleen M. Eisenhardt, 'Making Fast Strategic Decisions in High-Velocity Environments' (*Academy of Management Journal*, Deel 32, Nummer 3, september 1989).

130 Thomas J. Peters en Robert H. Waterman Jr., *In Search of Excellence: Lessons from America's Best-Run Companies* (Harper & Row, 1982).

131 De school heet officieel het Institute of Design at Stanford.

deren een directe, vallen-en-opstaanmethode: als je er niet zeker van bent dat een bepaalde handelswijze de juiste is, dan is het beste wat je kunt doen die uitproberen en daarna verbeteringen aanbrengen.[132]

Toch zijn er gedragseconomen die vinden dat de neiging om tot actie over te gaan schadelijk kan zijn omdat het pleit voor overhaaste, weinig doordachte beslissingen, en wij zijn het daar, in sommige gevallen, mee eens. Bijvoorbeeld: in een onderhandeling kan Erics GIA-regel helpen om tot het beste resultaat te komen: heb Geduld, Informatie en Alternatieven. Met name het eerste is belangrijk. Je wilt zo lang mogelijk wachten totdat je je ergens op vastlegt. Dit geldt niet alleen in het bedrijfsleven. Keepers die een penalty willen stoppen, kunnen hun kansen verdubbelen door gewoon niets te doen tot het moment dat de schutter schiet, in plaats van het gebruikelijke gokken op de hoek en er vervolgens naartoe duiken.[133] Keepers kunnen dus leren van piloten: die worden getraind om in noodsituaties niet meteen te reageren, maar een moment na te denken over wat er aan de hand is voordat ze beslissen wat er moet gebeuren.

Het is dus de taak van de beslisser om een goede timing te hebben. Laat zien dat je de neiging hebt om in actie te komen en discussies en analyses die niets meer bijdragen af te kappen, en ga aan de slag met zorgen dat je team het eens wordt over een besluit. Maar laat je niet onder tijdsdruk zetten. Blijf tot het allerlaatste moment flexibel.

---

132 Zie Ingo Rauth, Eva Köppen, Birgit Jobst en Christoph Meinel, 'Design Thinking: An Educational Model Towards Creative Confidence' (Proceedings of the 1st International Conference on Design Creativity, 2010).

133 Als de penaltynemer vermoedt dat de traditionele keeper naar de ene of de andere hoek zal duiken op het moment dat de bal wordt geschoten, dan kan hij gewoon recht vooruit schieten, wat een heel eenvoudig schot is. Zie Michael Bar-Eli, Ofer H. Azar, Ilana Ritov, Yael Keidar-Levin en Galit Schein, 'Action Bias Among Elite Soccer Goalkeepers: The Case of Penalty Kicks' (*Journal of Economic Psychology*, oktober 2007). Voor een discussie over de overeenkomsten tussen dit soort reflexen en die bij investeringsbeslissingen, zie Carl Richards, 'In Soccer and Investing, Bias Is Toward Action' (Bucks blog, *The New York Times*, 13 mei 2013).

Beslis minder

Toen Eric bij Google kwam werken, kende hij de niet zo goede geschiedenis van CEO's die door de oprichters van een bedrijf worden ingehuurd. Normaal gesproken gaat het zo: oprichters nemen een CEO aan, op een gegeven moment hebben ze over een fundamenteel punt onenigheid, een van de twee wordt gesteund door de board en de ander vertrekt. Het aantrekken van John Sculley, een topman van Pepsi Cola, door Steve Jobs om hem op te volgen als CEO bij Apple is het klassieke voorbeeld. De twee kregen ruzie en Sculley (gesteund door de board) ontsloeg Steve in 1985.[134]

Om iets soortgelijks te voorkomen besloot Eric dat hij Larry en Sergey zou laten doen waar ze het beste in waren en dat hij zich zou concentreren op de zaken die nodig waren om het bedrijf in dit razende tempo op te kunnen bouwen, zodat alles efficiënt en effectief bleef werken. Het scenario van een leidinggevend driemanschap was zo uniek dat Larry en Sergey het uitgebreid beschreven in hun brief die de beursgang van Google in 2004 begeleidde. Juist het nauwkeurig beschrijven van wie wat deed bleek een goede stap. De brief stelde dat Eric 'zich concentreert op het managen van onze vicepresidenten en de verkooporganisatie. Sergey houdt zich bezig met softwareontwikkeling en zakelijke contacten. [En Larry richt zich] op softwareontwikkeling en productmanagement' en dat de drie dagelijks contact hadden (wat trouwens tijdens Erics bewind als CEO nog steeds het geval was). Deze constructie werkte omdat, volgens de brief: 'We elkaar blindelings vertrouwen, elkaar volledig respecteren en over het algemeen hetzelfde denken.'

Dit werkte goed zolang de drie het eens waren over de belangrijkste onderwerpen en dat bleek merendeels het geval. Maar soms leidde het tot

---

134 Sprekend op een conferentie in 2013 keek Sculley terug op het ontslaan van Jobs: 'Ik had toen nog niet genoeg ervaring om te beseffen dat er een erg groot verschil zit tussen leidinggeven in een zich vormende bedrijfstak, zoals Bill Gates deed of Steve Jobs, en werkzaam zijn in een concurrentiegevoelige branche, bij een beursgenoteerd bedrijf, waar je geen fouten maakt, want als je verlies maakt, kun je je koffers pakken. Mijn gevoel zegt me dat we dit anders hadden kunnen oplossen.' Zie Daniel Terdiman, 'John Sculley Spills the Beans on Firing Steve Jobs' (*CNET*, 9 september 2013).

moeilijke situaties: als je drie wilskrachtige leiders hebt is het onvermijdelijk dat ze het af en toe niet met elkaar eens zijn. Als dat gebeurde, dan was de manier waarop Eric probeerde tot een goed besluit te komen identiek aan de manier waarop hij altijd tot een goed besluit wilde komen: identificeer het probleem, discussieer (alleen met zijn drieën) en stel een deadline. En vaak voegde hij er nog een regel aan toe: laat de oprichters beslissen.

Een CEO, en zeker een nieuwe CEO (ik spreek uit ervaring) die indruk probeert te maken binnen een bedrijf dat door een oprichter wordt geleid, wil vaak een te grote indruk maken. Het is moeilijk om het ego van die CEO te negeren en anderen besluiten te laten nemen, maar dat is precies wat je moet doen. Eigenlijk kun je stellen dat als jij CEO bent, je zo min mogelijk beslissingen moet nemen. Het lanceren van producten, aankopen, publieke optredens: dat zijn allemaal zaken die op het bordje van een CEO liggen of waar hij in elk geval zijn stempel op moet drukken. Maar er zijn erg veel andere onderwerpen waarbij het goed is als andere leiders van het bedrijf een besluit nemen en je alleen ingrijpt als je ziet dat er iets misgaat. Dus een van de belangrijkste vaardigheden die je als CEO of topmanager onder de knie moet zien te krijgen, is weten welke besluiten jij moet nemen en welke zonder jouw inmenging moeten verlopen.

Deze vaardigheid is nog belangrijker als je in een situatie zoals die van Eric zit: leidinggeven aan een bedrijf in de aanwezigheid van twee zeer actieve, gerespecteerde en slimme oprichters. Bijvoorbeeld: er was eens een productoverleg waarin Eric, Larry en Sergey het niet eens werden over een belangrijk onderdeel van een nieuw product. Er zaten ongeveer twintig man aan tafel en na een paar minuten pauzeerde Eric het gesprek over dat punt en hervatte het die middag weer, maar nu met z'n drieën. Toen bleek dat de twee oprichters het niet alleen met hem oneens waren, maar ook onderling van mening verschilden. Eric zei: 'Oké, beslissen jullie maar, maar wel uiterlijk morgen.' Eric liep de volgende dag bij hen langs in hun gezamenlijke kantoor in gebouw 43 en vroeg: 'Wie heeft er uiteindelijk gewonnen?' Het antwoord was typerend: 'Eigenlijk niemand, we hebben iets nieuws bedacht.' Het bleek de beste oplossing en het besluit was genomen.

Spreek elkaar elke dag

Een van de meest frustrerende aspecten van leidinggeven aan slimme creatieven is dat je maar erg weinig macht hebt. Lees dit hoofdstuk er maar op na. Zelfs al ben je CEO van een bedrijf, staat er, dan kun je nog niet met je vuist op tafel slaan en dictaten uitdelen (nou ja, dat kan wel, maar als dat jouw manier van optreden is dan zul je snel al je slimme creatieven kwijtraken) en je moet ook al niet te veel beslissingen nemen. In plaats daarvan moet je informatie analyseren en proberen consensus te bereiken door iedereen aan te moedigen het debat aan te gaan en er dan achter komen, door een of andere goddelijke ingeving, wat precies het juiste moment is om het gesprek af te kappen en een besluit te nemen. Het doet je op een of andere manier toch terugverlangen naar de tijd, heel lang geleden, dat Darth Vader helemaal in zijn uppie iemands keel kon verbrijzelen met behulp van de Kracht en daarna een hele planeet kon vernietigen.

Maar er is één ding dat leiders nog steeds in de hand hebben en dat is de agenda van het bedrijf. Als er een belangrijk besluit moet worden genomen, dan oefen je alleen al invloed uit omdat jij regelmatig vergaderingen kunt uitschrijven. Als een besluit belangrijk genoeg is, dan moeten die vergaderingen dagelijks worden gehouden. Vergaderingen met zo'n frequentie uitschrijven laat bij iedereen het signaal achter dat er iets belangrijks staat te gebeuren. En er is nog een voordeel: als je dagelijks met elkaar spreekt, dan heb je elke vergadering minder tijd nodig om te herhalen wat je al in de vorige hebt besproken, omdat het nog vers in ieders geheugen zit. Daardoor blijft er tijd over om nieuwe gegevens en meningen te bespreken.

Eric paste dit principe toe in 2002 toen Google in onderhandeling was met AOL om hun zoek- en advertentiemachine te worden. Het waren moeizame gesprekken en Eric was voornamelijk bezorgd over de financiele verplichtingen die Google op zich zou moeten nemen. AOL had een aantal adverteerders op zijn platform die nog niet met Google samenwerkten, dus de overeenkomst had enorme strategische waarde: ze zou ervoor zorgen dat die adverteerders naar ons platform kwamen. Toch vond Eric dat de overeenkomst te groot was voor ons als klein bedrijf.

Omid Kordestani, ons hoofd Verkoop, leidde de onderhandelingen met AOL, dat begin 2001 was gefuseerd met Time Warner en zeer geïnteresseerd was in de omzet die deze deal zou genereren. Omid was het met Eric eens dat we de voorwaarden van AOL niet moesten accepteren. Maar Larry en Sergey vonden dat we het risico moesten nemen. Zij waren altijd al van mening geweest dat als we zeer tegemoetkomend zouden zijn in de verdeling van de omzet met partners, dat op langere termijn erg gunstig voor ons bedrijf zou uitpakken. (Als we niet voor die tijd al failliet zijn, dacht Eric altijd als ze dit punt naar voren brachten.) David Drummond, onze advocaat, was het met hen eens, net als de board, die vond dat we altijd geld konden lenen om onze kortetermijnliquiditeit te verzekeren. We waren het dus niet met elkaar eens en het team boekte niet veel vooruitgang in het onderlinge overleg. Dus Eric nam de leiding. Hij organiseerde nog meer vergaderingen en stelde een deadline. In de volgende zes weken zou het team elke dag 's middags om vier uur bij elkaar komen om het over de deal met AOL te hebben. Aan het eind van die periode moest er een besluit vallen en moesten de onderhandelingen met AOL hoe dan ook worden afgesloten.

In het begin werd er weinig vooruitgang geboekt. Maar het feit dat men elke dag met dezelfde argumenten werd geconfronteerd, zorgde ervoor dat we nog meer in de data doken die we over onze advertentiemachine hadden en in die weken ontdekten we, door analyse van die gegevens, dat de overeenkomst helemaal niet zo gevaarlijk was als we in eerste instantie dachten. We begonnen het gevoel te krijgen dat we ons de overeenkomst konden permitteren en daar bleken we gelijk in te hebben: we sloten het contract, grotendeels volgens de voorwaarden van AOL, en onze prestaties waren een stuk beter dan we hadden gegarandeerd. Maar dit was bij niemand bekend toen we nog in onderhandeling waren; we kwamen tot het juiste antwoord door een tijdsintensief proces van zeer gedetailleerde data-analyse. Het was een belangrijke beslissing, en als jij een besluit moet nemen over iets wat fundamenteel is voor het voortbestaan van jouw onderneming, dan zou je elke dag bij elkaar moeten komen.

'Jullie hebben allebei gelijk'

De denkfout die technische en wetenschappelijke mensen maken is dat ze denken dat als je een verstandige en doordachte redenering, gebaseerd op data en slimme analyse, naar voren brengt, mensen vanzelf hun mening aanpassen. Dat is dus niet zo. Als je het gedrag van mensen wilt veranderen dan moet je niet alleen gelijk hebben, je moet ze raken. Wij noemen dit de Oprah Winfrey-regel. (Het is ook de manier waarop een goede politicus opereert, maar Oprah kan het beter dan wie dan ook.)[135] Als bedrijven worden geleid door slimme creatieven en productmensen, dan moeten ze op de hoogte zijn van de Oprah-regel. Anders kunnen ze wel verstandige beslissingen nemen, maar lukt het ze niet om ze goed uit te voeren.

Er bestaat een eenvoudige truc om dit te voorkomen. Als het afkappen van de discussie en het nemen van een besluit geen 100 procent support krijg, onthoud dan deze vier woorden: 'Jullie hebben allebei gelijk.' Om emotioneel achter een besluit te kunnen staan waar ze het niet mee eens zijn, moeten mensen weten dat er niet alleen naar hun mening is geluisterd, maar dat er ook waardering voor was. 'Jullie hebben allebei gelijk' zorgt daarvoor. Het zegt tegen de persoon die niet zijn zin heeft gekregen dat er zeker sterke elementen zaten tussen de rommel in zijn argumentatie. Het zorgt voor een emotionele opkikker; mensen houden ervan om te horen dat ze gelijk hebben. En gelukkig klopt het ook vaak, omdat in een groep met slimme creatieven er in ieders redenering meestal wel iets goeds zit. Het is zeldzaam als een goed iemand er voor 100 procent naast zit.

Daarna, na het geruststellen van de verliezers en het vaststellen wat er moet gebeuren, is het voor de beslisser belangrijk om ervoor te zorgen dat

---

135 Eigenlijk is dit een regel van Aristoteles, die stelde dat de middelen van overtuiging *logos* (argumentatie), *ethos* (karakter) en *pathos* (emotie) zijn, een regel die van invloed is geweest op talloze politici, advocaten en verkopers. Zie de vertaling van George A. Kennedy, *On Rhetoric: A Theory of Civic Discourse* (Oxford University Press, 1991), pag. 37–38. Het is echter Oprah, die dit demonstreert in elke televisie-uitzending en elke speech die ze houdt. 'Je moet het verhaal zo vertellen dat mensen er iets bij voelen,' vertelt ze. 'Ze willen alleen iets doen als ze iets voelen.' Zie 'Oprah Winfrey Talks to Dan Pink, Part 2', (YouTube.com/watch?v=kRfT8ujRfOA).

alle aanwezigen een van de twee volgende dingen doen: of het er niet mee eens zijn, maar zich ernaar voegen, of publiek protest aantekenen. Als het laatste gebeurt, dan moet die persoon de beslisser informeren over zijn bezwaren en uitleggen wat het achterliggende, grotere plan is waar hij zich op richt. ('Het spijt me, ik denk nog steeds niet dat dit het juiste besluit is, omdat... Laten we anders eerst eens kijken wat Barack erover te zeggen heeft.') Publiekelijk het ergens niet mee eens zijn is een valide optie en moet worden gestimuleerd, want als je dat niet doet gebeurt het toch, alleen met veel meer wrok.

Elke bijeenkomst moet van iemand zijn

Het forum voor het komen tot een besluit is vrijwel altijd een vergadering, misschien wel het meest gehate managementinstrument, misschien afgezien van het lootjes trekken met Kerstmis. Mensen klagen over vergaderingen, 'Zonde van mijn tijd', maar een goed geleide vergadering is prachtig. Het is de meest efficiënte manier om data en meningen te presenteren, over onderwerpen te praten, en ja, echt besluiten te nemen. Zie de nadruk op goed geleide, omdat de meeste vergaderingen dat niet zijn. Een slecht geleide vergadering, maar dat hoeven we je waarschijnlijk niet te vertellen, is een enorme demoraliserende tijdsverspilling.

Computerwetenschappers haten inefficiëntie en daarom heeft Erics team in de loop der jaren een aantal vergaderregels opgesteld, waarvan wij vinden dat ze erg effectief zijn:

In elke vergadering moet iemand zijn die de besluiten neemt. Het moet duidelijk zijn wie in verschillende stadia in het proces de beslissingen neemt, wie verantwoordelijk is. Een vergadering tussen twee groepen van gelijken leidt zelden tot een goede uitkomst, omdat je eerder naar een compromis zoekt dan een knoop doorhakt. Laat dan een hogergeplaatst iemand toe die de rol van beslisser speelt.

De beslisser moet actief betrokken zijn. Hij of zij moet de vergadering uitschrijven, ervoor zorgen dat de inhoud goed is, de doelen stellen, bepalen wie aanwezig is en ervoor zorgen dat de agenda minstens vierentwintig uur van tevoren (als dat mogelijk is) wordt rondgedeeld. Na de vergadering moet de beslisser (en niemand anders) binnen achtenveertig uur de genomen besluiten samenvatten en een actielijst mailen aan alle deelnemers (en iedereen die ervan op de hoogte moet zijn).

Zelfs al is een vergadering niet bedoeld om een besluit te nemen, bijvoorbeeld omdat het de bedoeling is om informatie te delen of over oplossingen te brainstormen, er moet altijd een duidelijke leider zijn. Opnieuw, de leider moet ervoor zorgen dat de juiste mensen zijn uitgenodigd, er een duidelijke agenda is, het noodzakelijke voorbereidende werk gedaan is en de actielijst ogenblikkelijk rondgestuurd wordt.

Vergaderingen zijn geen overheidsinstellingen, je moet ze makkelijk kunnen beëindigen. Elke vergadering moet een doel hebben en als dat doel niet goed gedefinieerd is of als de vergadering er niet in slaagt om dat doel te bereiken, dan moet je die bijeenkomst niet meer houden. De beslisser moet zich de lastige vraag stellen: Is deze vergadering nog nuttig? Houden we hem te vaak of juist niet vaak genoeg? Krijgt men de informatie die nodig is?

Vergaderingen moeten beheersbaar zijn in grootte. Niet meer dan acht mensen, hooguit tien (maar eigenlijk raden we dit ten zeerste af). Alle aanwezigen moeten hun zegje kunnen doen. Als meer mensen op de hoogte moeten zijn van de gemaakte afspraken, zorg er dan voor dat je ze informeert in plaats van ze aan tafel uit te nodigen als toehoorders, wat de kwaliteit van de vergadering en de mogelijkheid dat mensen vrijuit zullen spreken niet ten goede komt.

Het aanzitten bij een vergadering is geen teken van belangrijkheid. Als je er niet bij hoeft te zijn, ga dan weg of nog beter: excuseer je van tevoren. Dit geldt in het bijzonder voor vergaderingen met klanten of partners. We zijn vaak binnengelopen in een 'intieme' bijeenkomst van een senior manager met een van onze klanten of partners, om erachter te komen dat de kamer stampvol zat. Wij kunnen er niets aan doen als de klant van mening is dat hij zijn hele organisatie hiervoor moet uitnodigen, maar we proberen aan onze kant de vinger aan de pols te houden. Minder is meestal beter.

Het bijhouden van de tijd is belangrijk. Begin vergaderingen op tijd. Stop ze op tijd. Laat aan het eind genoeg ruimte om de conclusies samen te vatten en het actielijstje door te nemen. Als de vergadering haar doel al voor de eindtijd heeft bereikt, sluit haar dan af. Niets menselijks is ons vreemd, dus hou rekening met de lunch en plaspauzes en met het feit dat medewerkers in verschillende tijdzones werken. Ook zij willen tijd doorbrengen met hun gezin. Dit soort algemene beleefdheden worden te snel vergeten. Door er rekening mee te houden win je het respect van je medewerkers en collega's.

Als je een vergadering bijwoont, woon haar dan bij. Multitasking werkt niet. Als je in een vergadering zit en voortdurend op je laptop of telefoon bezig bent met dingen die niets met de vergadering van doen hebben, dan is het duidelijk dat je je tijd ergens anders beter kunt besteden. Iedereen in een vergadering moet zich op de vergadering focussen, niet op ander werk. En als mensen zoveel vergaderingen hebben dat hun eigen werk daaronder lijdt, dan is er een eenvoudige oplossing: stel prioriteiten en ga naar minder vergaderingen.

Van al deze regels was de laatste voor ons het lastigst om in te voeren. Tijdens onze teamvergaderingen overtrad men zo vaak de regel van de laptop dichtlaten dat we die maar hebben laten vallen. Maar het is wel een goede regel!

De wet van het zadel

Advocaten zijn getraind in het kijken naar het verleden. Dat is logisch omdat jurisprudentie op het verleden is gebaseerd: wat er vroeger is gebeurd, bepaalt of het goed is verder te gaan. Daarnaast zijn ze ook zeer risicomijdend. Ook dat is logisch, omdat veel ondernemingsrechtadvocaten vanuit een advocatenkantoor werken en het de taak van een advocaat is om zijn cliënt uit de problemen te houden. Dus als je aan advocaten vraagt een oordeel te vellen over een bepaalde situatie, waarvan 99 procent er goed uitziet en 1 procent twijfelachtig, dan zullen zij het merendeel van hun tijd besteden aan die 1 procent.

Dit bordje is een goed voorbeeld. Jonathan heeft er op een dag, toen hij de straat overstak om naar de nieuw geopende sportvelden van Google te gaan kijken, een foto van genomen. Dit bordje geeft een mooie plattegrond van de velden, maar een kwart van de ruimte wordt ingenomen door een juridische tekst die erop neerkomt dat als je tijdens het sporten op die velden geblesseerd raakt, je ons niet aansprakelijk moet stellen. (Er zijn advocaten die ogenblikkelijk onze interpretatie van hun zorgvuldig gekozen woorden willen corrigeren. Hou daarmee op!) Een goedbedoelende, terugkijkende en risicomijdende advocaat had besloten dat, hoewel de Googlers die de velden gebruiken weldenkende, volwassen mensen zijn, er nog steeds een minieme kans was dat er een het veld op stapte, zijn enkel verstuikte en Google aansprakelijk zou stellen. Het resultaat is dat er weer meer hersendodende, juridische opendeurprietpraat onze blikken vervuilt.

Ook advocaten kunnen slimme creatieven zijn en daarom waren we zo verbaasd om dit bord bij Google te zien. De terugkijkende, risicomijdende manier om met de wet om te gaan, die normaal is in het Amerikaanse bedrijfsleven, werkt niet in het internettijdperk, waarin het zakenleven veel sneller verandert dan de wetgeving. Een slim, door creativiteit voortgestuwd bedrijf dat probeert te innoveren is blij als het het in 50 procent van de gevallen bij het rechte eind heeft, en dat is een probleem voor een advocaat wiens risicobereidheid onder de 10 procent ligt. Dat is ook de reden dat toen men het gebouw voor de juridische afdeling van Google bouwde, David Drummond en zijn collega's Kulpreet Rana en Miriam Rivera een omgeving wilden creëren waar juristen op een andere manier naar hun werk gingen kijken. Ons hoofd Juridische zaken, Kent Walker, noemt dit 'de wet van het zadel'. Kijk naar elke willekeurige oude western (wij zijn fan van *Butch Cassidy and the Sundance Kid.* Eric is Butch omdat hij goed is in denken en Jonathan is de Sundance Kid omdat hij snel is met zijn revolver, maar jammer genoeg niet zo goed als de door Redford gespeelde bankrover). Er zit altijd een scène in waarin een cowboy op zijn paard rijdt, tot stilstand komt, de omgeving bekijkt en dan beslist wat hij gaat doen. Kent raadt zijn advocaten aan om iets soortgelijks te doen: in bepaalde situaties is het vaak voldoende om op je paard (natuurlijk in figuurlijke zin) ergens naartoe te rijden, snel de situatie in ogenschouw te nemen en er dan weer vandoor te gaan. Hoewel je voor veel beslissingen (bijvoorbeeld bij belangrijke overnames, een juridisch conflict) een uitgebreide analyse moet maken, hoef je niet elke keer af te stappen en een vijftig pagina's groot juridisch document op te stellen over alles wat er fout kan gaan en wat de gevolgen zijn als dat gebeurt. In het begin van elk nieuw project zal die analyse toch niet 100 procent correct zijn. In die situaties is het niet de taak van de advocaat om elke mogelijke invalshoek tot in detail te analyseren; het is zijn taak om naar de onbekende toekomst te kijken en op korte termijn een doorwrocht advies te geven aan het management van de onderneming dat een besluit moet nemen. Daarna moet hij weer in het zadel gaan zitten en doorrijden.

De wet van het zadel werkt alleen als de advocaat een integraal onderdeel is van het bedrijf en de projectteams, en niet slechts af en toe wordt ingevlogen. Daarom hebben wij vanaf het begin meer naar generalisten dan naar specialisten gekeken en onze werving gericht op bedrijven, advocatenkantoren en zelfs non-profitorganisaties. We nemen zelden iemand aan die direct van de universiteit komt. En omdat je werkzaam bent in een snel veranderende branche, doen juridische problemen zich plotseling voor; daarom is het altijd verstandig om het juiste te doen voor klanten en consumenten.

Besteed 80 procent van je tijd aan 80 procent van je omzet

Een van de belangrijkste beslissingen die een topmanager neemt, is hoe hij met zijn tijd omgaat. Toen Eric in 1997 CEO van Novell werd, kreeg hij een geweldig advies van Bill Gates: besteed 80 procent van je tijd aan 80 procent van je omzet. Maar deze regel kan bedrieglijk moeilijk te hanteren zijn. Bij Novell was het belangrijkste product het NetWare-pakket, dat lokale netwerken tussen pc's en werkstations mogelijk maakte. Eric en zijn staf waren echter erg enthousiast over het ontwikkelen van een nieuw product (NetWare Directory Services of NDS) dat voor een centraal aansturingspunt zorgde en voor toegang tot de netwerkfaciliteiten van onder andere mensen en groepen, en printers en werkstations. Voor NDS lag, nu de netwerken in opkomst waren, duidelijk een grote markt in het verschiet en het was moeilijk voor Eric en zijn team om er niet nog meer tijd aan te besteden.

Managementteams onderschatten vaak hoe lang het duurt voordat je omzet haalt uit een nieuw product. Dat flitsende nieuwe ding kan veel leuker zijn dat die saaie oude meuk, maar het is vaak die oude meuk die voor de omzet zorgt, en als je daarbij een fout maakt, dan is het maar de vraag of je dat overleeft. Hoewel Eric dacht dat hij Bills advies ter harte nam, had hij, terugkijkend, meer tijd moeten besteden aan NetWare.

Je moet je concentreren op je belangrijkste product. Daar moet je hart liggen.

Zorg voor opvolging

Als je dol bent op je werk, dan wil dat ook zeggen dat je een plan moet hebben voor als je ermee stopt, maar topmanagers verzuimen vaak na te denken over wie hen moet opvolgen. In de meeste bedrijven is jouw opvolger al aanwezig, je hebt alleen nog niet besloten wie het moet worden. (Erics ervaring dat de man die hem opvolgt hem zelf heeft aangenomen, is zeldzaam.) Veel bedrijven weten dat dit moet gebeuren, maar hun timing klopt niet: ze bepalen welke broer het moet worden, iemand die het in de komende jaren kan overnemen, terwijl ze op zoek zouden moeten gaan naar een zoon, iemand die het over tien jaar kan overnemen. Of men kijkt naar de honderd hoogste medewerkers in het bedrijf en niet naar de honderd met het grootste potentieel. De juiste aanpak is om op zoek te gaan naar de beste slimme creatieven die nu al snel aan het opklimmen zijn in rang. Stel de vraag: kan een van deze mensen over tien jaar leidinggeven aan het bedrijf? Als het antwoord 'Ja' is, zorg er dan voor dat ze goed worden betaald en dat hun carrière geen averij oploopt. Het verliezen van deze high potentials (zeker aan de concurrent) is erg kostbaar, dus zorg ervoor dat je proactief bent in je pogingen het hun naar de zin te maken. Misschien lukt dit niet altijd, maar de voordelen van het succes wegen veruit op tegen de kosten van de missers.

Daarnaast is het zeer interessant om een echt opvolgingsplan uit te voeren. Die opkomende supersterren hebben de neiging slimmer te worden naarmate de tijd voortschrijdt, maar de generatie aan de top ziet ze nog steeds als onervaren jonge honden en zeker nog niet als wijs genoeg om het over te nemen. De oplossing hiervoor is dat de leider nog eens goed nadenkt over hoe hijzelf was op die leeftijd.

Toen Google zich opmaakte voor zijn beursgang, spraken Eric, Sergey en Larry met elkaar af dat zij nog minstens twintig jaar met elkaar zouden samenwerken. Eric had altijd aangenomen dat Larry of Sergey uiteindelijk de leiding van het bedrijf op zich zou nemen; waarschijnlijk Larry, omdat hij daarvoor ook al CEO was geweest. Het was gewoon een kwestie van tijd. Dat tijdstip brak aan in het begin van 2011, toen Eric, Larry en Sergey besloten dat Larry opnieuw in de stoel van CEO zou gaan zitten.

Het was het juiste besluit voor het bedrijf en voor het driemanschap, maar toch voelde Eric zich er wat onzeker bij. Tenslotte was hij zoveel ouder en wijzer! Maar toen legde Eric zijn leeftijd naast die van Larry. Die was op dat moment bijna achtendertig en toen Eric even oud was als hij, had hij ook gevoeld dat hij klaar was om een bedrijf te leiden (hij was eenenveertig toen hij aan het hoofd van Novell kwam te staan). Het was een beetje een verrassing, maar door deze manier van denken te volgen realiseerde hij zich dat Larry er klaar voor was en zeer succesvol zou worden als CEO van Google.

's Werelds beste atleten hebben een coach nodig en jij niet?

In de zomer van 2002, Eric was ongeveer een jaar CEO van Google, schreef hij een beoordeling over zijn eigen prestaties en legde die aan zijn team voor. Het document bevatte hoogtepunten ('ik heb goede processen en procedures ontwikkeld'), doelen voor het komende jaar ('het tempo opvoeren zonder de toekomst in de waagschaal te stellen') en gebieden waarop hij het beter had kunnen doen. Die laatste categorie bestond uit een aantal punten, maar het belangrijkste punt van zelfkritiek was:

Bill Campbell heeft door zijn coaching uitstekend werk verricht. Terugkijkend zie ik dat zijn rol vanaf het begin nodig was geweest. Ik had hier eerder mee moeten beginnen, idealiter op het moment dat ik bij Google in dienst kwam.

Dit was een draai van 180 graden ten opzichte van een jaar eerder. Toen Eric bij Google begon, stelde lid van de board John Doerr voor dat hij met Bill als coach ging werken. Erics antwoord? 'Ik heb geen coach nodig. Ik weet wat ik doe.'

Elke keer als je naar een atleet van wereldklasse zit te kijken, dan kun je er zeker van zijn dat er een geweldige coach achter diens successen zit. Het is niet zo dat de coach een betere speler is dan de speler zelf, want dat is bijna nooit het geval. Maar coaches hebben andere kwaliteiten: zij kijken naar hun atleten en vertellen ze hoe ze beter kunnen worden. Waarom zijn in het zakenleven coaches dan zo ongewoon? Zijn we allemaal net als Eric zo overtuigd van onszelf dat we ons niet kunnen voorstellen dat er iemand is die ons beter kan maken? Als je zo denkt dan heb je het helemaal mis. Iedere topmanager heeft een coach nodig.

Het eerste onderdeel van een goede coachrelatie is dat je een student nodig hebt die bereid is te luisteren en te leren. Net zo goed als er moeilijk te coachen sporters zijn, zijn er moeilijk te coachen topmanagers. Maar zodra zij hun eerste gereserveerdheid achter zich hebben gelaten, zullen ze merken dat er altijd wat te leren valt. Coaches in het bedrijfsleven zijn, net als alle andere coaches, in hun hart leraar en Bill Campbell, de beste coach van allemaal, vertelt ons dat hij gelooft dat management een vaardigheid is die iedereen kan leren.

Voor Jonathan begon de les ongeveer op het moment dat Larry Page zijn gedetailleerde productplan 'stom' noemde. De week erna zat Jonathan zich in Bills kantoor af te vragen waarom hij eigenlijk was gaan werken bij deze chaotische starter en dacht hij erover om maar ontslag te nemen. Ga niet weg, vertelde Bill hem. Hou vol. Misschien leer je nog wat. Daarvoor en voor al het andere dat je voor ons hebt gedaan: dank je wel, coach.

Communicatie – zorg dat je een erg goede router bent

Ergens in het begin van zijn loopbaan bij Google was Jonathan in gesprek met een van zijn softwaremensen, die zich afvroeg waarom Jonathan zijn e-mails altijd direct beantwoordde en ze ook naar zoveel verschillende Googlers stuurde. De softwareman was geïrriteerd over wat hij zag als een verkeerde prioriteit van Jonathan. Iemand die zo snel op zijn mails reageert en het zo belangrijk vindt om ze aan veel mensen door te sturen, had het vast niet druk genoeg. Hij zei dus nogal verbolgen tegen Jonathan: 'Jij bent een te dure router.' Hij bedoelde dit als een belediging: een router is namelijk een nogal eenvoudig netwerkapparaat met als enige taak pakketjes data van het ene apparaat naar het andere door te sturen. Maar Jonathan vatte het op als een compliment.

Je kunt over zakelijke communicatie op deze manier denken: stel je een gebouw van twintig verdiepingen voor. Jij staat op de tiende etage, laten we zeggen op het balkon. Het aantal mensen per verdieping neemt af naarmate je naar boven gaat. De bovenste verdieping bestaat uit slechts één iemand, terwijl de begane grond, oftewel de werkvloer, massa's mensen vertegenwoordigt. Stel je voor dat je op het balkon staat en de persoon boven je (laten we hem voor het gemak even de baas noemen) roept wat en laat wat documenten vallen. Je vangt ze op, zorgt ervoor dat ze niet door de wind worden weggeblazen en neemt ze mee naar binnen om ze te lezen. Er staan goede dingen in en je haalt er een paar zaken uit waarvan jij vindt dat de mensen op de negende verdieping die zouden moeten lezen, gezien hun zorgvuldig opgestelde taak- en functieomschrijving. Je stapt dus weer het balkon op en gooit wat velletjes naar de leden van jouw team, die ze tot zich nemen als het spreekwoordelijke glas water voor een dorstige ziel.[136] Als ze ze hebben gelezen, voeren ze hun eigen kleine doorgeefritueel uit voor de mensen op de achtste verdieping. Tegelijkertijd is jouw baas op de elfde verdieping opnieuw met hetzelfde proces bezig, en op de twintigste verdieping… nou ja, geen idee wat die kerel eigenlijk doet.

Dit is het traditionele model van hoe informatie door de organisatie stroomt. De hogere managementechelons verzamelen informatie en bepalen zorgvuldig welk deel aan wie in die zwoegende menigte daarbeneden wordt doorgegeven. In deze wereld wordt informatie gezien als een middel om controle en macht uit te oefenen. Zoals de onderzoekers op het gebied van leiderschap James O'Toole en Warren Bennis aangeven, zijn veel mensen in het bedrijfsleven doorgestegen naar machtsposities 'niet door bewezen teamwerk, maar door hun vermogen om succesvol tegen hun collega's te strijden in de bestuurskamers, waardoor de verspreiding van informatie alleen maar verder wordt bemoeilijkt'.[137] Het herinnert ons aan de apparatsjiks van de Sovjet-Unie, die alle kopieermachines achter ijzeren deuren met dubbele sloten bewaarden om te voorkomen dat mensen een ongeautoriseerde kopie zouden maken van het vijfjarenplan voor de graanproductie.[138] De meeste managers denken nog als die bureaucraten uit het Sovjettijdperk: het is hun taak om informatie te ontleden en spaarzaam te distribueren, omdat het duidelijk is dat je die opruiers op de lagere verdiepingen de informatiesleutels van het bedrijfskoninkrijk niet kunt toevertrouwen.

Maar de Sovjet-Unie is in elkaar gestort, en hoewel zo'n vrekkige benadering van het delen van informatie misschien werkte in de tijd dat je mensen inhuurde om voor je te wérken, huur je in het internettijdperk mensen in om voor je te dénken. Jonathan had op de universiteit een

---

136 Letterlijk staat in Spreuken 25:25: 'Een goede tijding uit een ver land is als koud water op een vermoeide ziel.' Statenvertaling.net.
137 James O'Toole en Warren Bennis, 'What's Needed Next: A Culture of Candor' (*Harvard Business Review*, juni 2009).
138 Michael Parks, 'Soviets Free the Dreaded Photocopier' (*Los Angeles Times*, 5 oktober 1989).

hoogleraar Financiering die beweerde: 'Geld is de motor van elke onderneming.' Dit is maar voor een deel waar. In het internettijdperk is geld zonder enige twijfel erg belangrijk, maar informatie is de echte motor van elke onderneming. Het aantrekken van slimme creatieven en ze helpen geweldige resultaten te boeken is de sleutel om in de eenentwintigste eeuw een bedrijf op te bouwen, maar er gebeurt helemaal niets als je ze niet overspoelt met informatie.

De meest effectieve leiders van nu houden geen informatie achter, ze delen die. (Bill Gates in 1999: 'Kennis achterhouden geeft geen macht, kennis delen wel. De waarde en het beloningssysteem van elk bedrijf zouden hierop gebaseerd moeten zijn.')[139] Het doel van leiderschap is het optimaliseren van de informatiestroom, elke dag opnieuw. Hiervoor heb je heel andere vaardigheden nodig.

Jonathan vertelde dat een aantal jaar geleden aan die softwareontwikkelaar: 'Als ik alleen maar een erg dure router ben, dan probeer ik wel een verdomd goede te zijn.' Wat wil dit nu allemaal zeggen? Open is de norm, stel uitdagende doelen, haal ze regelmatig niet en als je twijfelt, vertel over je reizen.

Open is de norm

Het zou je norm moeten zijn om alles te delen. Voorbeeld: het directieverslag van Google. Toen Eric CEO was, is hij iets begonnen wat nog steeds bestaat. Elk kwartaal stelde zijn team een uitgebreid rapport op over de staat van de onderneming en legde dat voor aan de board. Er is een geschreven deel, het directieverslag, dat vol staat met data en achtergrondinformatie over het bedrijf en de producten, en sheets met data en grafieken die de hoofdverantwoordelijken voor de producten (de senior executives die de baas zijn over de verschillende productafdelingen, zoals Search, Ads, YouTube, Android et cetera) als leidraad gebruiken tijdens de vergadering. Het zal je niet verbazen dat veel van deze informatie niet voor het publiekelijke oog bestemd is. Maar na de vergadering van de board doen we iets verras-

139 Bill Gates, 'Bill Gates New Rules' (*TIME*, 19 april 1999).

sends. We nemen de informatie die wij aan onze board gepresenteerd hebben en delen die met al onze medewerkers. Eric presenteert de sheets (precies dezelfde die de raad te zien heeft gekregen) op een algemene personeelsvergadering en het volledige directieverslag wordt via de mail verspreid.

Oké, meneer Fijnslijper, niet het hele verslag. Omdat er een aantal gegevens in staan die om juridische redenen niet voor iedereen geschikt zijn, moeten we de tekst eerst door onze juristen en een stel communicatieadviseurs nauwkeurig door laten spitten om de juridische landmijnen te vinden en die anders te formuleren. Dit is het punt waar 'alles delen' botst met het 'maar je kunt toch niet echt alles delen'. Elk kwartaal zijn er weldenkende en scherpzinnige Googlers bezig om met de rode pen des doods woorden of zinnen te onderstrepen, (digitaal natuurlijk, er wordt geen snippertje papier gebruikt bij het doorspitten van dit verslag). 'Dat kunnen we toch niet in het verslag zetten?' zeggen zij. 'Wat als dat naar buiten komt? Daar krijgen we problemen mee.' Of: 'Dit kunnen we niet aan de medewerkers vertellen, hoewel het wel waar is en we het ook aan de board hebben verteld. Het kan slecht voor het moreel zijn.'

Gelukkig begrijpen de mensen die voor dit proces verantwoordelijk zijn dat 'Deel alles' niet wil zeggen: 'Deel alles wat er niet slecht uitziet als het naar buiten komt en waardoor niemands gevoelens worden gekwetst,' maar: 'Deel alles, behalve een klein aantal zaken die we wettelijk niet naar buiten mogen brengen.' Dat is een groot verschil! Daarom laten we iedereen die iets wil verwijderen exact duidelijk maken waarom het eruit moet, en wee je gebeente als je verhaal rammelt. We hebben sinds de beursgang in 2004 elk driemaandelijks directieverslag openbaar gemaakt en lekken is nooit een probleem geweest. Ondertussen is er niemand die klaagt dat hij niet weet wat er allemaal speelt in het bedrijf. En als iemand dat wel doet, dan vertellen we diegene dat hij het directieverslag moet lezen en naar Erics presentatie moet kijken. Er is nog een bijkomend voordeel van het delen van de informatie voor de board: kwaliteit. Mensen doen al hun best op de gegevens voor de board, maar ze zullen nog eens extra hun best doen als ze weten dat het hele bedrijf het onder ogen krijgt.

Open als norm slaat dus niet alleen op de communicatie met de board. We proberen werkelijk alles te delen. Op ons intranet, Moma, kun je bijvoorbeeld vrijwel alle informatie vinden over producten in de pijplijn, en op de wekelijkse TGIF-bijeenkomst worden presentaties gehouden door productteams over ophanden zijnde leuke dingen, inclusief demonstraties en screenshots. Het bijwonen van zo'n TGIF-bijeenkomst zou voor bloggers die graag speculeren over waar Google nu weer mee komt een gouden toegangskaart voor Willy Wonka zijn: we laten daar werkelijk alles zien, delen informatie die in de meeste bedrijven achter slot en grendel zou blijven. Nogmaals, er worden geen wazige screenshots gelekt of schokkerige videobeelden die heimelijk vanaf de achterste rijen zijn opgenomen. We vertrouwen onze medewerkers met allerlei vitale informatie en zij stellen ons daarin niet teleur.[140]

OKR's zijn een ander goed voorbeeld van transparantie. Dit zijn de individuele *Objectives*, de strategische doelen die moeten worden bereikt, en de *Key Results*, de manier waarop die vooruitgang wordt gemeten. Iedere medewerker werkt elk kwartaal zijn OKR bij en die gegevens zijn voor het hele bedrijf zichtbaar, waardoor het voor iedereen makkelijk wordt om iemands prioriteiten te leren kennen. Als je iemand bij Google ontmoet en je wilt meer weten over wat hij doet, dan ga je naar Moma en lees je zijn OKR. Dat is niet alleen maar een titel of een taak- en functieomschrijving, maar een persoonlijk verslag over het werk dat die persoon doet en waar hij door gedreven wordt. Het is de snelste weg om te achterhalen waardoor diegene wordt gemotiveerd.

Dit begint natuurlijk aan de top. Elk kwartaal publiceert Larry, net als Eric voor hem, zijn OKR's en belegt een algemene vergadering om ze te bespreken. Al de hoofdverantwoordelijken voor de verschillende producten en bedrijfsonderdelen vergezellen hem op het podium en geven aan hoe ze gepresteerd hebben ten opzichte van hun vorige OKR's. Dat is niet voor de show; OKR's zijn echte doelen die elk kwartaal zorgvuldig door de verschillende productmanagers worden opgesteld, en de resultaten van het vorige kwartaal staan meestal vol gele en rode aantekeningen. De topma-

---

140 We hebben best weleens lekken meegemaakt, maar nog nooit, voor zover wij weten, vanuit een TGIF-bijeenkomst. We doen ons uiterste best om te achterhalen waar het lek zit en slagen daar zeer goed in. Vaak komen lekken bij onze partners vandaan, maar als ze bij Google vandaan komen, wordt de betreffende medewerker direct ontslagen.

nagers van ons bedrijf praten open over waar ze hebben gefaald en waarom. (Komt bij jouw bedrijf elk kwartaal de top naar buiten om te praten over de ambitieuze doelen die ze níét hebben gehaald?) Na zo'n bijeenkomst, als iedereen weer naar zijn eigen plek gaat om zijn OKR bij te werken, is het volkomen helder wat de bedrijfsdoelen voor het volgende kwartaal zijn. Dat helpt ervoor te zorgen dat de teams allemaal dezelfde kant op werken terwijl het bedrijf groeit als kool.

Ken de details

John Seely Brown, de voormalige directeur van het Xerox Research Center in Palo Alto, heeft ooit gezegd dat 'de essentie van het mens-zijn is dat je vragen stelt, niet dat je ze beantwoordt'.[141] Eric vindt het leuk dit idee te testen als hij door de gangen bij Google loopt of bij een ander bedrijf waar hij bij betrokken is. Als hij een manager tegen het lijf loopt die hij een tijd niet heeft gezien, duren de hartelijkheden meestal niet al te lang. Na een vriendelijk hallo komt hij meestal direct ter zake: 'Wat speelt er allemaal in je werk? Welke onderwerpen staan in de belangstelling? Vertel me eens hoe het staat met wat je mij hebt toegezegd.' Dat heeft een aantal gevolgen: het helpt Eric om op de hoogte te blijven van de details op zijn eigen werkterrein en hij merkt welke topmanager op de hoogte is van de details van diens werkterrein. Als iemand ergens de leiding over heeft en hij kan niet binnen tien seconden de belangrijkste gegevens waar hij mee te maken heeft afratelen, dan is hij niet geschikt voor zijn werk. Een afstandelijke benadering van management kan echt niet meer. Je moet op de hoogte zijn van de details.

Eric heeft de neiging alles te onthouden en weet wie hem wat heeft toegezegd, dus deze aanpak werkt voor hem erg goed. Jonathan heeft niet het geheugen van Eric, dus hij bewaart de notities over wie hem wat heeft toegezegd in zijn telefoon. Als hij dan iemand tegen het lijf loopt, vraagt

141 In John Markoff, 'A Fight to Win the Future: Computers vs. Humans' (*The New York Times*, 14 februari 2011). Brown maakte deze opmerking om de betekenis van de kunstmatige intelligentie van IBM's Watson-computer, die het tegen menselijke tegenspelers opnam in het spel *Jeopardy!* te bagatelliseren.

hij om een momentje, tovert de lijst op zijn scherm en kan dan vragen naar de voortgang.

Zelfs als je de juiste vragen stelt is het vaak nog lastig om de juiste details te achterhalen. Op een van Erics eerste dagen bij Google waren Larry en Sergey ontdaan over wat softwareproblemen en over de manier waarop de verantwoordelijken daarmee omgingen. Eric luisterde een tijdje naar ze en kwam toen tussenbeide: 'Zeg, ik heb met ze gesproken en ik zal je vertellen wat ze aan het doen zijn.' Hij beschreef daarna wat hij dacht dat er in dat team gebeurde.

Larry luisterde naar een paar zinnen en onderbrak hem: 'Dat is helemaal niet wat ze doen. Dit doen ze.' Larry vertelde een aantal dingen en Eric begreep onmiddellijk dat Larry gelijk had. Eric kende de details, maar Larry de waarheid. Het bos is altijd belangrijker dan de bomen.

Hoe dit was gebeurd? Eric had naar de managers geluisterd, die hun uiterste best deden op de ouderwetse manier de opwaartse informatiestroom te beheersen (de techniek van het ontleden en teruggeven van informatie werkt twee kanten op, zoals iedere echte middelmanager, die gepokt en gemazeld is in het zoeken van plausibele verklaringen, je kan vertellen). Maar Larry luisterde naar de softwaremensen; niet direct, maar via ingenieuze dingetjes dat hij 'snippets' noemde. Snippets zijn een soort weekrapporten die de belangrijkste activiteiten van een bepaald persoon in die week registreren, maar in een kort, kernachtig format, zodat ze in een paar minuten worden op- of samengesteld (in een document of mail) gedurende de week. Het is geen vast format, maar een goed stel snippets bevat de belangrijkste gebeurtenissen van die week en laat direct zien waar de betreffende persoon op dit moment aan werkt; van cryptisch ('SMB Frameworke', '10 procentlijst') tot wat meer alledaags ('heeft kwartaalrapportage gemaakt', 'gezinsvakantie'). Net als bij de OKR's kan iedereen ze inzien. Snippets worden op Moma gezet waardoor iedereen die van elkaar kan inzien en jarenlang kreeg Larry een wekelijkse samenvatting van de vorderingen van software- en productteams. Dat was de manier waarop hij achter de waarheid kwam.

En nu we het daar toch over hebben...

Het moet veilig zijn om de waarheid te zeggen

Jonathan volgde eens een college geschiedenis waarvan hij wist dat het favoriet was bij het footballteam van de universiteit. Toen hij zijn onderzoeksproject voor dat semester moest presenteren, herinnerde hij zich dat de studenten in zijn klas, van wie de meesten wel wat over geschiedenis wisten, door de docent waren uitgedaagd om moeilijke vragen aan hun medestudenten te stellen; niet om hen te pesten, maar om de participatie in de groep, waar je ook een cijfer voor kreeg, te stimuleren. Jonathan, als een eigenzinnig, mager scharminkel, stond niet te springen om voor een op een hoog cijfer gerichte groep geschiedenisstudenten een verhaal te houden, dus hij smeedde een plan. Hij bedacht zijn eigen vragen en verdeelde die onder de footballspelers, die ook graag een zo hoog mogelijk cijfer haalden voor participatie in de groep. De quarterback en de verdedigers zetten de ballen prachtig voor en Jonathan kopte ze allemaal keihard in en iedereen ging met een goed gevoel naar huis (misschien afgezien van de studenten Engels die dit nu lezen en het maar een merkwaardige metafoor vinden).

Het lijkt erop dat Jonathans vraagwekkende gedrag zijn weg heeft gevonden naar het bedrijfsleven. Mensen zijn bang om hun managers lastige vragen te stellen en geven dus maar een mooie voorzet. Dit beperkt zich niet alleen tot vragen. Het is een van de meest universele waarheden van de mensheid: niemand wil de brenger van slecht nieuws zijn. Maar als leider is het juist het slechte nieuws dat je het eerste wilt horen. Goed nieuws is morgen ook nog goed, maar slecht nieuws niet. Daarom moet het veilig zijn om moeilijke vragen te stellen en om altijd de waarheid te zeggen, ook als die pijn doet. Als je hoort dat er iets misgaat en het nieuws wordt je op tijd gebracht en zonder dralen, dan wil dat zeggen dat het proces, hoe vervelend het ook kan zijn, goed werkt. Kanaries gaan dood in een kolenmijn, maar jij bent dan tenminste op de hoogte van de vogelmoord, en de arme kerel die de zielige gele lijfjes naar de oppervlakte brengt weet dat hij niet terug de mijnschacht in wordt gegooid.

We hebben een aantal tips om het makkelijker te maken om de harde waarheid aan het topmanagement te vertellen. Na een product- of upgradelancering vragen we aan de teams om een 'postmortemsessie' te organiseren waar iedereen bij elkaar gaat zitten om door te nemen wat goed ging en wat niet. Daarna publiceren we de conclusies en kan iedereen er kennis van nemen. Het meest belangrijke resultaat van die postmortems is het proces zelf. Laat nooit een mogelijkheid voorbijgaan om open, transparante en eerlijke communicatie te promoten.

Een ander voorbeeld is de TGIF-meeting. De wekelijkse bijeenkomst voor het hele personeel die door Larry en Sergey wordt gehouden heeft altijd een vraag-en-antwoordsessie, maar naarmate het bedrijf groeide werd die steeds moeilijker te managen. We hebben daarom hiervoor een systeem, Dory, ontwikkeld. Mensen die tijdens de bijeenkomst geen vraag kunnen (of willen) stellen, kunnen hem naar Dory (genoemd naar de vergeetachtige vis in *Finding Nemo*, maar net als Dory hebben we geen idee meer waarom we het zo hebben genoemd) sturen en anderen mogen vervolgens stemmen over of het een goede vraag is. Hoe meer opgestoken duimen een vraag krijgt, hoe hoger hij in de rangorde komt te staan, en de moeilijkste vragen krijgen meestal het grootste aantal duimen. Tijdens de TGIF-meeting worden de Dory-vragen op een scherm afgebeeld, dus als Larry en Sergey de vragen langslopen, kunnen ze niet zomaar één of twee vragen weglaten die ze niet willen beantwoorden. Ze lopen gewoon de lijst langs, van boven naar beneden, van moeilijk naar makkelijk. Dory zorgt ervoor dat iedereen een lastige vraag kan stellen aan de CEO en zijn team, terwijl je door te stemmen de stomme vragen tot een minimum weet te beperken. Slappe antwoorden aan de andere kant worden op een veel simpeler manier voorkomen. De deelnemers aan de TGIF-meeting hebben allemaal een rood en een groen bordje en worden aangemoedigd met het rode te zwaaien als ze het gevoel hebben dat de vraag niet adequaat is beantwoord.[142]

Eric noemt onze manier van openheid een 'klim-beken-en-pas-je-aan'-

---

142 De groene en rode bordjes kwamen oorspronkelijk uit de film *The Internship*. Nadat de film was uitgekomen gingen wij inzetten bij de TGIF-bijeenkomsten en ze werden zo populair dat we ze ongeveer een jaar gebruikten. Daarna hebben we er een digitale versie van gemaakt, zodat de mensen die via een digitale verbinding toekeken ook hun rode of groene mening konden geven.

model. Piloten wordt geleerd dat als ze in de problemen komen, het eerste wat ze moeten doen klimmen is: zorg dat je het gevaar achter je laat. Dan bekennen: praat tegen de toren en vertel ze wat je verkeerd hebt gedaan en hoe. Ten slotte aanpassen: als de vluchtleiding je vertelt wat je de volgende keer beter moet doen, doe dat dan. Dus als er in jouw bedrijf iemand met slecht nieuws komt aanzetten of met een probleem, dan zit je in het 'klim beken en pas je aan'-model. Men heeft er een tijd over gedaan om de situatie te beoordelen en jij moet hun openheid belonen door te luisteren, te helpen en erop te vertrouwen dat ze de volgende keer zonder problemen zullen landen.

Begin het gesprek

Toen in 2009 de concertfilm *This Is It* van Michael Jackson voor het eerst werd vertoond, kreeg Jonathan een idee. Google's belangrijkste kantorencomplex in Mountain View ligt direct naast een grote bioscoop, dus Jonathan kocht kaartjes voor de dag van de première en nodigde het productteam uit om een tijdstip te bepalen om te gaan kijken. Honderden collega's gingen op zijn aanbod in. Teams organiseerden hele uitjes om de King of Pop te zien in wat zijn comeback op het podium had moeten worden, voordat zijn tragische dood daar een stokje voor stak.

Jonathan kreeg kritiek van collega's en vrienden, want waren de kosten en het gemis aan productiviteit het wel waard om met een groep Googlers naar een film te gaan? Het antwoord was een resonerend ja. De film toonde een slimme creatief van wereldklasse die zijn team en zichzelf tot grote hoogte wist te brengen door over elk detail na te denken en altijd het concertpubliek als referentie te gebruiken. Maar de meer subtiele, achterliggende gedachte bij het uitje naar Michael Jackson was om een gesprek op gang te brengen. Maanden later nog bedankten leden van Jonathans team, van senior managers tot medewerkers net van de universiteit, hem bij de koffieautomaat of in het café voor het bezoek aan de bioscoop. Jonathan vroeg dan altijd wat ze zo mooi aan de film gevonden hadden en dat was altijd het begin van een gesprek.

Praten is nog steeds de belangrijkste en meest waardevolle vorm van communicatie, maar de techniek en het werktempo zorgen er regelmatig voor dat het ook de meest zeldzame begint te worden. Wij zijn allemaal en overal ter wereld met elkaar verbonden en dat is geweldig, maar ook verleidelijk: hoe vaak heb je gemaild, gechat, of ge-sms't naar iemand die maar een paar meter van je vandaan zat? Ja, te vaak, wij ook. Sociologen hebben een naam voor dit fenomeen, trouwens net als antropologen en mixologen: luiheid. Maar in alle eerlijkheid gezegd tegen al die door techniek gedreven slimme creatieven: er speelt nog iets anders mee, zeker bij de grote bedrijven en zeker voor de mensen die nieuw zijn bij een bedrijf. Hoe vaak topmanagers en andere grote jongens ook beweren dat hun deur altijd openstaat, werkt dat alleen als mensen er werkelijk gebruik van maken. Het kan moeilijk zijn voor mensen die de organisatie nog niet zo goed kennen om het gesprek aan te gaan. Als leider moet je ze daarbij helpen.

Een aantal van onze beste leiders hebben maatregelen genomen om die stap te vergemakkelijken. Urs Hölzle schreef en publiceerde een 'gebruikershandleiding' voor zichzelf. Iedereen in zijn team (en dat zijn een paar duizend man) kan die lezen en begrijpen wat de beste manier is om hem te bereiken en hoe hij 'gerepareerd moet worden als hij een hapering vertoont'.[143] Marissa Mayer had normale werktijden, een andere academische invloed in de beginjaren van Google. Net als een hoogleraar aan de universiteit reserveerde zij een aantal uur per week voor inloop van mensen die met haar wilden praten. Mensen tekenden in op een whiteboard buiten haar kantoor (dat ze deelde met een aantal andere Googlers die zich meestal tijdens haar kantooruren elders ophielden). Op de woensdagmiddag zaten de banken bij haar kantoor vol met jonge productmanagers die vragen hadden of iets met haar wilde bespreken.

Vrijwel elk bedrijf heeft 'stamoudsten' die unieke expertise op hun werkgebied bezitten en een meer dan grondige kennis hebben van de organisa-

143 Een aantal van onze favoriete zinnen uit zijn gebruikershandleiding: 'Ik ben niet in de Verenigde Staten opgegroeid en ik heb de neiging om directer te zijn als ik ergens met anderen over praat... Ik heb de neiging om te overdrijven als ik mijn punt duidelijk wil maken. Het is makkelijker om iets in zwart en wit te poneren in plaats van in schakeringen grijs... Als je denkt dat ik het fout heb, dan moet je mij dat vertellen. Ik zal nooit iemand de schuld geven als hij zijn mond opendoet... Als je het gevoel hebt dat ik de pik op je heb en dat je alleen maar negatieve feedback krijgt, dan is dat hoogstwaarschijnlijk niet mijn bedoeling.'

tie. Sommigen van hen zijn erg bekend in het bedrijf, maar anderen niet, en een van de beste dingen die een leider kan doen is een slimme creatief met zo iemand in contact brengen. Bij Bell Labs worden deze typen vaak 'de gasten die het boek hebben geschreven' genoemd, omdat zij hét boek of artikel over een bepaald onderwerp hadden geschreven, en de nieuwe medewerkers werden vaak door hun leidinggevenden naar hen toe gestuurd om ze te leren kennen.[144] Bij veel bedrijven (en ook universiteiten) is de pavlovreactie van het management het contact van nieuwkomers met deze interne rocksterren te ontmoedigen. Tenslotte kunnen ze hun tijd verspillen door domme vragen te stellen, toch? Ja, dat gebeurt, maar het blijkt dat rocksterren weinig geduld hebben met mensen die ze domme vragen stellen en dat direct weten om te zetten in een vervelende ervaring. De onervaren slimme creatief die dit een keer is overkomen kijkt wel uit dat het hem een tweede keer gebeurt.

Herhaling doet niets af aan de preek

In het echte leven moet je iets vaak een keer of twintig zeggen voordat het echt blijft hangen.[145] Als je iets een paar keer zegt, dan zijn mensen veel te druk om het in zich op te nemen. Een paar keer meer en ze beginnen vaag iets te horen. Tegen de tijd dat je het voor de vijftiende tot de twintigste keer hebt gezegd, heb je het er misschien wel helemaal mee gehad, maar dat is het moment waarop mensen je boodschap beginnen door te krijgen. Een leider moet dus regelmatig overcommuniceren. Zoals Eric graag zegt: 'Herhaling doet niets af aan de preek.' Een stelling die elke dominee zal onderschrijven.

Maar er is een goede manier van overcommuniceren en een verkeerde. In het internettijdperk is de meest gebruikte methode, zeker gezien het gebruiksgemak van de technologie, om meer dingen met meer mensen te

144 Jon Gertner, 'True Innovation' (*The New York Times*, 25 februari 2012). Gertner zelf schreef een boek over innovatie bij Bell Labs. Zie Jon Gertner, *The Idea Factory: Bell Labs and the Great Age of American Innovation* (Penguin, 2012).
145 Jonathan bleef dit maar aan zijn vrouw vertellen, maar na de vierde keer vertelde ze hem dat hij zijn mond moest houden.

delen. Kom je een interessant artikel tegen? Plak de link in een mail en stuur die naar iedereen die eventueel daarin geïnteresseerd kan zijn. Hoera! Overcommunicatie. Je hebt ook kostbare uren van anderen verspild. Overcommunicatie op de verkeerde manier leidt tot een achteloze verspreiding van zinloze informatie, een lawine van geouwehoer in een toch al overvolle inbox.

Hier een paar richtlijnen om goed te overcommuniceren:

1. Onderstreept de communicatie belangrijke onderwerpen waarvan je wilt dat iedereen die kent?

Als je je hieraan wilt houden moet je eerst weten wat die belangrijke onderwerpen zijn. Als we stellen dat herhaling niets afdoet aan de preek, dan zijn dit de preken waar we het over hebben. Het zijn dingen waarvan je wilt dat iedereen ze weet, dingen die heilig zijn. Daar zijn er maar een paar van en die staan allemaal in verband met je missie, waarden, strategie en bedrijfstak. Bij Google zijn dit thema's als: altijd de klant op de eerste plaats zetten, groots denken en niet bang zijn om een fout te maken. Daarnaast zijn wij allemaal technologische optimisten: we geloven dat de computertechnologie en het internet de macht hebben om de wereld te verbeteren.

Trouwens, als je iets twintig keer vertelt en de mensen hebben het nog steeds niet door dan ligt dat aan het onderwerp, niet aan jouw manier van communiceren. Als je elke week tijdens een bijeenkomst van alle medewerkers je strategie en andere plannen voorlegt en mensen weten nog steeds niet wat je bedoelt of ze geloven er niet in, dan is het plan niet goed, niet de manier waarop je het vertelt.

2. Is de communicatie effectief?

Om dit het geval te laten zijn, moet je iets nieuws te vertellen hebben. Als wij zeggen dat herhaling niets afdoet aan de preek, dan bedoelen wij dat niet letterlijk. Dit is niet de Pledge of Allegiance (het trouw zweren aan de vlag), iets wat door herhaling in de hoofden van schoolkinderen wordt gestampt, net zo lang totdat de woorden in de hersenen gegrift staan en de betekenis is verdwenen. Soms moet de presentatie van een idee op verschillende manieren gebeuren om de aandacht (weer) te trekken. Erics periodieke memo's aan Googlers hebben bijvoorbeeld vrijwel altijd als onderwerp dat men zich op de gebruiker moet richten. Om dat op een frisse manier te doen, schreef Eric in een van zijn memo's dat de klant zich steeds meer ontwikkelde, wat werd aangetoond door het feit dat zoektermen elk jaar 5 procent langer werden. Dat was een nieuw interessant gegeven dat de meeste Googlers niet kenden. Het zorgde ervoor dat een belangrijk thema weer relevant werd.

3. Is de communicatie interessant, leuk of inspirerend?

De meeste managementteams zijn niet nieuwsgierig, zij zijn erop gericht om dringende taken uit te voeren en hebben de neiging om hun communicatie net zo zakelijk te laten verlopen. Slimme creatieven aan de andere kant zijn erg breed geïnteresseerd. Dus als je een artikel tegenkomt dat veel inzicht geeft of interessant is en op de een of andere manier refereert aan een belangrijk thema dat je onder de aandacht wilt brengen, dan moet je dat rondsturen. Maak het relevant voor het team door een punt aan te halen of er juist tegenin te gaan. Mensen vinden het prettig als je hun oogkleppen afdoet en een breed scala aan onderwerpen ter discussie stelt. Ze willen nieuwsgierig zijn. Een aantal jaar geleden kwam Jonathan een artikel tegen, geschreven door journalist en oprichter van *Wired* Kevin Kelly, getiteld 'Is de wet van Moore onvermijdelijk?',[146] waarin hij inging op de geschiedenis van de wet van Moore en voorspelde dat de volgende herhaling onvermijdelijk was. Hij stuurde een link van het artikel naar zijn team, samen met een aantal vragen: denk jij ook dat de volgende herhaling van de wet van Moore onvermijdelijk is? Hoe lang duurt het nog voordat de huidige voorbij is? Is er, uitgaande van Kelly's conclusies, iets wat Google anders moet doen? De e-mail zorgde voor een levendig debat (een gesprek!) dat een week doorliep. De toekomst van de wet van Moore had geen direct verband met ons bedrijf of het werk van de mensen die aan de discussie meededen, maar paste in Google's bredere strategie om in te zetten op de toekomst van de technologie.

---

146 'Was Moore's Law Inevitable?' (*The Technium*, juli 2009), gelezen op http://www.kk.org/thetechnium/archives/2009/07/was_moores_law/.

4. Is de communicatie authentiek?

Als jij de zender bent, dan moet er ook iets van jezelf in zitten. Effectieve communicatie kun je niet voor 100 procent uitbesteden. Ja, je kunt mensen je laten helpen om betere woorden te kiezen, maar de gedachten, ideeen en ervaringen moeten van jou zijn. Hoe authentieker hoe beter.

Toen Eric aan het einde van 2009 door Irak reisde schreef hij een korte, diepzinnige analyse van zijn reis, met observaties over wat wel en wat niet werkte. Zijn aantekening had niets van doen met onze medewerkers als Googlers, maar alles met hen als wereldburger, en ze verspreidde zich razendsnel door het bedrijf. Op een veel lichter niveau vermaakte Jonathan zijn team met videoclips van de schitterende acties van zijn dochter op het voetbalveld. Of je nu door een oorlogsgebied trekt of barst van ouderlijke trots: wees niet bang om je verhaal te vertellen.

5. Bereikt de communicatie de juiste mensen?

Het probleem met e-mail is dat het te makkelijk is om ontvangers toe te voegen. Weet je niet zeker of iemand iets moet krijgen? Kan het jou wat schelen, voeg hem toe! Of nog beter: zend gewoon iedereen in het team een kopie. Maar een goede boodschap is alleen bestemd voor mensen die hem nuttig vinden. Het samenstellen van een lijstje mensen kost tijd, maar de investering van een paar seconden kan veel effect hebben. Als je automatische verzendlijsten vermijdt en in plaats daarvan de juiste mensen uitkiest voor de notitie, dan is de kans ook groter dat ze die lezen. Draai het maar eens om: welke e-mail zul je eerder lezen, die in een automatische verzendlijst of degene die aan jou gericht is? Het is vergelijkbaar met het verschil tussen junkmail en een met de hand geadresseerde kaart.

6. Gebruik je het juiste medium?

Zeg ja tegen alle vormen van communicatie. Mensen nemen informatie op veel verschillende manieren tot zich, dus wat bij sommigen wel werkt, werkt bij anderen niet. Als de boodschap belangrijk is, gebruik dan alle middelen die je tot je beschikking hebt om de boodschap over te brengen: e-mail, video, sociale netwerken, vergaderingen, videoconferentie en zelfs flyers en posters op de muur in de keuken of de kantine. Leer welke methoden werken om contact met je collega's te maken en gebruik ze.

7. Vertel de waarheid, wees bescheiden en spaar goodwill voor als het later tegenzit.

Slimme creatieven hoeven niet voor jou te werken, ze hebben voldoende alternatieven. Als je voortdurend de waarheid spreekt en bescheiden bent, dan kweek je veel goodwill en loyaliteit in het team. En als je een keer de fout in gaat, communiceer dat dan ook eerlijk en bescheiden. Misschien dat het je wat goodwill kost, maar niet alle goodwill.

Hoe was Londen?

De meeste mensen in het bedrijfsleven gaan naar stafvergaderingen. Je hebt er waarschijnlijk zelf honderden meegemaakt en je weet dus precies hoe de agenda eruitziet: ontvangst, statusupdates, je doet wat administratief werk, slaapt met je ogen open, checkt je e-mails in het geheim onder tafel en vraagt je ondertussen af welke fout je in je leven hebt gemaakt om deze marteling te moeten meemaken. Het probleem met de doorsneestafvergadering is dat ze is georganiseerd rond functionele updates, in plaats van op basis van de belangrijkste dingen die er spelen in het team. Het resultaat kan dus zijn dat je te veel tijd besteedt aan dingen die er niet toe doen (moet je echt elke week een update over alles hebben?) en onvoldoende aan zaken die wel belangrijk zijn. Deze structuur versterkt ook de schotten tussen mensen (Pam werkt bij Kwaliteitscontrole, Jason is van Verkoop) in plaats van dat ze een forum creëert waarbij iedereen inbreng heeft over de belangrijkste voorliggende onderwerpen.

Een simpele techniek om het monotone van een stafvergadering te doorbreken is het reisverslag. Als mensen reizen, vraag ze dan om een soort 'Wat deed ik tijdens mijn zomervakantie'-rapport op te stellen over wat ze hebben gedaan en wat ze hebben geleerd. Begin dan alle stafvergaderingen met een reisverslag. (Als niemand die week heeft gereisd, vraag dan of iemand iets over zijn weekend wil vertellen.) Het reisverslag maakt de stafvergadering veel interessanter. Het zorgt voor meer gespreksstof en als iemand weet dat hij geacht wordt een reisverslag te geven op de stafvergadering. dan zal hij daar meer energie in steken. Ook omdat goed gemaakte reisverslagen mensen uit hun functionele sleur halen, waardoor die vergaderingen interessanter worden. Het maakt niet uit wat iemand voor functie heeft, hij moet worden gestimuleerd om een mening te hebben over het bedrijf, de branche, de klanten en partners en de verschillende culturen.

Niet lang nadat hij in 2008 bij Google in dienst trad, bezocht CFO Patrick Pichette ons kantoor in Londen. Toen hij terugkwam opende Eric de stafvergadering door Patrick uit te nodigen iets over zijn reis te vertellen. Nadat hij had verteld hoe groot het kantoor was en met wie hij had gesproken en blablabla, schakelde Patrick over naar een totaal andere invalshoek. Tijdens zijn bezoek in Londen was hij alle mobieletelefoonwinkels die hij zag binnengelopen en was hij het gesprek aangegaan met de verkoper over de telefoons en de abonnementen. Dus in zijn reisverslag gaf hij het team bij Google een onverwacht inkijkje in hoe ons nieuwe mobiele besturingssysteem Android en een aantal apps het deden in de markt. Dit had niets te maken met financiën (Patrick had niet het gevoel dat hij iets kon vertellen over zijn eigen vakgebied) en zette zo de toon dat iedereen iets kon vertellen wat het hele bedrijf aanging.

Beoordeel jezelf

Een van Erics vaste stelregels is een soort gouden standaard voor management: zorg ervoor dat je voor jezelf zou willen werken. Als je zo'n slechte manager bent dat jij het als medewerker zou haten om voor jou te werken, dan heb je nog heel wat werk te doen. De beste manier is volgens ons de zelfbeoordeling. Schrijf ten minste één keer per jaar een beoordeling van je eigen prestaties, lees die door en kijk dan of je voor jezelf zou willen werken. Deel haar daarna met de mensen die echt voor je werken. Dit zal je een beter inzicht geven dan de standaard 360 gradenbeoordelingen, want als je kritiek op jezelf levert geeft dat anderen ook meer vrijheid open te zijn.

We hebben het al over Erics zelfbeoordeling uit 2002 gehad toen we spraken over Bill Campbell en over hoe Eric in eerste instantie ten onrechte dacht dat hij geen coach nodig had. Er staan nog meer passages in die beoordeling waar Eric er tegenover zijn staf ruiterlijk voor uitkomt dat hij fouten heeft gemaakt. Bijvoorbeeld: 'Ik had mijn team eerder de ruimte moeten geven en meer besluiten lager in de organisatie moeten laten nemen, en: 'Ik had mij sterker moeten maken voor het eerder nemen van bepaalde besluiten, ongeduldiger moeten zijn. Ik heb de neiging gehad in bepaalde situaties meer dan goed was te zoeken naar consensus.' Deze kritische aantekeningen werden zeer goed door het team ontvangen, omdat ze aantoonden dat de CEO er net zo geïnteresseerd in was om zichzelf te verbeteren als zijzelf.

E-mailwijsheid

Communicatie in het internettijdperk betekent meestal het gebruik van e-mail, en e-mail. Hoewel het een extreem handig en krachtig communicatiemiddel is, zorgt het af en toe voor een fors afgrijzen in de anderszins optimistische en gelukkige mensheid. Hier onze huisregels voor het verlichten van dat akelige gevoel:

1. Reageer snel. Er zijn mensen bij wie je ervan op aan kunt dat ze snel reageren op een mail en er zijn er bij wie je dat niet kunt. Probeer tot de eerste categorie te behoren. Het overgrote deel van de beste en drukste mensen reageren snel op hun mail, niet alleen op die van ons of van een select groepje, maar van iedereen. Als jij snel reageert, lokt dat positieve feedback uit waardoor jouw team en collega's eerder geneigd zijn jou in hun discussies en besluiten te betrekken, en snel reageren op iedereen helpt een platte, op meritocratie gebaseerde cultuur te ontwikkelen. Deze reacties kunnen erg kort zijn; 'Duidelijk' is een van onze favorieten. En als je vertrouwen hebt in je vermogen om snel te reageren, dan kun je mensen precies vertellen wat niet antwoorden betekent. In ons geval is dat meestal 'duidelijk en ga verder'. Dat is beter dan wat niet antwoorden betekent voor de meeste mensen: 'Ik heb het ongelofelijk druk en ik weet niet of ik aan je berichtje toe kom, dus als je feedback van mij nodig hebt, dan zul je gewoon nog een tijdje langer moeten wachten. Daarnaast mag ik je niet.'

2. Als je een e-mail schrijft is elk woord belangrijk en zinloze proza helpt daarbij niet. Condenseer je antwoord. Als je een probleem beschrijft, doe dat dan zo helder mogelijk. Als je dit goed wilt doen, kost dat meer tijd en niet minder. Je moet een proefversie maken, die vervolgens goed doorlezen en elk woord schrappen dat niet noodzakelijk is. Denk aan het antwoord dat de overleden romanschrijver Elmore Leonard gaf op een vraag over zijn succes als schrijver: 'Ik laat alles weg wat mensen overslaan.'[147] De meeste e-mails staan vol zinnen die mensen overslaan.

3. Ruim je inbox voortdurend op. Hoeveel tijd besteed je aan kijken naar je inbox om te besluiten welke mail je nu weer zult beantwoorden? Hoeveel tijd ben je kwijt aan mailtjes openen en lezen die je al een keer hebt gelezen? Nadenken over welk mailtje je nu weer eens zult beantwoorden is zonde van je tijd. Net als het lezen van de mailtjes die je al een keer hebt gelezen (en waar je nog niet op hebt gereageerd).

Als je een nieuwe mail opent, heb je vier opties: lees net genoeg om te weten dat je hem niet verder hoeft te lezen, lees hem en reageer direct, lees hem en reageer later of lees hem later (hij is het waard om te lezen maar niet urgent en te lang om nu te lezen). Kies direct uit deze mogelijkheden, met een sterke nadruk op de eerste twee mogelijkheden. Ken je het oude acroniem OHIO (*Only Hold It Once*)? Als je het bericht leest en weet wat er moet gebeuren, doe het dan gelijk. Anders veroordeel je jezelf tot nog een keer lezen en dat is 100 procent tijdverspilling.

Als je dit goed doet, wordt je inbox een actielijst van alleen maar complexe zaken waar je wat langer over na moet denken (label deze mails met 'actie ondernemen' of zet er een sterretje bij in Gmail), met een klein aantal 'te lezen'-mailtjes waar je je later over kan buigen.

Om er zeker van te zijn dat je niet automatisch alle inkomende mailtjes verplaatst naar je 'nog wat mee doen'-map, moet je die map elke dag opschonen. Dat is iets wat je mooi 's avonds kunt doen. Nul items is het doel, maar alles onder de vijf is aanvaardbaar. Anders ben je later meer tijd kwijt om te bepalen wat van die lange actielijst ook weer moet worden gedaan.

---

147 Vaak geciteerd, onder andere in Dennis McLellan, 'Elmore Leonard, Master of the Hard-Boiled Crime Novel, Dies at 87' (*Los Angeles Times*, 20 augustus 2013).

4. Handel nieuwere mailtjes als eerste af. Soms worden oudere mailtjes door iemand anders afgehandeld.

5. Onthoud: je bent een router. Als jij een notitie krijgt met zinvolle informatie, denk dan na over voor wie het nog meer zinvol kan zijn. Kijk aan het einde van de dag je mail nog eens door en denk: wat had ik moeten doorsturen, maar heb ik niet doorgestuurd?

6. Als je BCC gebruikt (een blinde kopie), dan moet je jezelf afvragen waarom je dat doet. Het antwoord is vrijwel altijd dat je iets probeert te verbergen en dat is contraproductief en potentieel gemeen in een transparante cultuur. Als dat zo is, zet de persoon er dan met naam en toenaam in, of stuur hem helemaal niets.

De enige keer dat wij het gebruik van BCC aanraden is als je iemand uit een maillijst verwijdert. Als je 'doorsturen naar allen' gebruikt voor een groot aantal e-mails, verplaats de mensen die niet langer relevant zijn dan naar het BCC-veld en leg in het begeleidend schrijven uit waarom je dit doet. Zij zullen opgelucht zijn om weer een irrelevante mail minder in hun inbox te zien verschijnen.

7. Schreeuw niet. Als je wilt schreeuwen, doe het dan face to face. Het is VEEL TE MAKKELIJK om het elektronisch te doen.

8. Maak het mensen makkelijk om antwoord te geven op vragen. Als jij een mail naar iemand stuurt met een actiepunt dat je in de gaten wilt houden, zet jezelf dan in de adresbalk/-lijst en geef als titel mee 'volgen'. Dat maakt het makkelijk om de dingen die moeten worden gedaan maar nog niet gedaan zijn te vinden en te volgen; je kunt het originele mailtje nog een keer sturen met de vraag: 'Is dit geregeld?'

9. Help jezelf later dingen terug te vinden. Als je iets krijgt waarvan je denkt het later nodig te hebben, forward het naar jezelf, samen met een paar steekwoorden die de inhoud beschrijven. Vraag jezelf af: hoe zal ik hier later naar zoeken? Als je er dan later naar zoekt, dan zul je waarschijnlijk diezelfde zoektermen gebruiken.

Dit is niet alleen handig voor e-mails, maar ook voor belangrijke documenten. Jonathan scant de paspoorten, vergunningen en ziektekostenverzekeringspasjes van hemzelf en zijn gezinsleden en mailt ze naar zichzelf met een aantal steekwoorden. Zou hij een van die zaken tijdens een reis verliezen, dan zijn die kopieën makkelijk teug te vinden via elke browser.

Zorg voor een draaiboek

Als topmanager speel je op veel velden: je hebt medewerkers, bazen, raden van bestuur, adviseurs, klanten, partners, investeerders, enzovoort. Het helpt als je een draaiboek hebt met daarin aantekeningen over hoe je het effectiefst met al die partijen kunt communiceren. Hier is het onze:

1:1'tjes, vergelijk de lijsten

Bill Campbell stelde ons eens een interessante aanpak voor van de 1:1'tjes (oftewel de een-op-eentjes, het werkoverleg tussen manager en medewerker). De manager moet een lijst maken van de vijf belangrijkste dingen die hij wil bespreken en de medewerker doet hetzelfde. Als de aparte lijsten naast elkaar worden gelegd, bestaat de kans dat sommige items er dubbel op staan. Het gezamenlijke doel van een 1:1'tje moet zijn om problemen op te lossen en als een manager en medewerker niet onafhankelijk van elkaar dezelfde problemen weten te benoemen, dan hebben ze een nog groter probleem.

Bill stelde ook een leuk format voor een 1:1'tje voor, waarmee we goede resultaten hebben bereikt:

1. Prestaties wat betreft de vereisten van de baan.
   a) Kunnen verkoopcijfers zijn
   b) Kan backordersituatie zijn of productinfo
   c) Kan feedback van klanten zijn of productkwaliteit
   d) Kunnen budgetcijfers zijn

2. Relaties met andere afdelingen (kunnen erg belangrijk zijn voor de integratie en samenhang van het bedrijf).
   a) Product en Software
   b) Marketing en Product
   c) Verkoop en Software

3. Management/Leiderschap.
   a) Leid/coach je je mensen?
   b) Weet je de slecht functionerenden eruit te halen?
   c) Werk je hard aan werving?
   d) Lukt het je om je mensen heroïsche dingen te laten doen?

4. Innovatie.
   a) Kijk je steeds naar de toekomst en denk je erover na hoe je je kunt blijven verbeteren?
   b) Evalueer je voortdurend nieuwe technologieën, producten en toepassingsmethoden?
   c) Meet je jezelf af tegen de besten in de branche/wereld?

Vergaderingen van de board: neuzen erin, vingers erbuiten

De doelen van een vergadering van de board zijn harmonie, transparantie en advies. Je wilt die vergadering verlaten met steun van de board voor jouw strategie en tactiek. Je moet volkomen transparant zijn in alles wat je communiceert en je wilt hun advies horen, zelfs als je niet van plan bent om er rekening mee te houden (meestal zijn ze erg behulpzaam, maar kennen ze niet alle achtergronden die jij wel kent). Anders gezegd jij wilt dat ze hun neus erin steken, maar hun vingers erbuiten laten.[148]

Als CEO begon Eric de vergaderingen van de board met een overzicht van de hoogtepunten en dieptepunten van het afgelopen kwartaal. De dieptepunten waren in het bijzonder belangrijk en Eric besteedde daar verreweg de meeste tijd aan. Dat komt doordat het voor mensen altijd moeilijker is om slecht nieuws te brengen aan een board dan goed. De hoogtepunten zijn makkelijk, maar als je een team vraagt naar een lijstje met dieptepunten, krijg je meestal een te fraai beeld van de waarheid: 'Dit is het probleem, maar zo erg is het niet en we hebben al een oplossing op stapel

---

148 Deze zinsnede is bedacht door de oprichter en voormalige voorzitter van de National Association of Corporate Directors, John M. Nash. Die wil zeggen dat een board actief toezicht moet houden, maar zich niet in detail met het management moet bemoeien. Zie 'A Leader Ahead of His Time: NACD Founder John Nash' (NACD Directorship, 15 mei 2013).

staan.' Dit kan niet waar zijn voor alle problemen van het bedrijf en dat weet de board. De beste manier is dus om eerlijk te zijn: 'We hebben grote problemen en nog niet alle antwoorden.' Erics dieptepunten brachten altijd allerlei onderwerpen op tafel, van omzet tot concurrentie en producten, op een eerlijke en open manier, wat altijd de opmaat was voor een geëngageerde discussie in de raad. We wilden er bijvoorbeeld in een bepaalde vergadering over praten dat de bureaucratie onze werkzaamheden vertraagde. De ingebrachte stelling luidde: 'Google heeft last van constipatie, hoe pakken we dit aan?'

Eric gaf na de hoogte- en dieptepunten een gedetailleerd overzicht van alle producten en werkgebieden van de onderneming, met de nadruk op een korte en bondige, door feiten bepaalde discussie. Het maken van deze presentatie werd niet voorbereid door een juridisch of communicatieteam, maar door de productmanagers van Jonathan die precies wisten waar ze het over hadden. Jonathan zocht hiervoor zijn slimste mensen uit. Hij wist dat ze het erg goed zouden doen, ondanks de enorme hoeveelheid tijd die het ze kostte. Hij wist ook dat de ervaring van een gedetailleerde presentatie voor de board in elkaar zetten (met de bijbehorende teksten) deze getalenteerde mensen een geweldig inkijkje gaf in de manier van communiceren op het hoogste niveau en een gedegen overzicht van wat er allemaal in het bedrijf speelde. Deze taak delegeren aan mensen van de communicatieafdeling zou een verloren kans zijn geweest om de toekomstige leiders van de onderneming deze training te laten ondergaan.[149]

Leden van de board willen praten over strategie en producten, niet over besturen en rechtszaken. (Als dat niet zo is, moet je andere leden zoeken.) Onthoud dit als je de regels en de agenda voor de raad opstelt en houd daaraan vast, ook als het moeilijk wordt. Toen Eric in de board van Siebel Systems zat, een softwarebedrijf dat in 2005 door Oracle werd overgenomen, raakte het bedrijf verstrikt in een aantal SEC-overtredingen (de 'beurs-

149 Het is niet toevallig dat veel van de productmanagers die mee hebben gewerkt aan de presentaties voor de board zeer succesvol in het bedrijf zijn geweest. Sundar Pichai bijvoorbeeld heeft jaren leiding aan Jonathans team gegeven en is nu hoofd van de Android-, Chrome- en Apps-afdelingen. Caesar Sengupta werkte met Sundar samen aan de presentaties en is nu hoofd van het Chromebooks-team.

waakhond') aan het begin van de eentwintigste eeuw. De boardvergaderingen werden gedomineerd door juridische gesprekken en men besteedde veel meer tijd aan het nadenken over advocaten en schuldvragen dan over de commercie, die langzaam maar zeker terugliep.

Administratieve processen, nog zo'n belangrijk onderwerp voor de board, zijn ook zo'n mooie uitvlucht als het alternatief is om te praten over het afkalven van het belangrijkste product. De board moet van strategische betekenis zijn, maar dat soort interessante gesprekken en waardevolle inzichten krijg je niet als je voortdurend wordt afgeleid door bestuurszaken. Natuurlijk moet de board inzicht hebben in wat er speelt bij belangrijke juridische kwesties en andere tactische onderwerpen, maar die kunnen gewoonlijk in subcomités worden afgehandeld en binnen een kwartier worden samengevat in de echte vergadering. Toen hij naar Google kwam maakte Eric de afspraak met de board dat men zich zou gaan focussen op onderwerpen die relevant waren voor de omvang en strategie van de markt. De board van Apple deed dit ook goed in de tijd dat Eric daarin zat: er werd tijdens de vergaderingen langdurig gesproken over producten, leiderschap en strategie. En het was volkomen duidelijk wie daar de baas was!

Bel de leden van de board geregeld tussen de vergaderingen door, maar hoop dan dat je hun voicemail krijgt. ;-)

Partners, wees diplomatiek

Om platforms te kunnen bouwen en succesvolle producten in de markt te kunnen zetten, heeft een bedrijf partners nodig. Dit levert vaak interessante situaties op (en vaak kreten als concullega's et cetera) waarbij twee bedrijven elkaar op sommige gebieden tegenwerken en op andere samenwerken. De sleutel tot succes in dit soort situaties ligt in een van de oudste vormen van de communicatiekunst: diplomatie.

In veel opzichten lijkt een ingewikkelde verhouding tussen bedrijven op de realpolitik-stijl van diplomatie tussen landen, wat wil zeggen dat je relaties pragmatisch moet bezien en niet ideologisch. Landen kunnen een lange lijst van klachten over elkaar hebben, maar het is in hun beider belang om een vorm van samenwerken te vinden. Het alternatief, geen relatie of oorlog, is destructief voor beide. De Verenigde Staten en China, bijvoorbeeld, hebben erg veel meningsverschillen, maar er wordt zoveel handel gedreven tussen de twee landen dat we manieren moeten vinden om onze relatie in stand te houden en uit te bouwen, ondanks onze verschillen.

Landen, net als zakenpartners, hebben elk hun eigen ideologie en zullen het gelijk merken als ze van de ene ideologie op de andere overstappen. Een eerste belangrijke stap om tot een succesvol partnerschap te komen is om die verschillen te erkennen en aan te nemen dat ze niet weg zullen gaan. Het andere land/bedrijf heeft recht op zijn eigen mening en gelooft daar net zo heilig in als jij, dus als je effectief met zo'n partner wilt samenwerken, dan zul je je morele oordeel moeten opschorten. Zoals Henry Kissenger in 1969 zei, toen hij National Security Adviser van de VS was: 'We hebben altijd duidelijk gezegd dat wij geen permanente vijanden hebben en dat we andere landen, inclusief de communistische landen en in het bijzonder landen als communistisch China, zullen beoordelen op basis van hun acties en niet op basis van hun ideologie.'[150] Minder dan twee jaar later reisde hij in het geheim naar China, wat leidde tot een vernieuwing van de diplomatieke relatie tussen de twee landen; voor het eerst sinds de Tweede Wereldoorlog.

Als het managen van partnerschappen lijkt op diplomatie, dan moge het duidelijk zijn dat het moet worden uitgevoerd door diplomaten. Voor de belangrijkste partnerschappen moeten bedrijven een rol bedenken die uitgaat van tweeledigheid: hou de partner tevreden en verlies tegelijkertijd de belangen van je eigen bedrijf niet uit het oog.[151] Dit wijkt af van de traditionele verkooprol, waarbij meestal de eigen belangen voorop worden gesteld en niet die van de partner.

Vraaggesprekken: voer een gesprek, verkoop geen boodschap

Als je een interview geeft aan iemand van de pers, heb je dan mensen die je helpen voorbereiden? Als dat zo is, geven ze je dan een formulier met FAQ's (vaak gestelde vragen) waar alle vragen op staan die de vervelende journa-

---

150 Zie Henry Kissinger, *White House Years* (Little, Brown, 1979), pag. 192.

151 In diplomatieke kringen noemt men dit 'schaken op twee borden'. Zie Robert D. Putnam, 'Diplomacy and Domestic Politics: The Logic of Two-Level Games' (*International Organization*, Deel 42, Nummer 3, zomer 1988).

list zou kunnen stellen en waarbij zorgvuldig wordt aangegeven welk antwoord je op welke vraag moet geven, met de bedoeling om zo dicht mogelijk bij de aanleiding voor het gesprek te blijven? Ook ja? Als die behulpzame persoon je die FAQ's geeft, kijk je er dan naar en denk je: ja, dat zou ikzelf ook zo zeggen? Als je daar ja op antwoordt, dan besta je waarschijnlijk uit een legering van silicium en titanium.

Veel mensen geloven dat een persinterview een marketingverhaal moet zijn, een verhaal dat van tevoren helemaal uitgeschreven moet worden. Jonathan, die nogal lastig kan zijn voor communicatiemensen, reageerde eens uiterst verbolgen toen hij zijn uitgeschreven antwoorden zag, met de opmerking dat als ze een getrainde aap zochten voor het interview, hij er met alle plezier een voor hen zou regelen. Maar als ze wilden dat hij, iemand die er normaal gesproken totaal niet uitziet als een aap, het interview deed, ze maar overnieuw moesten beginnen en met iets beters op de proppen moesten komen. Een goed interview is namelijk niet bedoeld om onbeschaamd met marketingboodschappen te spuien; het moet een gesprek zijn dat ergens over gaat.

Een goede communicatiemedewerker zal het verschil begrijpen tussen een gesprek en het verkopen van een boodschap. Boodschappen beantwoorden geen vragen. In een gesprek luister je naar de vraag en probeer je een manier te bedenken om daar intelligent antwoord op te geven, met inzichten en verhalen, waarbij je best mag proberen een boodschap uit te dragen, maar die niet papegaait. Te veel mensen proberen de negatieve kanten van communicatie te beheersen, waaronder het voortdurend verkondigen van een boodschap, wat er ook voor zorgt dat al het andere niet meer wordt gehoord. Iedereen heeft ogenblikkelijk in de gaten of er een marketingverhaal wordt afgestoken.

Een goed en gedegen gesprek voeren met een journalist is uitdagend, veel uitdagender dan een script uit je hoofd leren en niet omdat... (vul hier iets grappigs in over journalisten). Een tweegesprek met een journalist kan spanning geven en dat is iets wat journalisten vaak proberen te creëren, maar de meeste mensen proberen dat te voorkomen. Dus als je een echt gesprek wilt voeren met een verslaggever, dan moet je een olifantshuid hebben als het bewuste artikel negatief uitpakt. Als je geen kritiek krijgt, heb je misschien toch niet zo'n goed gesprek gevoerd.

Maar in het merendeel van de gevallen hebben mensen geen prettig gesprek met een journalist omdat het veel makkelijker is om uitgeschreven verhalen in te leveren dan nieuwe inzichten op te doen. Maar die inzichten zijn er en je moet je team dus opdragen ze te vinden. Herinner ze eraan, net zoals onze communicatiecollega Ellen West steeds zegt: 'Om een uitgesproken leider te zijn, moet je uitgesproken gedachten hebben.'

Relaties en geen hiërarchie

Een voordeel van een hiërarchisch geleide onderneming is dat je er makkelijk achter kunt komen met wie je moet praten: kijk naar het juiste hokje op het organisatieschema en dat is de man die je nodig hebt. Maar in het internettijdperk is chaos de norm voor een succesvol bedrijf. Als de zaken volkomen gladjes verlopen, en de medewerkers en afdelingen een goede een-op-eenrelatie hebben, dan hebben processen en de infrastructuur het bedrijf overgenomen. Dat is slecht. Toen Eric CEO was van Novell, draaide alles als een geoliede machine. Het enige probleem was dat het nieuwe-grote-productenbakje leeg was. (Autoracekampioen Mario Andretti: 'Als je alles onder controle hebt, dan ga je niet snel genoeg.')[152]

Het bedrijf moet de processen altijd de baas blijven, dus chaos is goed. Daarbij kun je alleen op relaties terugvallen om de boel te regelen. Neem de tijd om mensen te leren kennen en waarderen. Noteer kleine dingen; de namen van partner en kinderen, belangrijke zaken die spelen in het gezin (die kun je makkelijk in 'Contacten' vastleggen). Eric gelooft in de driewekenregel: als je aan een nieuwe baan begint, doe dan de eerste drie weken helemaal niets. Luister naar mensen, weet wat hun sores en prioriteiten zijn, leer ze kennen en waarderen en win hun vertrouwen. Dus eigenlijk doe je wel wat: je bouwt gezonde relaties op.

En vergeet niet ze te laten glimlachen. Het geven van een compliment wordt veel te weinig gedaan en is ondergewaardeerd in het bedrijfsleven. Als het verdiend is, geef het dan.

---

152 Geciteerd in 'The 25 Coolest Athletes of All Time' (*CQ*, februari 2011).

Innovatie – ga terug naar dat oorspronkelijke gevoel

Op een zonnige lentemorgen in maart 2010 zat Eric in zijn auto op de kruising van Embarcadero Avenue en El Camino Real in Palo Alto, hij keek naar de bomen die rond het footballstadion van Stanford stonden en dacht, wachtend totdat het stoplicht weer op groen sprong, terug aan wat hem in de afgelopen uren was overkomen. Hij had net een kop koffie gedronken met Apple-CEO Steve Jobs in een restaurant met de naam Calafia.[153] De twee hadden buiten op het terras van het op de Californische keuken geïnspireerde restaurant gesproken over Google's groeiende mobiele besturingssysteem Android. Steve was ervan overtuigd dat het opensourcebesturingssysteem was gebouwd op intellectueel eigendom dat ontwikkeld was door Apple. Eric antwoordde dat wij Apple's intellectuele eigendom niet hadden gebruikt, maar Android daadwerkelijk zelf hadden gemaakt. Maar hij praatte tegen dovemansoren. Hij dacht: ze gaan de strijd met ons aan.

Eric kende Steve en werkte met hem sinds 1993, toen Eric bij Sun werkte en Steve bij NeXT Computer. De NeXT werd geprogrammeerd in de computertaal Objective C, en Eric en een paar anderen reisden naar het kantoor van NeXT om een update van Steve te krijgen. Steve begon met het ophemelen van Objective C en probeerde de computerweten-

153 Calafia is eigendom van chef Charlie Ayers, Google's eerste chef-kok (het café op ons hoofdkantoor is naar hem vernoemd). Maar de echte reden dat Eric en Steve daar hadden afgesproken was omdat het vlak bij Steves huis was.

schappers van Sun te overtuigen dat ze het ook moesten gaan gebruiken in het nieuwe ontwikkelplatform dat ze aan het maken waren. Eric wist dat Steve fout zat op een aantal technische punten, maar Steve klonk zo overtuigend dat Eric en zijn Sun-collega's er niet precies achter konden komen waar hij fout zat. Zij stonden na de vergadering bij hun auto op het parkeerterrein van NeXT en spraken over de presentatie en probeerden te ontkomen aan wat wel 'Jobs realiteitsverdraaiing' werd genoemd. Dat lukte niet. Steve zag ze op het parkeerterrein en rende naar ze toe om het gesprek voort te zetten. Een uur lang.

Steve en Eric bouwden in de loop der jaren een vriendschap op en Eric werd in de zomer van 2006 gevraagd om plaats te nemen in de board van Apple. Voordat hij daarin toestemde, hadden Steve en hij een gesprek over mogelijke belangenverstrengelingen tussen Apple en Google. Apple werkte aan de iPhone en Google werkte sinds ongeveer een jaar aan een mobiel besturingssysteem, waarvoor ze in augustus 2005 het bedrijf van Andy Rubin, Android, hadden gekocht. Wat Android precies ging produceren was nog niet helemaal helder, maar toentertijd leek het erop dat ze een opensourcebesturingssysteem zouden maken zonder een gebruikersinterface (andere bedrijven zouden die bouwen). Wij hoopten dat Android het besturingssysteem zou worden voor telefoonfabrikanten als Motorola, Nokia of Samsung, die zowel eigen telefoons als applicaties maakten. Zowel Android als de iPhone stond nog aan het begin van zijn ontwikkeling en Eric trad in augustus 2005 toe tot de board van Apple.

De iPhone van Apple verscheen in juni 2007 en hij was bijna perfect. Hij was ontworpen om optimaal via het internet te kunnen communiceren en was zeer gebruiksvriendelijk, wat gewoonweg fantastisch was. Later dat jaar zette het Android-team een video op YouTube waarin ze uitlegden waar ze aan werkten. Steve onderzocht de video tot in detail en concludeerde dat het gebruiksgemak waarmee ze schermden te veel leek op dat van de iPhone en het bijbehorende besturingssysteem iOS. Eric nam uiteindelijk in augustus 2009 afscheid van de board van Apple en de juridische schermutselingen tussen de twee bedrijven duren voort tot op de dag van vandaag.

Uiteindelijk wil iedereen een of andere smartphone en de meeste (ten minste in de komende tien jaar) zullen draaien op Android of iOS. Er worden meer apps voor deze systemen ontwikkeld dan voor welk ander computersysteem dan ook (het is handig als je potentiële doelgroep uit vrijwel de hele wereldbevolking bestaat). Tientallen producenten concurreren met elkaar en hun sterke en zwakke punten staan niet alleen uitgebreid beschreven in vakbladen, maar ook in de traditionele media. Voor ons is dit nu allemaal duidelijk, maar het is nog maar een paar jaar geleden dat een privécomputer equivalent was aan een pc die op Microsoft Windows draaide. Ongeacht aan welke kant je staat in de patentenoorlog (voor alle duidelijkheid: wij staan aan onze kant), er is weinig discussie over het feit dat deze twee platforms innovatie en enorme economische mogelijkheden hebben gecreëerd en het leven van de mensheid ten goede hebben veranderd.

Steve Jobs had deze toekomst duidelijk voor ogen. Hij is het beste voorbeeld van de invloed die een slimme creatief op de wereld kan hebben. Hij bezat een combinatie van technische kennis, artistiek en creatief talent en ondernemerschap die hem in staat stelde om computerproducten te creëren waar mensen echt verliefd op werden. Hij verbond schoonheid met wetenschap in een technologische omgeving waarin zowel veel nerds als zakenmensen rondliepen en maar weinig kunstenaars. Wij twee hebben door het werken met en het observeren van Steve veel geleerd over slimme creatieven, over hoe een persoonlijke stijl een bedrijfscultuur kan beïnvloeden en over hoe die cultuur een direct verband heeft met succes.

Maar het belangrijkste aspect van de Android-iOS-saga is dat die verschillende manieren laat zien om tot innovatie te komen. Beide platforms en bedrijven zijn enorm innovatief en er is een aantal belangrijke overeenkomsten in hun aanpak. Zowel Apple als Google is werkzaam in een branche waar de productlevenscyclus enorm kort is. In zowel de markt voor internet als die voor mobiele besturingssystemen veroudert het nieuwe ongelofelijk snel, dus moeten we beiden voortdurend blijven innoveren of we raken achterop. Beide bedrijven zien af van het traditionele marktonderzoek en vertrouwen op hun eigen gevoel van wat de consument wil. We vertrouwen op onze visie. En beide bedrijven leggen hun hoogste prioriteit bij het best mogelijk product voor de klant.

Maar afgezien van deze overeenkomsten is ons idee van innovatie volkomen anders, zeker als we kijken naar controle. Met Android gokt Google op de superioriteit van de open source en op ons vermogen om de versplintering die daar een gevolg van is in de hand te houden. Android is, en dat bedoelen we positief, onbeheersbaar. De softwarecode is voor iedereen gratis toegankelijk op basis van een Apache-licentieovereenkomst.[154] Dit opensourcemodel houdt in dat iedereen met het besturingssysteem kan doen wat hij wil; Android is het zand in de zandbak.

We staan ook toe dat iedereen applicaties op basis van Android kan maken en verkopen; daarvoor hebben ze geen toestemming van Google nodig. We stimuleren producenten van apparaten die op Android draaien, zoals Samsung, HTC en Motorola, hun producten zo te maken dat al hun applicaties daarop kunnen draaien, zodat alle Android-apps werken op alle Android-apparaten. We slagen daar zeer goed in, maar niet voor 100 procent; en dat is te verwachten in een omgeving waar iedereen in kan stappen en niemand controle uitoefent. Android groeit en expandeert op een manier die we nooit voor mogelijk hadden gehouden. Het wordt gebruikt op e-readers (waaronder die van Amazon), tablets, spelletjesconsoles en telefoons. Je kunt het ook terugvinden in ijskasten, loopbanden, televisies en speelgoed. Veel zogenaamde kenners hebben het over de komst van het 'internet van dingen', waarbij allerlei soorten apparaten (en niet alleen tablets en telefoons) met het internet verbonden zijn. We hopen maar dat veel van die apparaten zullen draaien op Android.

Apple staat voor de precies tegenovergestelde aanpak. De iOS-code is afgeschermd en applicaties moeten toestemming krijgen, willen ze in de App Store komen. Steve was altijd van mening dat het het beste voor de consument is om overal controle over uit te oefenen. Hij besteedde veel aandacht aan detail, met als enige doel een zo goed mogelijk product in

---

154 Geschreven door de Apache Software Foundation staat de Apache-licentie toe dat de gebruiker van de software voor het gebruik, de verspreiding of de aanpassing van de software, volgens de regels van de licentie, geen royalty's hoeft te betalen.

de markt te zetten. Dit zag je terug in zijn meer dan bijzondere productpresentaties aan de board, die altijd tot in de puntjes waren verzorgd en werden uitgevoerd, het leek soms wel een Broadway-show. Nieuwe producten werden niet zomaar aan de board getoond, ze werden onthuld. Bij Google lieten we vaak assistent-productmanagers nieuwe producten aan de board tonen; niet alleen omdat ze dat zo goed deden (maar niet zo goed als Steve!), maar ook voor het theatrale effect van gasten die een jaar of twee van de universiteit af waren (en soms nog een sweater droegen van hun alma mater) en onze nieuwste producten aan de leden van de board presenteerden. We hebben de waarde van dit soort 'optredens' geleerd van Steve.

Het controlemodel van Apple had niet alleen te maken met Steve Jobs' genialiteit, maar was ook het gevolg van hoe hij het bedrijf had gestructureerd. Bij Apple, net als bij Google, zijn de leiders productmensen met een technische achtergrond. Als je een team van slimme creatieven samenstelt en 's werelds überslimste creatief daar aan het hoofd van zet, dan mag je ervan uitgaan dat je het voor het merendeel van de tijd bij het rechte eind hebt. En als je het vrijwel altijd bij het rechte eind hebt, dan kan een model met veel controle tot erg veel innovatie leiden.

Toen we dit hoofdstuk over innovatie schreven en het aan vrienden en kennissen lieten lezen en iemand sprak ons aan over onze uitgangspunten, gebruikten ze meestal Steve Jobs als hun tegenvoorbeeld. 'Ja, maar Steve Jobs deed het niet op die manier en kijk eens hoeveel geweldige producten hij heeft bedacht.' Natuurlijk had men gelijk en dus reageerden we meestal met de opmerking dat als zij zich konden meten met Steve Jobs, met een inzicht en instinct dat maar weinigen hebben, dat ze dan hun best moesten doen om het op die manier te proberen. Maar als je iemand bent zoals wij, dan hebben wij wat andere ideeën over innovatie die de moeite waard zijn.

Wat is innovatie?

Innovatie: het is *the next big thing*. Of in elk geval het volgende grote woord. Volgens *The Wall Street Journal* kwam alleen al in 2011 dit woord in een of andere vorm meer dan 33.000 keer voor in de jaar- en kwartaalverslagen van Amerikaanse bedrijven.[155] Iedereen wil 'innovatief' zijn (*The Wall Street Journal* gaf niet aan hoe vaak het woord 'stoommachine' in de verslagen voorkwam, maar dat moet wel erg weinig zijn geweest), maar voordat we het erover hebben hoe je dat doet, laten we eerst duidelijk maken wat het betekent.

Voor ons houdt innovatie zowel de productie als de implementatie van vernieuwende en zinvolle ideeën in. Hoewel 'vernieuwende' vaak een geinig synoniem is voor 'nieuw', willen we duidelijk maken dat innovatief ook wil zeggen dat iets een nieuwe functionaliteit biedt en verrassend moet zijn. Als je klanten erom vragen, dan ben je niet innovatief als je ze geeft wat ze vragen, je doet alleen maar wat ze willen. Daar is niet mis mee, maar het is niet innovatief. 'Zinvol' is daarnaast ook een erg algemeen bijvoeglijk naamwoord om een flitsende innovatie te beschrijven, dus laten we er een bijwoord aan toevoegen en er 'uiterst zinvol' van maken. Dus, om iets innovatief te laten zijn, moet het nieuw zijn, verrassend en uiterst zinvol.

Google's project voor zelfrijdende auto's voldoet duidelijk aan die omschrijving: het is nieuw, verrassend (behalve voor *Knight Rider*-fans) en uitermate zinvol. Maar Google voert ook meer dan vijfhonderd verbeteringen per jaar uit aan zijn zoekmachine. Is dat innovatief? Of zijn dat marginale verbeteringen? Ze zijn zeker nieuw en zeker verrassend, maar hoewel ze allemaal, stuk voor stuk, zinvol zijn lijkt het wat overdreven om ze als uiterst zinvol te betitelen. Neem ze allemaal bij elkaar en dan wordt het: de Google-zoekmachine wordt elk jaar uiterst zinvol verbeterd, vanwege de kracht van al die verbeteringen. Zoiets als vijfhonderd kleine stapjes voorwaarts, die, opgeteld, je ergens brengen.

Deze ruimere definitie (innovatie gaat niet alleen over de echt nieuwe grote dingen) is belangrijk omdat ze iedereen de mogelijkheid geeft te innoveren, in plaats van dit het exclusieve domein te laten zijn van een klein aantal mensen ergens achteraf in een studentenflat wiens taak het is

155 Het precieze getal was 33.528. Zie Leslie Kwoh, 'You Call That Innovation?' (*The Wall Street Journal*, 23 mei 2012).

te innoveren. Het zoekmachineteam van Google dat werkt aan een product dat al vijftien jaar oud is, is net zo goed aan het innoveren als Google[x], het team dat werkt aan de zelfrijdende auto. En deze ruimere definitie stelt velen in staat op de proppen te komen met echt grote nieuwe dingen.

Begrijp de context

Google[x] gebruikt een simpel venndiagram om te bepalen of een idee zal worden uitgewerkt. Ten eerste moet het een idee zijn dat een grote uitdaging of kans biedt en honderden miljoenen of miljarden mensen aangaat. Ten tweede moet het idee voor een oplossing radicaal anders zijn dan wat er nu op de markt is. We willen niet proberen verbeteringen aan te brengen, we willen helemaal opnieuw beginnen. En ten derde moet de vernieuwende technologie die voor die radicale oplossing kan zorgen wel uitvoerbaar zijn en haalbaar in de toekomst. Neem bijvoorbeeld project Loon. Dit project, waarbij we door het gebruik van heliumballonnen breedbandinternet bereikbaar willen maken voor de miljarden mensen die er nu nog van verstoken zijn, valt binnen de drie uitgangspunten: het gaat over een enorm probleem met een radicale oplossing waarbij gebruikgemaakt wordt van technieken die al bestaan of binnenkort bestaan. (Stel je iets voor ter grootte van een heteluchtballon, die op ongeveer twintig kilometer hoogte zweeft en draadloos internet levert aan de huizen daarbeneden. Dat is Loon.) Aan de andere kant zou het reizen in de tijd veel problemen oplossen (en een aantal gokkers erg rijk maken), maar de technologie zal er nooit komen (tenminste, laten we dat even aannemen). Voordat het Google[x]-team in een idee duikt, kijkt het eerst of het idee aan de drie voorwaarden voldoet; zo niet, dan valt het af.

Voordat innovatie kan bestaan, moet er een duidelijke context voor zijn. Die wordt meestal gevonden in snelgroeiende markten waar de concurrentie hevig is (veel bedrijven, de meeste bestaande autoproducenten, werken aan zelfrijdende auto's). Zoek niet naar de lege ruimte om vervolgens eenzaam te worden, het is veel beter om een innovatieve invalshoek te gebruiken om een speler te worden in een ruimte die al groot is of dat gaat worden. Misschien lijkt dit tegen je gevoel in te gaan, omdat veel ondernemers ervan dromen om het gat in de markt te vinden, markten die helemaal nieuw zijn en waar nog geen concurrentie is. Maar meestal is er een reden dat een markt leeg is: hij is niet groot genoeg voor een bedrijf om te kunnen groeien. Het is misschien wel een goede zakelijke kans, iemand moet al die nicheproducten maken die je in de SkyMall-catalogus ziet staan, maar als je een innovatieve cultuur wilt creëren dan is het beter om op zoek te gaan naar grote markten met een enorm groeipotentieel. Bedenk dat Google pas laat in de markt voor zoekmachines kwam en niet als eerste.

Een ander element om over na te denken is de technologie. Hoe denk je dat de technologie in die ruimte zich zal ontwikkelen? Wat is nu al anders en wat denk je dat er nog meer gaat veranderen? Heb jij het talent om een duidelijk en duurzaam onderscheid te maken in een zich ontwikkelende wereld? Toen Googler Paul Buchheit Gmail ontwikkelde, was hij aan het innoveren in een grote en groeiende ruimte (e-mail) door erop te gokken dat hij een op een browser gebaseerd e-mailsysteem kon bouwen met zeer veel mogelijkheden en een interface die *client-based* zou zijn.[156] Omdat Google boordevol met softwareontwikkelaars zat die geweldige web-based applicaties konden maken, bezaten we het talent om daar succesvol op voort te borduren. Daarom was de context voor deze innovatie perfect.

De CEO moet de CIO zijn

Heel wat jaar geleden was een van onze collega's, Udi Manber, een softwareontwikkelaar bij Yahoo toen het bedrijf besloot dat het niet innovatief genoeg was. Dus het topmanagement deed wat elke goed opgeleide MBA doet als ze tegen een probleem aan lopen: ze stelden iemand aan die het moest oplossen. Ze boden Udi de baan van hoofd Innovatie aan en

---

156 Client-based applicaties gebruiken softwareprogramma's die geïnstalleerd zijn op het gebruikte apparaat. *Browser-based* apps staan op het internet en programma's als Internet Explorer, Firefox, Safari en Chrome.

nadat hij drie weken aan het werk was, besefte hij dat hij een fout had gemaakt. Zijn bazen wilden dat hij een innovatieraad instelde met formulieren waarmee medewerkers ideeën konden indienen, en een procedure voor hoe de raad die ideeën onder de loep nam en beoordeelde. Met andere woorden: Udi's baan bestond eruit dat hij een innovatiebureaucratie moest inrichten. Dat lijkt erg op een contradictio in terminis. Hij besloot daarom om Yahoo te verlaten. (Het kan zijn dat de opmerking van zijn twaalfjarige dochter daarbij hielp. Zij zag hoe hij een presentatie aan het opstellen was voor een bijeenkomst van alle softwareontwikkelaars en zei: 'Je gaat de tijd van honderden mensen verspillen door ze te vertellen dat ze innovatief moeten zijn. Dat is lekker innovatief zeg!') Uiteindelijk kwam Udi bij Google terecht. Hier is hij erg succesvol geweest en heeft hij een aantal van onze meest innovatieve teams aangevoerd, alleen niet als hoofd Innovatie.

Het idee dat één topfunctionaris verantwoordelijk moet worden gemaakt voor alle innovatieve activiteiten beperkt zich niet tot dit ene bedrijf. Een aantal jaar geleden publiceerde een topadviesbureau een rapport waarin alle bedrijven werd aangeraden zo'n chief innovation officer aan te stellen.[157] Waarom? Omdat men beweert dat je een 'eenheid van bestuur' moet hebben voor alle innovatieprojecten. We weten niet precies wat dat wil zeggen, maar wij zijn er redelijk zeker van dat 'eenheid van bestuur' en 'innovatie' niet in één zin thuishoren.

Als managers in een bedrijf willen we dingen managen. Wil je dat er iets gebeurt? Zet er iemand op. Maar innovatie gaat niet samen met de traditionele MBA-manier van managen. In tegenstelling tot de meeste andere dingen in het bedrijfsleven is het niet iets wat je kunt bezitten, opleggen of plannen. Zoals Udi ons vertelde naar aanleiding van zijn ervaring bij Yahoo: 'Innovatieve mensen hoef je niet te vertellen wat ze moeten doen, je moet ze de ruimte geven.' Met andere woorden: innovatie is een organisch proces. Het is het einddoel van een weg die begint met ideeën

157 Adi Alon, de Noord-Amerikaanse managing director van de Accenture's Innovation Performance Group, schreef dit rapport. Zie voor een samenvatting Adi Alon, '10 Ways to Achieve Growth Through Innovation' (TMC *News*, 9 maart 2010). Zie ook Wouter Koetzier en Adi Alon, 'You Need a Chief Innovation Officer' (Forbes.com, 16 december 2009).

die net als kikkerdril ontstaan in modderige stroompjes en die een lange en gevaarlijke tocht maken van ontstaan naar tot volle wasdom komen. Tijdens die tocht krijgen de betere ideeën volgers en momentum, de zwakkere vallen vanzelf af. Er bestaat geen proces waarmee je deze evolutie kunt implementeren; juist het gebrek aan een proces is kenmerkend. Denk aan een natuurlijke selectie voor ideeën.[158] Om Darwin uit zijn *Over het ontstaan van soorten* te parafraseren:

> Als er meer [ideeën] worden geboren dan kunnen overleven en, als gevolg daarvan, er een voortdurende strijd ontstaat om te overleven, dan is het gevolg dat als iets zich maar net voldoende onderscheidt en dat onderscheid levert een voordeel op, dat onder de complexe en soms wisselende omstandigheden van het leven, een grote kans geeft om te overleven en daardoor op natuurlijke wijze te worden geselecteerd.[159]

> (PS Hoewel wij evolutionisten zijn, zijn we er helemaal niet op tegen dat je in zes dagen een aantal geweldig mooie dingen weet te maken.)

Alle bedrijven willen innovatief zijn en dat betekent dat alle bedrijven een omgeving moeten creëren waarin de verschillende elementen van innovatie ruim baan wordt gegeven om op een nieuwe en interessante manier met elkaar in contact te komen. Daarna moeten deze nieuwe creaties de tijd en ruimte krijgen zich verder te ontwikkelen of, en dat gebeurt veel vaker, te stagneren en te sterven. De positie van chief innovation officer

---

158 Het algemene concept van natuurlijke selectie van ideeën gaat terug tot 1976, toen Richard Dawkins dit introduceerde in *The Selfish Gene*. Maar waar wij het over hebben lijkt meer op wat Jim Collins en Jerry Porras omschreven in *Build to Last* als 'wikken en wegen', het uitproberen van veel verschillende ideeën om het beste idee uiteindelijk over te houden. Zie Jim Collins en Jerry I. Porras, *Built to Last: Successful Habits of Visionary Companies* (HarperBusiness, 1994), pag. 148-54. Voor meer informatie over hoe verscheidenheid en selectie de basis voor creativiteit vormen, zie Dean Keith Simonton, *Origins of Genius: Darwinian Perspectives on Creativity* (Oxford University Press, 1999).

159 Charles Darwin, *Over het ontstaan van soorten.*

(CIO) is gedoemd te falen omdat hij nooit genoeg macht zal hebben om kikkerdril te maken (en zonder dril geen kikkers). Anders gezegd: de CEO moet de CIO zijn. God creëerde de oersoep, dat hoefde hij niet te delegeren.[160]

Het creëren van een goede voedingsbodem is niet nieuw. Thomas Edison werd in de negentiende eeuw beroemd door zijn unieke gooi-het-tegen-de-muur-en-kijk-of-het-blijft-plakkenomgeving in het Menlo Lab. In de twintigste eeuw waren AT&T's Bell Labs en Xerox's Palo Alto Research Center (PARC) beroemde broedplaatsen voor innovatie. Het verschil zit 'm nu echter in snelheid en schaal van de darwinistische strijd. Het internet heeft iedereen de gereedschappen voor innovatie gegeven; sterker nog, het is een ideale testomgeving die het mogelijk maakt dat prototypes worden gepresenteerd en belangwekkende data worden verzameld in een fractie van de tijd die je er vroeger voor nodig had. De natuurlijke selectie van Darwin heeft er triljoenen jaren over gedaan, maar in de hand van slimme creatieven kan en moet de evolutie nu met de snelheid van het internet gebeuren.

Startende ondernemingen zijn vaak innovatieve broedplaatsen: de cultuur is er nog vers en in het hele bedrijf heerst een wij-tegen-de-rest-van-de-wereldsfeer. Mensen die bij een starter gaan werken houden van risico, het is een van de dingen die ze aantrekt in een startend bedrijf. Maar als een bedrijf de grens van vijfhonderd medewerkers overschrijdt, zal het meer risicomijdende medewerkers aantrekken. Dat kunnen nog steeds zeer getalenteerde slimme creatieven zijn, alleen niet degenen die als eerste aan boord springen. Het is een feit dat niet iedereen innovatief is. Dus de broedplaats stelt niet alleen de innovators in staat te innoveren, maar zorgt er ook voor dat iedereen mee kan doen en succesvol kan worden.

Een aantal jaar geleden werden we allebei getroffen door een TEDTalk van ondernemer en musicus Derek Sivers.[161] Hij liet een video zien van een op het eerste gezicht geflipt iemand die helemaal alleen staat te dan-

---

160 Voor de atheïsten onder jullie: dit is een metafoor. Misschien geloof je niet in God, maar zelfs God gelooft in CEO's.

161 Derek Sivers, 'Derek Sivers: How to Start a Movement' (TED, februari 2010), bekeken op http://www.ted.com/talks/derek_sivers_how_to_start_a_movement.html.

sen bij een openluchtconcert. De man staat op een helling, zonder shirt en op blote voeten, maakt wilde gebaren en gaat zo te zien helemaal uit zijn dak. In het begin wil niemand bij hem in de buurt komen, maar dan komt er een ondernemend iemand met hem meedoen, en dan nog een en nog een en dan is er geen houden meer aan. Tientallen mensen haasten zich ernaartoe, waardoor er een dansende menigte ontstaat waar eerst één iemand was. Derek noemt dit het 'eerstevolgerprincipe': als je een beweging wilt beginnen, is het aantrekken van de eerste volger de meest cruciale stap. De oorspronkelijke broedplaats moet mensen aantrekken die innovatief willen zijn (de eenzame, dansende gek) en die iets willen doen. Maar het is net zo belangrijk dat er mensen worden aangetrokken die mee willen doen met iets wat innovatief is (de dansende gekken nummer twee tot tweehonderd). Daarom moet innovatie in de vezels van de onderneming zitten, in alle functies en locaties. Als je het isoleert in een bepaalde groep, dan trek je misschien wel innovators aan, maar je zult een tekort hebben aan eerste volgers.

Robert Noyce, medeoprichter van Fairchild Semiconductor en Intel, heeft ooit gezegd: 'Optimisme is een essentieel ingrediënt voor innovatie. Want waarom zou het individu anders verandering verwelkomen boven veiligheid, avontuur prefereren boven een veilige plek?'[162] Neem mensen aan die slim genoeg zijn om met nieuwe ideeën te komen en gek genoeg zijn om te denken dat ze er iets mee kunnen. Je moet optimistische mensen vinden en aantrekken, en ze daarna een plek geven waar ze verandering en avontuur weten te creëren.

Richt je op de gebruiker...

Eind 2009 lieten een paar zoekspecialisten ons een prototype zien van iets wat al langer op het vuur stond te borrelen. Het was gebaseerd op een eenvoudig idee: wat als we al zoekresultaten gaan aangeven tijdens het intypen, in plaats van afwachten tot de returntoets wordt ingedrukt? We

162 Leslie Berlin, *The Man Behind the Microchip: Robert Noyce and the Invention of Silicon Valley* (Oxford University Press, 2005), pag. 264.

waren er altijd van overtuigd geweest dat snelheid een van de belangrijkste factoren is in het bepalen van de zoekkwaliteit en we waren er trots op dat we het merendeel van de zoekopdrachten binnen een tiende van een seconde konden beantwoorden. Maar die klok begon pas te lopen als de returnknop was ingedrukt. Het intypen van de zoekopdracht kon wel een paar seconden duren. Wat als men niet meer hoefde te wachten? Wat als we al zoekresultaten lieten zien tijdens het typen? Nadat we naar het prototype hadden gekeken, was het duidelijk dat we hier verder in moesten duiken. Zowel de organische als de betaalde zoekteams gingen aan het werk en een aantal maanden later werd de functie aan de wereld getoond als Google Instant.

Een paar weken voor de lancering zat Jonathan in een stafvergadering toen een basale vraag hem te binnen schoot: zou Instant effect hebben op de omzet? Misschien zou, als de zoekresultaten al verschenen onder het intypen, de zoeker minder geneigd zijn om op een advertentie te klikken? Hij vroeg dus aan zijn team of er voldoende data was over de mogelijke gevolgen van Instant. Nee, antwoordde men en iedereen was het ermee eens dat iemand het moest onderzoeken. Iedereen ging vervolgens verder met de planning van de lancering. In elk ander bedrijf waar Jonathan had gewerkt, was, voordat het groene licht werd gegeven, een financiële analyse een van de belangrijkste hordes die een nieuw product moest nemen. Hoeveel omzet zal het nieuwe product maken? Hoeveel zal het rendement op de investering (ROI) zijn? Hoe lang zal de terugverdienperiode zijn? En wij? Wij zaten een paar weken voor de lancering van een enorme verandering in ons belangrijkste product en niemand had een gedetailleerde financiële analyse. Het was duidelijk dat het product geweldig was voor de gebruiker, dus iedereen wist dat lanceren het beste was wat we konden doen.

Toen Google Instant beschikbaar kwam, had het maar een erg klein effect op de omzet, maar Google heeft veel andere toepassingen in de markt gezet die veel meer financiële impact hadden. Knowledge Graph, dat in 2012 verscheen, laat aan de rechterkant van het scherm, in een klein en overzichtelijk venstertje, met algoritmen gegenereerde informatie zien voor zoekopdrachten naar mensen, plekken en dingen. Het toont de relevantste feiten in een overzichtelijk blok. Voor de meeste zoekopdrachten neemt dat blok de plaats in waar voorheen advertenties stonden. Dat scheelde wat in de omzet. Begin 2011 voerden we een aantal veranderingen door in onze zoekalgoritmen, waardoor de kwaliteitsscore van bepaalde websites verminderde. We wilden niet dat gebruikers op een link klikten waardoor ze op waardeloze sites uitkwamen. Die release, onder de naam 'panda', beïnvloedde ongeveer 12 procent van onze zoekopdrachten en omdat veel van die sites onderdeel waren van ons advertentienetwerk, merkten we die verandering wel in onze omzet.

Google weet dat in het internettijdperk het vertrouwen van de gebruiker net zo belangrijk is als dollars, euro's, ponden, yens of welk betaalmiddel dan ook. Het beste product hebben is de enige manier voor een bedrijf om succesvol te blijven, dus ons allereerste uitgangspunt bij de productstrategie is de focus leggen op de gebruiker (en ons niet bemoeien met de interne ontwikkeling van buitenaardse samenlevingen). Zoals Larry en Sergey schreven in hun brief bij de beursgang: 'De kern van wat we doen is dienstverlening aan onze eindgebruiker en dat heeft onze allerhoogste prioriteit.'

Je focussen op de eindgebruiker is echter maar een deel van het verhaal. De hele zin moet luiden: 'Focus op de gebruiker en de rest volgt vanzelf.' Dit betekent dat we altijd zullen doen wat goed is voor de gebruiker en we vertrouwen erop dat onze slimme creatieven bedenken hoe we daar geld aan kunnen verdienen. Dat kan even duren, dus je moet wel over veel vertrouwen beschikken.[163] Maar meestal betaalt het zich uit.

In 2004 namen Jonathan en collega-Googler Jeff Huber Sergey mee om een kleine starter met de naam Keyhole te leren kennen. Jeff, de eerste productmanager die Jonathan bij Excite@Home had aangenomen, was

---

163 Je zou kunnen zeggen niet alleen vertrouwen maar ook geld. Wat nu met bedrijven, zoals in het midden- en kleinbedrijf, die het zich niet kunnen permitteren om producten in de markt te zetten, die misschien wel grote voordelen ten opzichte van de concurrent hebben, maar geen omzet of winst genereren? Richt je nog steeds op de klant, maar wees zo zuinig mogelijk en probeer er zo weinig mogelijk geld in te stoppen totdat het idee zichzelf heeft bewezen. Dan kan de winst nog steeds ondermaats zijn, maar als je het voordeel voor de gebruiker hebt aangetoond, dan wordt dit een financiële beslissing die gebaseerd is op betrouwbare data.

een van onze belangrijkste mensen in het advertentieteam.[164] Een van de medeoprichters van Keyhole was Brian McClendon, met wie Jonathan en Jeff bij Excite@Home hadden samengewerkt. Keyhole had een aantal prachtige manieren ontwikkeld om kaarten in beeld te brengen en ermee te werken en Sergey besloot ter plekke dat Google het bedrijf moest kopen.

Een aantal weken later vroeg Sergey de board toestemming voor de aankoop en toen ze hem vroegen hoe hij ooit geld wilde verdienen met die aankoop, gaf hij een simpel antwoord: 'Ik zal Jonathan die vraag laten beantwoorden, hij gaat over het geld.' Jonathan had niet echt meegedaan aan het gesprek – hij had lekker zitten luisteren naar Sergeys presentatie – en had er nog werkelijk geen seconde bij stilgestaan hoe Google geld kon verdienen aan Keyhole. Hij maakte een aantal nietszeggende opmerkingen, die gedenkwaardig waren om hun ongedenkwaardigheid. Het was duidelijk dat we werkelijk geen idee hadden hoe de aankoop van Keyhole onze omzet of winst zou vergroten.

De board besloot om op Sergeys gevoel te vertrouwen en gaf toestemming om de onderhandelingen voort te zetten. Acht maanden later werd Google Earth, gebaseerd op Keyhole-technologie, gelanceerd. Het was direct een hit bij de gebruikers en leverde ons ook miljoenen dollars op. Hoe was dat nu mogelijk? De app was gratis en er stonden ook geen advertenties op. Niet lang na de lancering realiseerde een van onze slimme creatieven, Sundar Pichai, zich dat de mensen die geïnteresseerd waren in Goolge Earth waarschijnlijk ook wel interesse hadden in Google Toolbar. Toolbar was een eenvoudig hulpprogramma dat geïntegreerd was in de browser. Er zaten een boel interessante mogelijkheden op voor de gebruiker, waaronder een klein zoekmachientje dat verbonden was met de interface van de browser. Mensen met Toolbar konden een zoekopdracht geven zonder eerst naar Google.com te hoeven gaan en dus hadden ze de neiging meer zoekopdrachten in te geven, meer op advertenties te klik-

---

164 Er stond jaren in Jeffs biografie op de website van Google dat hij een master had van Harvard. Hij is eigenlijk een MBA, maar Jeff wilde dit niet vermelden omdat hij bang was dat dit zijn kansen op een carrière in software zou verminderen.

ken en meer omzet te genereren. Het idee van Sundar kende wat tegenstanders, maar met de steun van Urs Hölzle werd het snel geïmplementeerd.

Dat simpele idee, dat mensen die Google Earth downloaden ook geïnteresseerd zijn in Toolbar, vergrootte het gebruik van Toolbar aanzienlijk en leverde erg veel nieuwe omzet op, maar het bestaat niet dat Jonathan dat in de vergadering met de board had kunnen bedenken. Terugkijkend realiseerden wij ons dat het juiste antwoord was geweest: 'Geen idee, maar ik weet zeker dat we wat zullen bedenken.'

Richt je op de gebruiker en het geld volgt vanzelf. Dit kan lastig zijn in een situatie waarin de gebruiker en de klant verschillend zijn en als jouw klant niet geïnteresseerd is in het richt-je-op-de-gebruikerconcept. Toen Google Motorola kocht in 2012, was een van de Motorola-vergaderingen die Jonathan bijwoonde een drie uur durende productmeeting waarin de managers van de onderneming alle specificaties van de verschillende Motorola-modellen presenteerden. Ze bleven maar verwijzen naar eisen van de klant, die Jonathan voor een groot deel merkwaardig voorkwamen, omdat ze volkomen in tegenspraak waren met wat hij wist over de wensen van de mobieletelefoongebruikers. Tijdens de lunch vertelde een van de topmannen hem dat als Motorola sprak over 'klanten', ze het dan niet hadden over de eindgebruiker, de consument, maar over de echte klanten van het bedrijf, providers zoals Verizon en AT&T, die de gebruikers niet altijd de aandacht gaven die ze verdienden. Motorola was niet gefocust op de gebruiker, maar op zijn partners.

Bij Google zijn onze gebruikers de mensen die onze producten gebruiken, terwijl onze klanten de bedrijven zijn die onze advertentieruimte kopen en een licentie voor onze technologie. Er doen zich zelden conflicten voor tussen deze twee, maar als ze er wel zijn, dan zullen we altijd kiezen voor de gebruiker. Zo moet het zijn, in welke bedrijfstak je ook werkt. Gebruikers hebben meer macht dan ooit en ze accepteren geen slechte producten meer.

Denk groot

Onze collega Vint Cerf werkt aan nieuwe netwerkprotocollen die dienst zullen doen in de grimmige en oneindig grote wereld van de ruimte. Volgens hemzelf is hij hiermee begonnen nadat hij zich afvroeg of hij zich ergens mee kon bezighouden dat over vijfentwintig jaar nodig zou zijn.[165] Zijn antwoord: het interplanetaire internet. Niemand kan Vint ervan beschuldigen dat hij niet groot genoeg denkt.

Voor de rest van ons stervelingen kan dat heel anders zijn. Het is misschien onderdeel van de menselijke natuur, of die van het bedrijfsleven, maar de meeste mensen denken incrementeel in plaats van transformationeel of zelfs Melkwegs.[166] Onze collega Regina Dugan, die directeur was van de Defense Advanced Research Projects Agency (DARPA),[167] voordat

165 Zie Adam Mann, 'Google's Chief Internet Evangelist on Creating the Interplanetary Internet' (Wired.com, 6 mei 2013).

166 Het is niet dat mensen geen verbeeldingskracht hebben. Velen hebben uitgebreide visioenen, maar hun pragmatisme weerhoudt hen ervan deze in de praktijk te brengen. Dit wordt verklaard door wat psychologen de 'verwachtingstheorie' noemen. Om te besluiten welk doel zij zullen nastreven, houden mensen rekening met wat ze kunnen bereiken en de kans daarop. Deze berekening weerhoudt ze vaak van de meest ambitieuze doelen, waardoor hun faalquote juist nog hoger wordt. Zoals de wereldberoemde ijshockeyer Wayne Gretzky ooit zei: 'Je mist 100 procent van de schoten die je niet schiet.' Zie Allan Wigfield en Jacquelynne S. Eccles, 'Expectancy-Value Theory of Achievement Motivation' (*Contemporary Educational Psychology*, januari 2000) en Jacquelynne Eccles en Allan Wigfield, 'Motivational Beliefs, Values, and Goals (*Annual Review of Psychology*, 2002).

167 DARPA is een onderdeel van het Amerikaanse ministerie van Defensie.

ze naar Motorola en Google kwam, vertelt dat innovatie vaak plaatsvindt als mensen werken in het 'kwadrant van Pasteur',[168] waarbij ze de zuivere wetenschap vooruit willen helpen terwijl ze dagelijkse problemen oplossen. Maar de meeste bedrijven komen in het tegenovergestelde kwadrant terecht, waarin wetenschap alleen maar interessant is en niemand zich druk maakt over doelen die moeten worden gehaald. Talent vertrekt en projecten falen vaker.[169]

Dat is ook de reden waarom Eric en Larry onze softwaremensen en productmanagers bij Google Product Reviews uitdagen door te zeggen: 'Jullie denken niet groot genoeg.' In het internettijdperk, met ongelimiteerde informatie, bereikbaarheid en computerkracht, is een wereldwijde schaal voor iedereen bereikbaar. Te veel mensen blijven steken in het oude, beperkte denkraam. 'Jullie denken niet groot genoeg', later vervangen door de opdracht van Larry Page 'denk 10X', is daarvoor de tegenkracht. Het benadrukt de kunst van het mogelijke... en het onmogelijke.

Het duidelijke voordeel van groot denken is dat het de slimme creatieven veel meer vrijheid verschaft. Het heft beperkingen op en stimuleert creativiteit. Astro Teller, het hoofd van Google[x], vertelt dat als je een auto wilt bouwen die 10 procent zuiniger rijdt, je alleen maar het huidige ontwerp hoeft aan te passen; maar wil je er een hebben die 1 op 200 rijdt, dan moet je helemaal opnieuw beginnen. Alleen al het denkproces (waar moet ik beginnen?) kan ideeën opleveren waar je vroeger nooit bij stil hebt gestaan.

Er bestaan andere, subtielere, voordelen van groot denken. Een grote gok heeft vaak een grotere kans van slagen, juist door de grootte: het bedrijf kan het zich niet permitteren dat het mislukt. Aan de andere kant, als je vele kleine gokjes neemt, geen van alle levensbedreigend, dan loop je het risico dat het allemaal erg middelmatig wordt. Dat zien we voort-

---

168 Het idee van het kwadrant van Pasteur komt van de politiek wetenschapper Donald Stokes, die Louis Pasteur zag als iemand die zowel de zuivere als de toegepaste wetenschap bedreef. Het kwadrant geeft de beste combinatie in een 2x2-matrix op de vraag of onderzoek wel of niet het algemene begrip vergroot en of het wel of niet problemen van alledag oplost. Zie Donald E. Stokes, *Pasteur's Quadrant: Basic Science and Technological Innovation* (Brookings Institution, 1997).

169 Regina E. Dugan en Kaigham J. Gabriel, 'Special Forces' Innovation: How DARPA Attacks Problems' (*Harvard Business Review*, oktober 2013).

durend in het bedrijfsleven: bedrijven met een uitgebreide lijn van net-nietproducten. Toen Google Motorola kocht en Jonathan de kersverse CEO Dennis Woodside begon te helpen, kwam hij erachter dat het bedrijf tientallen verschillende telefoons maakte die allemaal via marktonderzoek zeer goed gedefinieerde eigen doelgroepen hadden, zoals de Generatie X, de babyboomers en de 'voetbalmoeders'. Er zat wel enige logica achter, mensen met verschillende carrières wilden verschillende telefoons, maar het leidde tot een overweldigende middelmatigheid. Elke telefoon had zijn eigen team medewerkers die hun uiterste best deden om hun product geweldig te maken, maar ook zij wisten dat als hun product gewoon goed was, het bedrijf zou overleven. (Dennis loste dit probleem grotendeels op en creëerde een klantvriendelijker Motorola voordat Google het bedrijf doorverkocht aan Lenovo in 2014.)

Aan de andere kant is de iPhone zo'n populair product omdat het de enige telefoon is die Apple maakt. Als er een probleem bestaat in de ontwikkeling van de volgende generatie, gaat niemand van dat team naar huis voordat er een plan is om het probleem op te lossen. Het is geen toeval dat Apple maar een paar productlijnen heeft. Geen van alle kan het zich permitteren geen succes te worden.

Het kan ook eenvoudiger zijn om grote problemen aan te pakken, omdat grote uitdagingen grote talenten aantrekken. Er bestaat een symbiotische overeenkomst tussen grote risico's en zeer slimme en talentvolle mensen: het probleem wordt opgelost en de mensen worden blij. Geef een grote uitdaging aan de verkeerde mensen en je creëert onrust. Maar geef die aan de juiste mensen en je oogst vreugde.[170] Zij genieten ervan te

170 Dit idee komt van de psycholoog Mihaly Csikszentmihalyi en zijn uitwerking van het begrip 'flow', dat heerlijke gevoel wanneer je zo diep en geconcentreerd in je werk zit dat het lijkt of de tijd stilstaat. Csikszentmihalyi: 'Je bent van top tot teen betrokken en je maakt volledig gebruik van je vaardigheden.' Flow is zeldzaam en waardevol omdat het de ideale combinatie is van een uitdagende taak en jouw talent om die taak tot een goed einde te brengen: als de taak extreem lastig is en je vaardigheden schieten tekort, dan zul je bezorgd zijn, en als de taak geen uitdaging voor je is, dan verveel je je. Het creëren van situaties waarin meer flow kan ontstaan is een van de manieren om slimme creatieven te managen. Zie John Geirland, 'Go with the Flow' (*Wired*, september 1996) en Mihaly Csikszentmihalyi, *Flow: The Psychology of Optimal Experience* (Harper & Row, 1990).

worden uitgedaagd door een lastige klus, maar ook, zoals de sociologe en managementgoeroe Rosabeth Moss Kanter heeft verklaard, vanwege de voordelen die die met zich mee kan brengen: nieuwe vaardigheden, nieuwe contacten met collega's op dit terrein en een betere reputatie, iets wat economen zouden omschrijven als investering in het menselijk kapitaal.[171] Hierom is groot denken echt een krachtig middel om slimme creatieven aan te trekken en vast te houden. Laten we het zo zeggen: 'Stel, je komt net van de universiteit en je bent een briljante slimme creatief. Je hebt twee vrijwel identieke aanbiedingen voor een baan op zak, er is alleen één verschil. Een van de bedrijven vertelt je dat ze willen proberen om dingen '10x' beter te maken, terwijl het andere genoegen neemt met een verbetering van 10 procent. Welke baan neem je aan?

Onze vriend Mike Cassidy is een geweldig voorbeeld van de kracht om door middel van 10x-denken slimme creatieven vast te houden. Als medeoprichter van het bedrijf Ruba, kwam Mike in 2010 bij Google werken nadat we Ruba's intellectuele eigendom en medewerkers hadden overgenomen. Mike is een serieondernemer: Ruba was zijn vierde bedrijf; het tweede was een zoekmachine onder de naam Direct Hit, dat kort concurreerde met Google voordat het aan Ask Jeeves werd verkocht. Dus we dachten dat het slechts een kwestie van tijd zou zijn voordat Mike het Google-moederschip zou verlaten om iets nieuws te beginnen. In de loop der tijd verloren we een beetje uit het oog waar Mike aan werkte, maar we zagen hem van tijd tot tijd op de campus rondlopen, dus we wisten dat hij nog steeds bij Google zat. Toen kondigde Google in juni 2013 project Loon aan, het hierboven vermelde Google[x]-project, dat als doel heeft

171 Rosabeth Moss Kanter schrijft, als conclusie uit haar onderzoek over hoe commitment ontstaat binnen bedrijven en gemeenschappen, dat kenniswerkers 'worden aangetrokken tot de kans om een grote verantwoordelijkheid op hun schouders te nemen en hun vaardigheden nog meer te vergroten. De "plakkerigste" werkplekken (de plekken waar mensen minder vaak en met tegenzin vertrekken) kennen kansen en leermogelijkheden. Het beste werk met de beste gereedschappen voor de beste klanten is tegenwoordig belangrijk omdat het zelfs nog meer verantwoordelijkheid en beloning belooft in de toekomst. Kenniswerkers willen hun menselijke kapitaal (hun individuele pakket aan vaardigheden en successen) net zoveel vergroten als hun financiële kapitaal.' Zie Rosabeth Moss Kanter, *Evolve!: Succeeding in the Digital Culture of Tomorrow* (Harvard Business School Press, 2001).

om door middel van heliumballonnen breedbandinternet beschikbaar te maken voor de vijf miljard mensen die er nu nog van verstoken zijn. Het bleek dat Mike, die een graad in ruimtevaarttechnologie heeft, een van de leidende figuren in dit project was en er al een jaar aan werkte. Was deze kans om iets uiterst bijzonders te doen er niet geweest, dan zou hij Google waarschijnlijk hebben verlaten, dus door groot te denken en te proberen de grenzen van de technologie verder te verschuiven, waren we in staat om in elk geval één zeer slimme creatief aan ons te binden.

Het proberen te realiseren van iets groots dat ertoe doet, zoals Larry vaak zegt, inspireert mensen, ook al zijn ze niet de Mike Cassidy die er direct bij betrokken was. We horen vaak mensen rondom Google praten over het 10x'en van hun baan, zelfs als die baan ver verwijderd is van de uiterst bijzondere projecten waar het bedrijf om bekendstaat. Dat zijn dan verkopers, advocaten, financiële mensen; allemaal zijn ze geïnspireerd door de heersende houding van het bedrijf om naar de maan te willen reiken. Groot denken is niet alleen een erg krachtige wervingsboodschap en een manier om mensen bij je te houden, het is ook besmettelijk.

Stel (vrijwel) onbereikbare doelen

De manager die gepokt en gemazeld is, heeft vele vaardigheden weten te verzamelen, en ergens boven aan die lijst staat het stellen van kwartaal- en jaardoelen. Daarvoor heb je een bepaalde finesse nodig. Als je ze te laag inschat, dan is het duidelijk dat je jezelf als 'geweldig' wilt neerzetten door 'totaal onverwacht' die doelstellingen fors te overschrijden.[172] Schat je ze te hoog in, dan loop je het risico om ze niet te halen. De truc is om precies die doelstellingen te vinden die er moeilijk uitzien, maar die makkelijk haalbaar zijn. De perfecte scorelijst is de lijst die aan het eind van het kwartaal of jaar vol vinkjes staat.

---

172 In verkoop noem je het stellen van kunstmatig lage doelstellingen en ze daarna overschrijden 'zandzakken'. Ons eerste hoofd Verkoop, Omid Kordestani, kreeg de reputatie een 'zandzakker' te zijn omdat hij regelmatig de kwartaalcijfers presenteerde vanaf een klein podium dat was gemaakt van... zandzakken.

Aan het einde van 1999 gaf John Doerr een presentatie bij Google die het bedrijf veranderde, omdat ze zorgde voor een simpel mechanisme om het 'denk groot'-principe van de oprichters te institutionaliseren. John zat bij ons in de board en zijn bedrijf Kleiner Perkins had recentelijk in ons bedrijf geïnvesteerd. Het onderwerp was een vorm van management door middel van doelen genaamd OKR's (objectives en key results, waar we al in een eerder hoofdstuk over hebben geschreven) en wat John weer had geleerd van de voormalige CEO van Intel, Andy Grove.[173] Er zijn een aantal kenmerken die OKR's onderscheiden van het typische beloof-weinig-en-geef-veelprincipe.

Ten eerste is een goede OKR een perfecte mix tussen het grote doel en het zeer goed meetbare belangrijkste resultaat. Het is niet zo moeilijk om een of ander vaag strategisch doel te formuleren (de bruikbaarheid beter maken... de teammotivatie verbeteren... een betere conditie krijgen) en dan aan het einde van het kwartaal de vlag uit te steken. Maar als het strategische doel wordt gemeten ten opzichte van een concreet doel (het gebruik met 10 procent verbeteren... de motivatie met zoveel procent verhogen... een halve marathon lopen binnen de twee uur), dan wordt het interessant. Als voorbeeld: de OKR van een van onze platformteams luidde: '*new WW systems serving significant traffic for XX large services with latency < YY microseconds @ ZZ% on Jupiter.*'[174] (Jupiter is een codenaam, niet de locatie van Google's nieuwe datacentrum.) Deze OKR is niet voor meerdere manieren uitlegbaar, het is zeer goed meetbaar of hij wordt gehaald. Andere OKR's gaan over het verspreiden van een bepaald product over een aantal landen of het definiëren van doelen in het gebruik (bijvoorbeeld: een van de OKR's van Google en het team ging over het dagelijkse aantal berichten dat gebruikers buitenshuis posten) of prestaties (de gemiddelde tijd dat mensen naar YouTube-video's kijken).

Ten tweede, en dit is waar groot denken betrekking op heeft, een goede OKR moet een uiterste krachtsinspanning zijn en een 100 procent score

---

173 Grove bespreekt OKR's in zijn boek: *High Output Management* (Random House, 1983).
174 We hebben WW, XX, YY en ZZ gebruikt in plaats van de werkelijke cijfers in de OKR, die intern wel bekend zijn gemaakt.

op alle OKR's moet vrijwel onmogelijk zijn. Als al je OKR's worden afgevinkt, dan heb je de lat niet hoog genoeg gelegd. De beste OKR's zijn zeer uitdagend, maar wel realistisch. Dus de merkwaardige situatie kan zich (rekenkundig) voordoen dat een 70 procent score op een goed geformuleerde OKR beter is dan een 100 procent score op een minder goed geformuleerde.

Ten derde: vrijwel iedereen maakt er gebruik van. Denk erom dat iedereen in jouw bedrijf moet nadenken, ongeacht zijn positie.

Ten vierde wordt de score bijgehouden, maar die score wordt nergens voor gebruikt en wordt zelfs niet gecontroleerd. Daardoor zullen mensen hun eigen prestaties eerlijk beoordelen.

Ten vijfde dekken de OKR's niet alles af; ze worden gereserveerd voor gebieden en doelen waar extra aandacht nodig is. De dagelijkse gang van zaken heeft geen OKR's nodig.

Als je bedrijf groeit, verschuiven de belangrijkste OKR's van individuen naar teams. In een klein bedrijf kan iemand fantastische dingen in zijn uppie doen, maar als de onderneming groeit, wordt het lastiger om zeer ambitieuze doelen zonder de hulp van je collega's te bereiken. Dat wil niet zeggen dat individuen moeten ophouden OKR's te definiëren, maar meer dat team-OKR's de belangrijkste graadmeter zijn om de focus op de grote onderwerpen te houden.

En dan is er nog een laatste voordeel van een cultuur die door OKR's wordt beïnvloed: het zorgt ervoor dat je medewerkers zich niet meer richten op de concurrentie. In het internettijdperk is de concurrent overal aanwezig en hem najagen (zoals we ook al eerder aangaven) is de snelste route naar middelmaat. Als medewerkers zich concentreren op een goed opgestelde set OKR's, dan is dat geen probleem. Zij weten waar ze heen willen en hebben geen tijd om zich druk te maken over de concurrentie.

70/20/10

Als iemand met een nieuw idee komt aanzetten, heb je dan de neiging om direct ja of nee te zeggen? Als je te veel tijd hebt doorgebracht in de verkeerde organisatie, dan is je pavlovreactie waarschijnlijk om nee te zeggen. Of: 'NEE!' Organisaties kennen een manier om antistoffen te kweken waarvan de enige taak is om het evangelie van 'Gij zult niet' te prediken. Nee zeggen voorkomt dat managers risico lopen en hun middelen (met middelen bedoelen we fte's, en voor degenen die een meer menselijke taal spreken 'medewerkers') verspillen aan projecten die een kleinere slaagkans hebben. Wil ik echt kostbare slimme creatieven inzetten voor dit belachelijke project? Wat als het mislukt? Misschien krijg ik dan volgend jaar wel minder middelen. Ik denk dat ik maar nee zeg en dat ik mijn team laat werken aan het stroomlijnen van de gebaande paden.

Hoeveel mensen ook een lans breken voor het invoeren van een ja-cultuur (onder wie een aantal zeer slimme mensen die het heerlijk vinden om boeken te schrijven), dat is erg lastig om te doen zonder een permanente structuur die dat mogelijk maakt. En als jouw mensen je meest waardevolle activum zijn, en dat is vrijwel altijd het geval, dan is het opzetten van een systeem om die middelen slim in te zetten een kritiek element in die structuur.

In 2002 organiseerden wij de inzet van onze middelen en onze projectportfolio nog steeds door middel van het bijhouden van een top 100-lijst, maar naarmate de onderneming groeide ontstond er toch het beklemmende gevoel dat dit simpele systeem niet met ons mee kon groeien. We maakten ons er zorgen over dat een nee-cultuur op sluipende wijze de overhand zou krijgen. Dus op een middag liep Sergey de top 100-lijst nog eens door en maakte er drie 'stapeltjes' van. Ongeveer 70 procent van de projecten had iets te maken met de kernactiviteiten: de zoekmachine en de zoekmachine voor de advertenties; ongeveer 20 procent met nieuwe producten die al enigszins succesvol leken; en de resterende 10 procemt had betrekking op compleet nieuwe dingen waarbij het risico groot was maar als het goed uitpakte waren de resultaten navenant. Hierdoor ontstond er een lange discussie, waaruit werd geconcludeerd dat de 70/20/10-verdeling de regel werd voor de toewijzing van middelen: 70 procent werd toegewezen aan de kernactiviteiten, 20 procent aan de opkomende producten en 10 procent aan de nieuwe producten.

Hoewel de 70/20/10-regel ervoor zorgde dat onze kernactiviteiten altijd de bulk van het geld ontvingen en dat de veelbelovende nieuwe gebieden ook geld kregen, werd er ook mee vastgelegd dat de gekke ideeën niet werden vergeten en ontzien zouden worden bij onvermijdelijke bezuinigingen. Nu is 10 procent geen enorm percentage, en dat is goed, omdat het overinvesteren in een nieuw concept net zo problematisch is als te weinig investeren: het wordt dan veel lastiger toe te geven dat het is mislukt. Projecten van miljoenen dollars zijn lastiger te stoppen dan die van duizend dollar, dus overinvesteren kan een situatie creëren waarbij een bewuste positieve houding (alleen het goede willen zien in een project) de plaats inneemt van een verstandige besluitvorming.

Jonathan zag dit gebeuren toen hij bij Apple werkte aan de beruchte Newton. (Voor degenen die te jong zijn om dit te herinneren, of voor hen die bij Apple hebben gewerkt en hun geheugen hebben gewist: de Newton was een digitaal notebook, de voorloper van de hedendaagse tablets, maar wel een historische mislukking. Iets wat voor ons van belang was: de Newton werd voor een deel gemaakt door Motorola.) De organisatie had zeer veel middelen vrijgemaakt voor het product en koos er daarom voor om de grootste tekortkoming over het hoofd te zien. Een van de belangrijkste eigenschappen van de Newton was dat hij een handschrift herkende: je kon alles wat je wilde schrijven op het scherm en hij herkende wat je schreef, in theorie dan. Het probleem was dat het voor de meeste mensen niet werkte. Eigenlijk waren de enigen van wie hij het handschrift herkende de mensen die hem hadden ontworpen en getest, en zelfs zij moesten hun handschrift aanpassen om het te laten herkennen. Maar goed, er was een hoop geld in het project geïnvesteerd en het succes van de handschriftherkenning bij deze kleine, plooibare testgroep was precies wat Apple wilde horen. De organisatie ging verder op de ingeslagen weg, lanceerde het product, en de rest is geschiedenis.

10 procent werkt ook omdat 'creativiteit van grenzen houdt'.[175] Daarom hebben foto's een lijst en sonnetten veertien regels. Daarom maakte

175 De zinsnede 'creativiteit van grenzen houdt' is een favoriet van Marissa Mayer. Het tegendraadse idee dat het stellen van een grens daadwerkelijk creativiteit bevordert, is door een fors aantal wetenschappers onderzocht. Zie bijvoorbeeld Patricia D. Stokes, 'Variability, Constraints, and Creativity: Shedding Light on Claude Monet' (*American Psychologist*, Deel 56, Nummer 4, april 2001).

Henry Ford zijn auto's zo goedkoop, omdat hij wist: 'Wij ontdekken door deze geforceerde methode meer over produceren en verkopen dan als we dit rustig gaan onderzoeken.'[176] Een gebrek aan middelen maakt je creatief.

In 2002 begon Larry Page zich af te vragen of het mogelijk was om elk boek dat ooit was uitgegeven online opzoekbaar te maken. Niet alleen de populaire titels of die over een bepaald onderwerp, maar welk boek dan ook. (We hebben later uitgerekend dat er wereldwijd precies 129.864.880 verschillende titels waren.)[177] Als elk ooit uitgegeven boek online beschikbaar was, dacht hij, en als de universele vertaalmachine gereed was, dan zou alle kennis ter wereld voor iedereen beschikbaar komen.

Als medeoprichter had Larry een team specialisten op het probleem kunnen zetten en hun een leuk budget kunnen geven. In plaats daarvan zette hij in zijn kantoor een digitale camera op een statief neer. Hij richtte de camera op de tafel, zette een metronoom aan om het tempo te bepalen en begon foto's te nemen terwijl Marissa Mayer de pagina's omsloeg. Uitgaande van dit wat ruwe model waren ze in staat om te bepalen wat ervoor nodig was om een boek te digitaliseren en ze rekenden uit dat dit gewaagde project inderdaad kans van slagen had. Google Books was geboren. (Sergey Brin paste later eenzelfde soort aanpak toe om te kijken of Google Street View haalbaar was. Hij reed door de stad heen met een camera en nam elke paar seconden een foto. Hij liet in de volgende stafvergadering van Eric de foto's zien om steun te krijgen voor het project dat nu Street View heet. Tegenwoordig omvat Street View ongeveer vijf miljoen kilometer weg.)

Het is mogelijk dat Google Books ook was geboren als Google het gesteund had met een verzameling softwarespecialisten en een fors budget. Maar het is echter ook mogelijk dat direct een fors budget krijgen een blok aan het been was geworden. Larry's inventieve systeem om te digitaliseren, gemaakt van onderdelen die hij bij Fry's[178] had gekocht, bleek veel

176 Henry Ford, *My Life and Work* (Doubleday, 1922), pag. 147.

177 Tenminste, op 5 augustus 2010. Zie 'You can count the number of books in the world on 25,972,976 hands' (Google's officiële blog, 5 augustus 2010).

178 Fry's is een elektronicawinkel vlak bij Mountain View.

kostenefficiënter dan de meer geavanceerde systemen die op de markt te koop waren, als hij daar tijd en geld voor over had gehad. Als je innovatie wilt bevorderen, is het ergste wat je kunt doen er te veel geld voor uittrekken. Zoals Frank Lloyd Wright ooit zei: 'De mensheid bouwt het best als de middelen beperkt zijn.'[179]

20 procenttijd

In de zomer van 2004 kreeg een softwarespecialist van Google, Kevin Gibbs, een idee. Hij omschreef het als een systeem voor 'het voltooien in realtime van alle URL's in ons bestand en alle historische zoekgegevens van Google, waarbij de resultaten worden gesorteerd naar populariteit'. In gewoon Nederlands betekent dit dat Google zou proberen te anticiperen op je zoekvraag en mogelijkheden zou voorstellen. Werkend in zijn vrije tijd ontwikkelde Kevin een prototype en zond een uitleg van zijn nog in de kinderschoenen staande project naar een mailinglijst van mensen die nieuwe ideeën met elkaar wilden delen.[180] Het bericht bevatte een link naar zijn prototype, waar mensen zoektermen in Google Search konden invoeren en konden zien dat het systeem direct voor de aanvulling zorgde.

Het prototype trok direct de aandacht van een aantal andere softwaremannen, die zich aansloten bij Kevins project. (Derek Sivers zou deze mannen 'Kevins eerste volgers' noemen.) Deze functie, nu Google Suggest genoemd, zorgt ervoor dat als je 'we' intypt, Google voorstelt dat je naar het weerbericht zoekt en je een dropdownmenu aanbiedt om op de volledige zoekterm te klikken zonder dat je die helemaal zelf moet intikken. Google Suggest bespaart seconden bij elke zoekopdracht en helpt bezoekers precies te vinden wat ze zoeken en nog sneller ook. Eén kerel, van idee tot lancering tot wereldwijde beschikbaarheid tot 'Hoe hebben we hier

---

179 De quote gaat verder met: '... want daardoor wordt het uiterste van je verbeelding gevraagd als je iets wilt bouwen. Beperkingen zijn blijkbaar altijd de vriend van de architect geweest.' Zie Frank Lloyd Wright, *The Future of Architecture* (Horizon Press, 1953), pag. 55.

180 Via deze lijst kunnen leden stemmen over ideeën en de stemmen worden automatisch opgeteld, zodat de goede ideeën bovenaan komen te staan. Kevins voorstel heette 'URL and Query Autocompletion (with Demos)'. Het was de 917e bijdrage op de lijst, die uiteindelijk tot meer dan vijftienduizend bijdragen zou oplopen.

ooit zonder kunnen doen?' voor miljarden mensen, in slechts een paar jaar.

Dat is de kracht van '20 procenttijd',[181] het Google-programma waarbij medewerkers 20 procent van hun tijd kunnen besteden aan wat ze maar willen. Die 20 procenttijd heeft geweldige producten opgeleverd (Google Now, Google News, routeplanning in Google Maps en nog veel meer), maar het wordt meestal verkeerd geïnterpreteerd. Het gaat niet om tijd, maar om vrijheid.[182] Het is niet zo dat door dit programma de Google-campus er elke vrijdag als een zomerkamp uitziet, met overal medewerkers die (hopelijk) creatief bezig zijn. Eigenlijk is die 20 procent meer 120 procent, omdat het vaak 's nachts en in de weekends gebeurt. Maar je kunt het ook opsparen en in één keer gebruiken: Jonathan had een productmanager die een hele zomer werkte aan een 20 procentproject. Wanneer jij ook je 20 procenttijd neemt, er even van uitgaande dat het niet je normale werk in de weg zit, dan is er niemand die je daarvan kan weerhouden. De 20 procenttijd is een manier om autoritaire managers in het gareel te houden, een manier om mensen toe te staan om aan dingen te werken waar ze anders niet aan toe komen. Het ondersteunt Steve Jobs' uitspraak: 'Je moet je door ideeën laten leiden en niet door hiërarchie.'[183] En wij hebben ontdekt dat als je mensen vrijheid geeft, ze die meestal niet verspillen aan het bouwen van luchtkastelen. Je ziet geen

---

181 De 20 in '20 procenttijd' moet niet worden verward met de 20 in 70/20/10. 20 procent van de tijd heeft betrekking op individuele vrijheid, terwijl 70/20/10 slaat op de manier waarop wij met onze middelen omgaan. Misschien was het toch handiger geweest als we bij het laatste 70/19/11 als richtlijn hadden aangehouden.

182 Dit is het gevoel van vrijheid om te kunnen doen wat je wilt en niet wat je wordt gezegd. Volgens de *self-determination theory* (SDT), een toonaangevende motivatietheorie, voor het eerst geformuleerd door de psychologen Edward Deci en Richard Ryan, hebben alle mensen een sterke behoefte om autonoom te zijn (de ruimte om te handelen op basis van hun eigen vrije wil, in plaats van externe druk), competent te zijn en contact te hebben met anderen. SDT veronderstelt dat het werk dat mensen doen voldoening geeft en motiveert als aan deze voorwaarden wordt voldaan. Zie Richard M. Ryan en Edward L. Deci, 'Self-Determination Theory and the Facilitation of Intrinsic Motivation, Social Development, and Well-Being' (*American Psychologist*, Deel 55, Nummer 2, januari 2000).

183 De hele opmerking luidde: 'Als je goede mensen wilt aannemen en wilt dat ze voor je blijven werken, dan moet je ze veel laten besluiten, en je moet je door ideeën laten leiden en niet door hiërarchie. De beste ideeën moeten winnen, anders zullen de goede mensen niet blijven.' Geciteerd in Mark Milian, 'Why Apple Is More Than Just Steve Jobs' (CNN *Digital Biz*-blog, 25 augustus 2011).

softwareontwikkelaars die opera's gaan schrijven, zij schrijven software.[184]

De Street View-trike, die foto's kan maken in straten en paden die te klein zijn voor auto's, werd bedacht toen Street View-auto-ontwerper Dan Rather op vakantie was in Spanje. Toen Dan het laatste stukje naar zijn hotel in Barcelona moest lopen door straatjes die zo klein waren dat de taxi er niet kon komen, realiseerde hij zich dat er veel mooie plekken waren waar de Street View-auto niet kon komen. Weer thuis begon hij een 20 procentproject om een driewieler te bouwen die wel door die straatjes kon en de Street View-trike was geboren. Later werd het toegepast op een *snowmobile* (bijvoorbeeld om de skipistes van de Olympische Spelen in Vancouver vast te leggen) en op 'kinderwagens' (om door 's werelds grootste musea te lopen). Volgende stap: Street View-skateboards?

Het lijdt geen twijfel dat als je mensen veel vrijheid geeft, het ook lastig wordt om ze in het gareel te houden. Een dwarse slimme creatief laat zich weinig aan een 'nee' gelegen liggen. Wanneer dit geen probleem is? Daar is geen standaardantwoord op te geven, want zoals bij alle aspecten van leiderschap komt er altijd een mate van gezond verstand om de hoek kijken, maar wat zeker helpt is als de medewerker gelijk heeft.

Toen Paul Buchheit besloot dat e-mail een stuk beter kon, begon hij een 20 procentproject onder de naam Caribou. Op een gegeven moment besloot hij dat dit nieuwe product (nu Gmail geheten, dat honderden miljoenen gebruikers kent) omzet moest genereren, en dus stelde hij voor om advertenties direct naast de e-mails te plaatsen, gebaseerd op de content van de mail. Daar waren we het in eerste instantie totaal niet mee eens en we vertelden hem zich te concentreren op het geweldig maken van Gmail. De omzet zagen we later wel.

---

184 Google was niet het eerste bedrijf dat deze strategie toepaste. Al in 1948 begon 3M met een project om hun medewerkers 15 procent van hun tijd te laten besteden aan zaken die niet in direct verband stonden met hun dagelijkse werk. Misschien is het meest bekende gevolg hiervan de Post-it-blokjes, maar het programma leverde ook Scotch Tape op, Scotchgard Fabric Protector en innovatieve materialen als optische film die uit meerdere lagen bestaat en die in veel producten van de organisatie wordt gebruikt. William McKnight, directeur van 3M en tientallen jaren voorzitter, vertelde dat hij 'goede mensen aannam en ze verder met rust liet'. Zie 'A Culture of Innovation (3M-bedrijfsbrochure) en Paul D. Kretkowski, 'The 15 Percent Solution' (*Wired*, januari 1998).

Maar Gmail was Pauls kindje en hij negeerde ons. Hij hackte ons interne computersysteem om contact te krijgen met de AdWords-advertentieserver, en op een goede ochtend kwamen we op kantoor en zagen allemaal advertenties verschijnen naast onze mailtjes. In het begin waren mensen boos, maar toen begonnen ze in te zien dat de advertenties eigenlijk heel handig waren. Toentertijd had Jonathan een nogal druk e-mailverkeer met zijn broers en zussen over wat ze hun ouders voor hun vijftigste trouwdag zouden geven, en er verscheen een Gmail-advertentie van Williams-Sonoma op het beeldscherm. Zijn zus had een opmerking gemaakt dat hun moeder zo van tuinieren hield en de advertentie suggereerde een tuinbank. Jonathan stelde dit voor aan zijn broers en zussen, en niet alleen kregen zijn ouders een mooi cadeau, maar men prees Jonathan ook voor zijn gevoeligheid en attentheid (en dat is zeer atypisch).

Gmail werd een paar maanden later gelanceerd. De advertenties leverden weinig omzet op, maar de technologie die Paul had ontwikkeld om mails te combineren met advertenties werd later verfijnd en toegepast om AdSense te verbeteren, en dat is nu een miljardenbusiness. Overbodig om te zeggen dat Paul niet werd gestraft voor zijn insubordinatie.

Afgezien van dit voorbeeld, wil het nog niet zeggen dat als je voor ons werkt en je hebt een idee, wij je dan gewoon maar je gang laten gaan zonder dat je rekening hoeft te houden met de afgezaagde, superfoute en blinde mening van ons management. Het eerste wat je moet doen om een goed idee tot volwassenheid te brengen is een goed team samenstellen van mensen die zich in je idee kunnen vinden, want misschien dat wij geen idee hebben waar je het over hebt, je collega's hebben dat wel. Ons voortdurende advies aan iedereen die een 20 procentproject wil starten is om te beginnen met een prototype, omdat dat de manier is waarop je mensen enthousiast krijgt over een project. Iets bedenken is niet zo moeilijk. Een aantal collega's mee laten doen aan jouw project en hun 20 procenttijd bij die van jou voegen is al een stuk lastiger. Hier komt Darwin om de hoek kijken.

Het vinden van gelijkgestemden kan in een niet-hiërarchische omgeving een probleem zijn, zeker voor nieuwkomers, omdat het veel ingewikkelder is om uit te zoeken wie je moet hebben om je verder te helpen.

Relaties zijn daarbij waanzinnig belangrijk en omdat je tijd nodig hebt om die van de grond te tillen (en sommigen zijn daar helemaal niet goed in), kan het gebeuren dat een groot aantal goede ideeën nooit tot bloei komt.

Een van onze zoekteams probeert dit te omzeilen door middel van een concept met de naam *demo days*. Dit concept is uiterst simpel: een team is een week bezig met het maken van een prototype waarvan wordt verwacht dat ze het aan het einde van de week kunnen presenteren. Voordat de week begint zorgt iedereen ervoor een echt lege agenda te hebben. Niet alleen maakt dit de demo day logistiek mogelijk, het dient ook als extra drukmiddel om iedereen op één lijn te krijgen. Omdat een aantal mensen zich op onbekend terrein zal begeven, kunnen ze een training krijgen voor de systemen die ze gaan gebruiken. Alles staat startklaar en er hoeft dus geen tijd verspild te worden. Je moet ten minste één ander iemand bij je project weten te betrekken, teams van één worden niet toegelaten, en je wordt aangemoedigd om met mensen samen te werken met wie je niet dagelijks werkt. Dan begint de week en gaat men van start.

Het resultaat van die week is dat er op vrijdagmiddag een serie prototypes wordt gepresenteerd op een soort van wetenschappelijke braderie. Voor de meeste prototypen houdt het daar op ('Ik heb erg veel ideeën en de slechte gooi ik weg,' zei Linus Pauling),[185] en zo leren de teams dat het geen probleem is als er iets mislukt.

Steve Jobs heeft Eric ooit verteld dat hij net zoiets deed toen hij de baas was bij NeXT. Ongeveer elke zes maanden legde de softwareafdeling het werk neer en ging aan de slag om applicaties te bedenken voor het NeXT-platform. Dit was erg belangrijk voor het verder helpen van het bedrijf, maar het gaf ook iedereen inzicht in wat ze nu eigenlijk dagelijks aan het doen waren.

Het meest waardevolle van die 20 procenttijd zijn niet de producten of toepassingen die men maakt, maar de dingen die mensen leren als ze iets nieuws doen. Voor de meeste 20 procentprojecten moeten mensen vaar-

185 Geciteerd in Tom Hager, *Linus Pauling and the Chemistry of Life* (Oxford University Press, 1998), pag. 87.

digheden aanleren die ze niet in hun dagelijkse werk nodig hebben, en daarnaast moeten ze regelmatig samenwerken met mensen die ze niet dagelijks zien. Zelfs als er niets briljants uit zo'n samenwerking komt, zijn je mensen er wel weer slimmer door geworden. Zoals Urs Hölzle ook graag zegt, is die 20 procenttijd misschien wel het beste opleidingsprogramma dat er bestaat.

Jonathans favoriete 20 procentproject

Het meest favoriete 20 procentproject van Jonathan is het digitaliseren en publiceren van de collectie van Yad Vashem, het in Jeruzalem gevestigde centrum voor de herinnering aan de slachtoffers en overlevenden van de Holocaust. Het project startte toen Jonathan in 2007 met zijn gezin het museum bezocht. Tijdens hun bezoek vertelde de gids dat hij onlangs iets van een andere bezoeker over een foto in de tentoonstelling had geleerd. Daarop bedacht Jonathan dat de jongste overlevenden van de Holocaust, zij die zich nog de namen en de locaties van die foto's kunnen herinneren, nu zeventig tot tachtig jaar oud zouden moeten zijn. De kennis uit de eerste hand stierf letterlijk uit.

De volgende dag bracht Jonathan een bezoek aan ons Israëlische kantoor en sprak daar over het museum. Team Israël nam het daarna over en gebruikte zijn 20 procenttijd om een samenwerkingsverband met het museum te creëren om de collectie online beschikbaar te maken. Op dit moment zijn er 140.000 beelden en documenten gedigitaliseerd en online beschikbaar, doorzoekbaar voor iedereen over de hele wereld. En het allermooiste is dat de overlevenden hun kennis en verhalen over de foto's via opmerkingen of video's hebben bijgedragen, waardoor een veel completer beeld is ontstaan over deze belangrijke gebeurtenis in de geschiedenis.

Toen projectleider Yossi Matias het project demonstreerde aan Larry en Sergey, was de voor hen typerende reactie: waarom alleen dit museum? Waarom niet alle musea? Waarom zouden we geen product ontwikkelen dat alle musea helpt hun archieven te digitaliseren en open te stellen voor de wereld? En zo gezegd, zo gedaan. Google's Open Gallery, een product dat alle musea (en bezitters van culturele content) in staat stelt om online tentoonstellingen te organiseren, werd in 2013 gelanceerd. En de site van het Google Cultural Institute heeft honderden online collecties, met HD-beelden van kunst en kunstvoorwerpen van musea, uiteenlopend van het Acropolis Museum in Athene tot het Museo de Zaragoza.

Ideeën komen overal vandaan

Waaraan dacht je de laatste keer dat je een ideeënbus voorbij zag komen? Misschien was je wel in een pretpark of in een skigebied, of misschien wel op je werk, een kop koffie drinkend in de kantine. Je ziet de bus en het bord dat ernaast hangt: WE LUISTEREN! of WIJ ZIJN GEÏNTERESSEERD IN JOUW IDEEËN! Het bord wekte waarschijnlijk precies het tegenovergestelde gevoel in je op: je luistert niet, het interesseert je geen ene moer wat ik denk, en de gleuf in die bus transporteert mijn idee ergens via een zwart gat naar de Andromeda-Melkweg.

We zijn erg uitgeblust geraakt. Toen het concept van de ideeënbus voor het eerst werd geïntroduceerd was het iets revolutionairs. Zoals beschreven in Alan Robinsons en Sam Sterns *Corporate Creativity*, was de Schotse scheepsbouwer William Denny de vader van de ideeënbus. Hij verspreidde in 1880 een pamflet onder zijn hele personeel met de titel: 'Regels voor een comité om hen te helpen de werkers te belonen voor hun uitvindingen en verbeteringen.' Denny loofde een beloning van tussen de twee en vijftien pond uit voor door arbeiders ingebrachte ideeën die werden uitgevoerd. Zijn mensen reageerden daarop met honderden ideeën in de volgende tien jaar. Denny's idee stak al vrij snel de oceaan over om te belanden bij John Pattersons National Cash Register Company, waar de suggesties van de medewerkers in 1904 het recordaantal van meer dan zevenduizend bereikte, ongeveer twee per persoon, waarvan ongeveer een derde werd uitgevoerd.[186] Dat zijn meer dan tweeduizend ideeën van het gewone personeel in een jaar die goed genoeg bevonden werden om te worden overgenomen, en dat lijkt ons een aardig scoringspercentage voor een ideeënbus.

Een eeuw later organiseerde Marissa Mayer bijeenkomsten bij Google die wel iets weghadden van *The Gong Show*[187] voor nerds. Mensen kwamen naar voren om hun idee te presenteren en konden blijven praten totdat ze werden 'weggegongd'. Hoe beter de demonstratie, hoe langer iemand mocht blijven staan.

Daarna kwam Craig Nevill-Manning, de man die ons New Yorkse bureau begon, die het idee aanpaste tot een wekelijkse 'bier en demo's'-bijeenkomst, waar mensen bijeenkwamen om bier te drinken en naar demonstraties te kijken en met knikkers stemden op wat ze het meest aansprak. (Welke demo's dus. Ze stemden voor het bier door er nog een te bestellen.) Patterson en Denny (en Marissa en Craig) waren slim genoeg om zich te realiseren dat goede ideeën overal vandaan kunnen komen. Zij begrepen dat mensen niet alleen kunnen werken, maar ook kunnen denken. Dat is tegenwoordig meer waar dan ooit, omdat iedereen in de organisatie een onvoorstelbare hoeveelheid informatie tot zijn beschikking heeft en geweldige mogelijkheden om daar iets mee te doen. Dat alleen managers goede ideeën hebben is niet de grootste denkfout die je kunt maken; dat alleen medewerkers de beste ideeën hebben is dat wel. Als we stellen dat goede ideeën overal vandaan komen, dan bedoelen we ook overal. Ze kunnen net zo goed uit het bedrijf komen als van buiten het bedrijf.

---

186 Verteld in Alan G. Robinson en Sam Stern, *Corporate Creativity: How Innovation and Improvement Actually Happen* (Berrett-Koehler, 1997), pag. 66-70.
187 *The Gong Show* was een talentenjacht op televisie in de jaren zeventig waarbij de meeste acts verschrikkelijk waren en elk optreden kon worden onderbroken door een van de juryleden die op een gong sloeg.

Toen Google internationaal begon te opereren, bedachten we al vrij snel dat de meeste Californische softwareontwikkelaars de vaardigheden misten om webpagina's in een andere taal te vertalen. De traditionele manier om dit op te lossen was door een vertaalbureau in te schakelen, wat zowel duur was als veel tijd zou kosten. In plaats daarvan lieten we het de gebruikers zelf doen. We publiceerden al onze teksten en vroegen vrijwilligers die te vertalen in hun lokale taal. Dat deden ze ook, en zeer goed. Iets vergelijkbaars gebeurde toen ons Geo-team begon de aarde in kaart te brengen en merkte dat er voor een aantal regio's geen goede kaarten voorhanden waren. Ze maakten een product genaamd Map Maker, waarmee iedereen aan Google Maps kan bijdragen. Woon je in een straat die niet op Google Maps staat? Geen probleem: teken hem gewoon in en wij voegen hem toe (nadat we hebben gecheckt of hij inderdaad bestaat). Op deze manier werd een heel nieuwe groep amateurcartografen geboren die ervoor zorgde dat de plattegrond van hele steden een muisklik verwijderd is van iedereen die er gebruik van wil maken. Als voorbeeld: zij hebben binnen twee maanden meer dan vijfentwintigduizend kilometer weg in Pakistan in kaart gebracht.

Niet lang nadat wij bij Google kwamen, hielden we een bespreking met het managementteam, waarin we spraken over het openen van meer kantoren overal ter wereld. Toen Eric aan Larry vroeg hoeveel ontwikkelaars hij dacht dat het bedrijf nodig had, was zijn antwoord: 'Een miljoen.' Hij maakte geen grapje, maar aan de andere kant meende hij ook niet dat het bedrijf een miljoen medewerkers moest hebben (tenminste, dat vermoeden we). Tegenwoordig werken ontwikkelaars overal ter wereld regelmatig met Android, Google App Engine, Google APIS, Google Web Toolkit en de opensourceprogramma's waar Google aan bijdraagt. Dit zijn geen Google-medewerkers, maar als we ze allemaal bij elkaar optellen, dan is het waarschijnlijk dat het totaal aantal mensen dat software van Google gebruikt of iets toevoegt aan onze programma's best eens die kant op kan gaan. Het kan dus zijn dat we Larry's doel bereikt hebben, waardoor hij het nu waarschijnlijk wil 10x'en naar tien miljoen.

Verscheep en herhaal

We hebben dus de juiste hoeveelheid geld gereserveerd voor nieuwe ideeen, we hebben de autoritaire managers gemuilkorfd, we hebben onze genieën vrijgemaakt om hun ding te doen en we hebben onze geesten opengezet om ideeën van de massa's los te krijgen. De innovatie stroomt en de goede ideeën borrelen overal op. De meeste laten het leven voordat ze het daglicht zien, maar een kostbaar klein aantal is goed genoeg om het beloofde land te bereiken. Je schrijft het op je blog, drukt op de groene knop en laat een kurk knallen om het met je team te vieren.

Daarna ga je weer aan het werk, want als je de klus goed geklaard hebt, is het product nog niet af. Voltaire schreef: 'Het perfecte is de vijand van het goede.'[188] Steve Jobs vertelde aan het Macintosh-team: 'Echte kunstenaars verschepen iets.'[189] Nieuwe ideeën komen nooit direct perfect uit de pijplijn en je hebt niet de tijd om te wachten totdat dat wel gebeurt. Maak een product, verscheep het, kijk hoe het werkt, ontwerp en implementeer verbeteringen en verscheep het weer. Verscheep en herhaal. De bedrijven die hier het snelst in zijn, winnen.

Toen we ons vlaggenschip, AdWords, lanceerden ontstond er een discussie over de vraag of nieuwe advertenties direct moesten kunnen worden geplaatst, of dat wij ze eerst moesten beoordelen. Er was een sterke beweging die vond dat het direct 'live' gaan zou leiden tot veel slechte, spamachtige advertenties. Maar er was een andere groep die vond dat als adverteerders hun advertentie direct geplaatst zagen, ze prestatiecijfers konden verzamelen en de advertenties sneller aan konden passen. Ze stelden dat een snellere doorloopsnelheid tot een betere en geen slechtere kwaliteit zou leiden. We besloten tot een minimale controle en de verscheep-en-herhaalaanpak werkte.

---

188 Hoewel Voltaire deze regel in een van zijn gedichten schreef: '*Le mieux est l'ennemi du bien,*' wat letterlijk betekent: 'Het beste is de vijand van het goede,' baseerde hij hem eigenlijk op een Italiaans verhaal (*Il meglio è l'inimico del bene*).

189 Voor mensen die buiten deze bedrijfstak werken: met 'verschepen' wordt letterlijk het verschepen naar een klant bedoeld. Steve wilde duidelijk maken dat het verleidelijk is om je product steeds meer te verfijnen, maar dat als het niet daadwerkelijk in de handen van de eindgebruiker komt, je niets hebt bereikt.

Verscheep-en-herhaal werkt op veel terreinen. Het is het best zichtbaar in ons domein van softwareontwikkeling, waar het product bits en bytes zijn, die digitaal worden gedistribueerd, en geen fysieke goederen. Maar door nieuwe technologieën als 3D-printen en de mogelijkheid om veel zaken online vorm te geven, zijn de experimenteerkosten in erg veel branches enorm gedaald, waardoor het verscheep-en-herhaalproces op meer plekken kan worden toegepast.

Het moeilijkste onderdeel is het herhalen. Het is niet zo moeilijk om een team samen te stellen om een nieuw product te verschepen, maar veel moeilijker is het om ze bij elkaar te houden en te blijven motiveren voor de lastige klus om een product beter te maken. Een vorm van motivatie die in onze ogen goed werkte was de negatieve feedback. Van Larry, die roept: 'Deze advertenties zijn kut,' tot Marissa, die negatieve productrecensies ophing op een bord naast haar kantoor en ze tot in detail doorliep met ontwikkelaars en productmanagers, die de kritiek weer gebruikten om hun team aan te zetten tot het herhaalproces. Je loopt hiermee een groot risico en ook wij hadden het niet altijd bij het rechte eind. Een juiste hoeveelheid kritiek stimuleert, maar te veel heeft het tegenovergestelde effect.

Verscheep-en-herhaal werkt niet altijd. Na de lancering van een product wordt een aantal producten beter en heeft de wind mee, terwijl andere verpieteren. Het probleem is dat tegen de tijd dat een product op de markt is verschenen, er erg veel middelen en emotie in zijn geïnvesteerd en dat kan een goede beslissing in de weg zitten. *Sunk costs* is een lastig begrip om mee om te gaan, dus in het verscheep-en-herhaalmodel is het de taak van de manager om de winnaars te voeden en de verliezers te laten verhongeren, onafhankelijk van de eerder geïnvesteerde bedragen. Producten die beter worden en momentum hebben moeten meer middelen toegewezen krijgen, producten die stagneren juist niet.

Gebruik data om te bepalen wie de winnaars en de verliezers zijn. Nou werd dat altijd al gedaan, maar het verschil is dat in het internettijdperk de data erg snel beschikbaar zijn en in grote mate. Een belangrijke factor bij het uitroepen van de winnaars is bepalen welke data je moet gebruiken en systemen ontwikkelen waardoor je die data snel tot je beschikking hebt en snel kunt analyseren. Met data omzeil je de sunkcostsval, de irrationele neiging van de meeste mensen om de middelen die al zijn geïnvesteerd in een project als argument te noemen om er wel of niet mee door te gaan ('We hebben al miljoenen geïnvesteerd, we kunnen nu niet meer stoppen').[190]

Te vaak bestaat de neiging om de verliezers te blijven voeden in de hoop er winnaars van te maken. Toen Jonathan verantwoordelijk was voor de producten bij Excite@Home, had de website van de organisatie, Excite.com, verschillende secties, zoals nieuws, vastgoed, sport, financien, enzovoort. Elk van die secties concurreerde op klikken op de voorpagina en als de traffic van een bepaalde pagina afnam, dan probeerde het management van Excite@Home die situatie te verbeteren door die sectie een betere plek op de homepagina te geven. (Hé financiën, jullie traffic is afgelopen kwartaal gedaald en jullie lopen achter op jullie doelstelling. Geen probleem, we zetten jullie gewoon boven aan de pagina!) Excite gebruikte data om erachter te komen voor welke onderwerpen minder belangstelling was, maar in plaats van die sectie uit te hongeren en te dwingen zichzelf te verbeteren, voedden ze haar door haar een betere plek te geven. Terugkijkend was Excite's mantra niet zozeer dat ze zich focusten op hun gebruikers, maar dat ze de gebruikers focusten op hun slechtste producten om zo toch de kunstmatige doelstellingen te halen. En het bleek al snel dat niemand het echt *exciting* meer vond.

In werkelijkheid betekent verscheep-en-herhaal dat marketingprogramma's en pr-campagnes tot een minimum beperkt kunnen blijven bij de lancering. Bij een restaurant noem je dat een 'zachte opening'. Als je de baby's het nest uit duwt, geef ze dan geen jetpack of een parachute, laat ze zelf maar in de lucht proberen te blijven. (NB: Dit is een metafoor.)

---

190 Het besluit om de sunk costs te compenseren, resulteert er vaak in dat mensen niet alleen tot verkeerde besluiten komen, maar vaak ook hun uitgaven verdubbelen, in een patroon dat wetenschappers 'de escalatie van het commitment' noemen. Natuurlijk, vanuit een individueel oogpunt kan het investeren op basis van sunk costs een rationele beslissing zijn, omdat door het vasthouden aan een tegenvallend project (en verborgen houden dat het is mislukt) de beslisser zijn eigen reputatie beschermt binnen de organisatie. Zie Barry M. Staw, 'The Escalation of Commitment to a Course of Action' (*Academy of Management Review*, Deel 6, Nummer 4, oktober 1981) en R. Preston McAfee, Hugo M. Mialon en Sue H. Mialon, 'Do Sunk Costs Matter?' (*Economic Inquiry*, Deel 48, Nummer 2, april 2010).

Investeer alleen als ze goed op weg zijn. Google Chrome is daar een goed voorbeeld van. Het werd in 2008 gelanceerd zonder veel tamtam en marketingbudget en was vrijwel direct erg succesvol, wat volledig te danken was aan de kwaliteit van het product. Later, zo rond het moment dat de teller op zeventig miljoen gebruikers stond, besloot het team om een tandje bij te zetten en gaf het de goedkeuring aan een marketingcampagne (en zelfs een reclamecampagne op televisie). Maar het voeden gebeurde pas nadat het product zichzelf had bewezen.

Voor alle duidelijkheid: verscheep en herhaal betekent niet dat je toestemming hebt om gebrekkige producten de straat op te schoppen om ze daarna hopelijk beter te maken. Jonathan heeft zijn team er juist regelmatig op gewezen geen gebrekkige producten te lanceren en dan maar te hopen dat het merk Google voor genoeg gebruikers zorgt. Producten moeten goed zijn, maar er is niets mis met de functionaliteit bij de lancering te beperken. Het achterhouden van forse marketing- en pr-uitgaven helpt hierbij, omdat klanten de neiging hebben veel eerder teleurgesteld te zijn over een gehypet product, dan over een product dat stilletjes op de markt verschijnt. Daarna kun je de functionaliteit verhogen door er nieuwe toepassingen aan toe te voegen (en de bestaande te verbeteren). Eric schreef aan de Googlers in februari 2006: 'Er moet een plan zijn voor een "wow"-toepassing direct na de lancering.'[191] Door deze aanpak raken gebruikers eraan gewend dat kwalitatieve producten worden gelanceerd met misschien nog maar een beperkt aantal mogelijkheden, maar ze weten dat die snel na de lancering aangevuld worden.

Verscheep-en-herhaal is makkelijk als jouw product volledig digitaal is (software, media) en de kosten van de productie laag zijn. Het is voor ons makkelijk om nieuwe toepassingen aan Google Search toe te voegen en te baseren op beschikbare data, maar dat is veel lastiger voor een autofabriek of chipmaker. Maar er zijn vaak andere manieren om, gebruikmakend van het bereik en de kracht van het internet, waardevolle data in bezit te

191 Dit is in lijn met het 'Beloof minder, geef meer', dat door Tom Peters populair is geworden. Zie Tom Peters, *Thriving on Chaos: Handbook for a Management Revolution* (HarperCollins, 1988), pag. 118-20.

krijgen. Bijvoorbeeld bij scheepsontwerpen en prototypes en bij het schrijven van software kun je het product virtueel gebruiken. Bedenk een manier waarop het publiek het product kan proberen en gebruik de data om het product beter te maken.

Misluk goed

De andere kant van de medaille van de verscheep-en-herhaalgeschiedenis van Chrome is Google Wave, dat in 2009 met veel fanfare werd gelanceerd. Wave was het schoolvoorbeeld van innovatie. Het was de uitvinding van een klein groepje ontwikkelaars op ons kantoor in Sydney die in hun 20 procenttijd de vraag probeerden te beantwoorden: 'Hoe zou e-mail eruitzien als het vandaag werd bedacht?' Ze maakten uiteindelijk een fascinerend prototype waar het hele managementteam van achteroversloeg. We gaven hun toestemming om verder te gaan, hoewel ze dat waarschijnlijk ook wel hadden gedaan zonder onze instemming, en ze maakten een platform en protocollen waardoor mensen op een nieuwe manier met elkaar konden communiceren in het internettijdperk.

Wave was technisch briljant, maar een geweldige flop. We lanceerden het in 2009 en niemand gebruikte het. Het Wave-team verscheepte en herhaalde als een gek, maar de gebruikersgroep kwam nooit in de buurt van de kritische massa. Een jaar na de consumentenlancering kondigden we aan dat we met Wave gingen stoppen. De pers viel massaal over ons heen en noemde Wave een gehypete flop en een enorme fout.

Ze hadden gelijk. Wave was een enorme fout. Het mislukte snel: de geldkraan draaiden we snel dicht. Het mislukte zonder dat iemand gestigmatiseerd raakte: niemand in het Wave-team raakte zijn baan kwijt, sterker nog, de meesten kregen binnen Google een nieuwe baan aangeboden nadat het project was gestopt, juist omdat ze aan iets hadden gewerkt wat de grenzen verlegde. En het mislukte nadat het veel nieuwe waardevolle technologie had gecreëerd: delen van Wave kun je terugvinden in Google+ en Gmail. Het was een mislukking, maar wel een goede.

Om te innoveren moet je leren met verve te mislukken. Leer van je fouten: elk mislukt project moet waardevolle technische, gebruiks- en marktinformatie opleveren die de volgende poging vergemakkelijkt. Pas ideeën aan, gooi ze niet weg. Verreweg de meeste innovaties ter wereld kwamen voort uit een totaal andere toepassing, dus als je een project stopt, kijk dan zorgvuldig naar de diverse onderdelen en onderzoek of je ze ergens anders kunt toepassen. Larry beweert dat als je groot genoeg denkt, het heel lastig is om volledig te mislukken. Meestal blijft er wel iets van waarde over. En leg niet alle schuld bij het team dat de mislukking veroorzaakte: zorg ervoor dat ze ergens anders binnen het bedrijf weer een goede baan krijgen. De volgende innovators letten goed op of het falende team gestraft wordt. Je hoeft een mislukking ook weer niet te vieren, maar er zit sowieso iets in om trots op te zijn: ze hebben het toch maar mooi geprobeerd.

Het is niet de taak van het management om risico's uit te bannen of mislukkingen te voorkomen, maar om een omgeving te creëren die veerkrachtig genoeg is om die risico's te lopen en de onvermijdelijke misstappen te tolereren. Auteur en docent Nassim Taleb schrijft over het ontwerpen van systemen die 'antifragiel' zijn: ze overleven niet alleen mislukkingen en externe schokken, ze worden er zelfs nog sterker door.[192] Begrijp ons

192 Meer van Taleb: 'Sommige dingen profiteren van schokken; ze gedijen en groeien als ze worden blootgesteld aan wispelturigheid, willekeur, wanorde, stressfactoren en liefdesavonturen, risico en onzekerheid. En hoewel je dit fenomeen overal tegenkomt, bestaat er geen woord voor precies het tegenovergestelde van fragiel. Laten we het daarom maar "antifragiel" noemen. Antifragiel gaat verder dan veerkracht of robuustheid. De veerkrachtige biedt weerstand tegen schokken en blijft intact, de antifragiele verbetert zich.' Zie Nassim Nicholas Taleb, *Antifragile: Things That Gain from Disorder* (Random House, 2012), pag. 3.

niet verkeerd: mislukken is niet het doel. Maar als je de gezondheid van je innovatieve omgeving wilt meten, dan moet je zowel de mislukkingen als de succesvolle pogingen tellen, want daardoor word je 'antifragieler'. Zoals Scott Adams, de tekenaar van Dilbert, zegt: 'Het helpt om een mislukking als een weg te zien en niet als een muur.'[193] Mulla Nasrudin, de dertiendeeeuwse soefifilosoof sluit zich daarbij aan: 'Een goede mening is het gevolg van ervaring, en ervaring is het gevolg van slechte oordelen.'[194]

De timing van een mislukking is misschien wel het moeilijkste onderdeel. Een goede mislukking gaat snel: zodra je doorhebt dat een project het niet gaat redden, wil je zo snel mogelijk de stekker eruit trekken om verdere verspilling aan middelen te voorkomen en je *opportunity costs* niet verder op te laten lopen (die slimme creatieven die aan een tot mislukken gedoemd project werken, kun je beter op een potentieel wel succesvol project zetten). Maar een van de bijzonderheden van een innovatieve organisatie is dat ze goede ideeën zeeën van tijd geeft om tot wasdom te komen. Projecten zoals de zelfrijdende auto of Google Fiber, voor bandbreedtes van meer dan 1 gigabyte naar huiskamers (ongeveer honderd keer meer dan het gemiddelde Amerikaanse huishouden nu tot zijn beschikking heeft), hebben een zeer grote commerciële potentie, maar hebben nog veel tijd nodig. Zoals Jeff Bezos zegt: 'Alleen al door het verlengen van de tijdshorizon kun je projecten starten die je anders nooit zou oppakken. Bij Amazon willen we dat dingen binnen vijf tot zeven jaar werken. Wij zijn bereid om zaadjes te planten en ze te laten groeien, en wij zijn erg koppig. We vinden onszelf erg koersvast wat betreft visie en flexibel wat betreft de details.'[195]

---

193 Zie Scott Adams, 'Scott Adams' Secret of Success: Failure' (*The Wall Street Journal*, 12 oktober 2013).

194 Deze quote wordt meestal toegeschreven aan de computerwetenschapper Jim Horning, maar volgens hem is dat niet juist, en toen we daarin doken, zagen we dat hij afkomstig was van Nasrudin. Zodra we daarachter waren, besloten we dat men óns maar eeuwenlang moet herinneren als wijze gekken, gewoon omdat dat ons cool lijkt. Dit verhaal wordt verteld in Joel ben Izzy, *The Beggar King and the Secret of Happiness* (Algonquin Books, 2003), pag. 206-07.

195 Steven Levy, 'Jeff Bezos Owns the Web in More Ways Than You Think' (*Wired*, 13 november 2011).

Dus faal snel, maar wel met een lange tijdshorizon? Huh? Hoe moet dat? (We hadden al gezegd dat dit het lastigste deel was.) De sleutel is om erg snel te herhalen en meeteenheden in te stellen die je helpen te beoordelen of je met elke herhaling dichter bij je doel komt. Kleine foutjes zijn te verwachten en toegestaan, omdat ze vaak goed licht werpen op hoe je iets goed aanpakt. Maar als de problemen groter worden en je geen duidelijke weg naar succes ziet of, zoals Regina Dugan en Kaigham Gabriel het stellen, 'voor het bereiken van succes meerdere wonderen nodig zijn',[196] dan is het waarschijnlijk verstandig om het voor gezien te houden.

Het gaat niet om geld

Hoewel we geloven in het buitengewoon goed belonen van buitengewoon goede mensen, betalen we mensen niet voor succesvolle 20 procentprojecten. Dan Rather is voor zijn bijdrage aan het vernieuwende Street View-productteam altijd zeer goed beloond, maar heeft niets extra's gekregen voor zijn werk aan de trike.[197] Dat doen we niet om de doodeenvoudige reden dat het niet nodig is. Het klinkt misschien pedant, maar de beloning is het werk zelf. Verschillende onderzoeken hebben aangetoond dat extrinsieke beloningen creativiteit niet stimuleren maar zelfs tegenwerken, doordat een op zichzelf stimulerende activiteit wordt omgetoverd tot een geld opleverend klusje.[198]

Ons favoriete voorbeeld van dat een 20 procentproject veel voldoening kan scheppen komt uit augustus 2005, toen de orkaan Katrina de zuidkust van de Verenigde Staten teisterde. Google Earth was pas een week of acht in de lucht en het team dat onze 'Geo'-producten had gemaakt, Maps en Earth, was klein en overwerkt. Maar toen de orkaan toesloeg ging men direct aan de slag en publiceerde men achtduizend, uiterst re-

---

196 Regina E. Dugan en Kaigham J. Gabriel, '"Special Forces" Innovation: How DARPA Attacks Problems' (*Harvard Business Review*, oktober 2013).

197 In die zin heeft Dan veel gemeen met peuters.

198 Zie bijvoorbeeld Teresa M. Amabile, 'How to Kill Creativity' (*Harvard Business Review*, september-oktober 1998).

cente satellietbeelden (van de National Oceanic and Atmospheric Administration, NOAA) die precies de omvang van de ramp lieten zien en HD-beelden toonden van straten en wijken. Dit hielp hulpverleners, die moeite hadden zich te oriënteren nu zoveel straatnaambordjes en stoplichten waren verdwenen. Het hielp ook de organisaties die de hulpgoederen moesten verspreiden en later de overlevenden, die konden zien of het zin had om terug naar huis te gaan.

Dit was een klassiek 20 procentproject. Het idee werd in het team geboren. Geen HiPPO (Highest Paid Persons Opinion) die vertelde wat ze moesten doen, niemand die zei dat ze maar een paar nachten moesten doorhalen, niemand vroeg ze contact te leggen met het groeiend aantal Google Earth-gebruikers om vrijwilligers te werven en niemand vertelde ze dat ze moesten samenwerken met de NOAA om de beelden te krijgen. Sterker nog, de enige inmenging van het hogere management bestond uit een bezoek van Eric aan hun crisiscenter. Hij keek rond en sprak de gedenkwaardige woorden uit dat ze vooral door moesten gaan.

Sinds de orkaan Kartrina is dit 20 procentproject uitgegroeid tot een volwaardig Crisis Response Team in Google.org, de organisatie die verantwoordelijk is voor alle filantropische activiteiten van Google. Geassisteerd door dat team hebben Googlers onze platformen gebruikt om mensen te helpen die getroffen waren door een natuurramp, van de sneeuwstormen tijdens Chinees Nieuwjaar in 2008, waardoor duizenden reizigers strandden, tot de Japanse aardbeving en tsunami in 2011 waarbij duizenden mensen omkwamen en honderdduizenden mensen dakloos raakten. Met elke ramp bedenken ze, op basis van hun ervaring en met behulp van onze producten, weer nieuwe manieren om mensen te helpen. De meesten krijgen geen cent voor hun inspanningen; ze worden door het werk zelf gemotiveerd.

Conclusie – stel je het onvoorstelbare voor

Eric vierde eind 2013 vakantie met zijn gezin. Tussen de normale familieactiviteiten door, keken de kinderen ook een aantal video's. Wat Eric opviel was dat er totaal geen tijd voor de televisie werd doorgebracht: hij bleef de hele tijd uit en alle video's werden op een tablet gekeken. Waar ze ook naar keken, het was niet naar 'ouderwetse' televisieprogramma's: ze keken naar beelden die niet waren gemaakt om op een van de traditionele zenders uitgezonden te worden. In plaats daarvan was alles doelbewust gemaakt om via websites of mobiele applicaties te worden gestreamd. De televisie en de bijbehorende activiteiten zijn voor kinderen gewoon niet meer van deze tijd. We vermoeden dat dit geen geïsoleerd geval is. Het voorspelt overigens veel goeds voor fabrikanten van mobiele apparatuur of makers van videocontent voor websites, maar niet veel voor de makers van de sitcoms en drama's die op de gewone televisie worden uitgezonden.

We leven in een optimistische tijd, maar ook een met veel onrust, en dat geldt niet alleen voor de topmannen in de televisiewereld. Gedurende de drie jaar dat we aan dit boek hebben gewerkt, is de ontregelende kracht van de computertechnologie in veel branches voelbaar geweest. De economische omstandigheden die de laatste recessie veroorzaakten bestaan, nu de economie zich weer herstelt, nog steeds. Het tempo waarin de door technologie veroorzaakte veranderingen zich aandienen is een stuk hoger dan de mogelijkheid om mensen nieuwe vaardigheden aan te leren. Hierdoor komt er een geweldige druk te staan op hele groepen werkenden en de economische structuur van veel landen. De stabiele banen in de middenklasse die in het verleden gezien werden als het fundament van een gezonde economie, verplaatsen zich naar opkomende economieën, gaan online, of verdwijnen volledig.

Het leidt geen twijfel dat de ontwrichting van eens zo robuuste ondernemingen en de economische gevolgen daarvan in de nabije toekomst pijnlijk en verwarrend zullen zijn, dus het zou onverantwoord zijn om dit boek over het uitbouwen van bedrijven in de eenentwintigste eeuw te beëindigen zonder advies te geven voor hoe je met die toekomstige veranderingen om moet gaan. Wat is er nu zo anders aan het hedendaagse bedrijfskundige landschap? Wat is de volgende stap? En wat kunnen bedrijven en individuele ondernemers doen om te overleven en succesvol te zijn in een periode van ontwrichting?

Van Downton Abbey tot Diapers.com

Om te kunnen begrijpen waarom de traditionele grote bedrijven door de verandering worden bedreigd, moeten we even een blik werpen op andere gebeurtenissen uit de geschiedenis, op andere momenten waarop het ene economische centrum het stokje doorgaf aan het andere. Nu we de eenentwintigste eeuw zijn in gegaan, zijn we in een overgangsfase beland die doet denken aan de tijd dat in de negentiende eeuw de westerse wereld overging van een feodale economie naar een industriële. Veel van onze vrienden en gezinsleden zijn verliefd op de BBC-serie *Downton Abbey*, die verslag doet over de dramatische hoogte- en dieptepunten van de bewoners van een statig Brits landhuis en hun personeel rond de Eerste Wereldoorlog. De bewoners zijn rijke leden van de Engelse upperclass die erg veel tijd kwijt zijn aan het zich kleden voor de maaltijden en het zich druk maken over het personeel dat uit de arbeidersklasse afkomstig is en die erg veel tijd kwijt zijn aan het werk en zich op hun beurt weer zorgen maken over de bewoners. Alles in dat prachtige Engelse accent en in schitterende, authentiek uitziende kostuums.

Mocht het je niet zijn opgevallen, omdat je tranen in je ogen had over de gevangenneming van John Bates (die later wordt vrijgesproken) of de dood van Matthew (die in tegenstelling tot Bobby Ewing[199] ook echt dood blijft): de wereld van *Downton Abbey* staat symbool voor de overgang van de ene economie naar de andere. Het instituut van de op haar laatste benen lopende negentiende-eeuwse, pre-industriële samenleving was het landhuis. Downton was een bron van economische activiteit voor de omliggende plaatsen door de behoefte aan arbeidskrachten en andere diensten.

Na de industriële revolutie werd het grootbedrijf het instituut van de twintigste eeuw. Denk aan General Motors, een autobedrijf waar, dankzij een samenloop van omstandigheden zoals de beschikbaarheid van stroom, water en een arbeidersklasse, fabrieksmatige massaproductie plaatsvond. Tegelijkertijd hadden zowel de door vakbonden vertegenwoordigde arbeiders op de werkvloer als de witteboordenwerkers op het hoofdkantoor een veilige carrière en een comfortabele levensstijl behorende bij de middenklasse.

In de eenentwintigste eeuw heeft het grootbedrijf als motor van de economische vooruitgang concurrentie gekregen van het platform. We hebben het al over platforms gehad in het hoofdstuk over strategie, maar een voorbeeld is Diapers.com (dat ondertussen is overgenomen door Amazon). Een platform is een totaal andere motor dan het grootbedrijf. De verhouding tussen het grootbedrijf en de consument is eenrichtingsverkeer. GM bepaalt hoe een nieuw product wordt ontworpen, geproduceerd en verkocht aan de consument en doet dat via een dealerorganisatie. Daartegenover staat dat een platform een wederkerige relatie heeft met consumenten en leveranciers. Er is veel meer sprake van geven en nemen. Amazon is een grootbedrijf, maar ook een marktplaats waar kopers en verkopers elkaar vinden. Amazon dicteert niet wat er wordt verkocht aan consumenten. Consumenten vertellen Amazon waar ze naar op zoek zijn en Amazon vindt het voor ze. Consumenten hebben een stem en ze kunnen producten en diensten recenseren.

---

199 In de televisieserie *Dallas*, uit de jaren tachtig, komt het karakter Bobby Ewing, gespeeld door Patrick Duffy, tragisch te overlijden als hij wordt aangereden door zijn schoonzus, maar hij komt het volgende seizoen op wonderbaarlijke wijze weer tot leven. Het blijkt dat zijn dood slechts een droom is geweest. Dat geluk zou iedereen moeten toevallen.

Wie overleeft en wie gaat ten onder in de wereld van het platform?

Dankzij de Buggles weten we dat '*video killed the radio star*' en dankzij het faillissement van boekenketen Borders in 2011 weten we dat platforms zoals Amazon het traditionele grootbedrijf behoorlijk pijn doen. Borders was geen lichtgewicht. Het had in 2005 al een marktwaarde van ongeveer 1,6 miljard dollar[200] en tegen de tijd dat men uitstel van betaling vroeg, werkten er meer dan zeventienduizend mensen.[201]

Het lijkt er volgens ons dus op dat de meer traditionele bedrijven een keuze moeten maken. Zij kunnen doorgaan op de manier zoals ze altijd werkten, onderdeel uitmaken van een wereld waarin computertechnologie niet wordt gebruikt als een middel om te optimaliseren, maar alleen maar als middel voor operationele efficiëntie en het vergroten van winsten. Voor veel van die traditionelere bedrijven is een computer iets wat door een groepje nerds in het andere gebouw wordt gebruikt; het is niet iets wat elke week op de agenda van de CEO staat. En de ontwrichting die door nieuwkomers in hun markt wordt veroorzaakt, moet worden bestreden door een peloton lobbyisten en advocaten. Hoewel het misschien een tijd zal duren en veel geld gaat kosten, zal deze je-kop-in-het-zand-stekenmethode ongetwijfeld dramatisch aflopen. De krachten van de technologie en de ontwrichting zijn gewoon te sterk. Dus de traditionelen die deze strategie zullen blijven volgen, zullen uiteindelijk falen, of worden in elk geval gemarginaliseerd. Het gevolg is dat de keus van de consument wordt belemmerd en dat innovatie in die bedrijfstak tot een minimum wordt beperkt, juist omdat dat de bedoeling is. Innovatie betekent verandering, maar voor conservatieven is de status quo een veel comfortabele plek.

Durfkapitalist en medeoprichter van Sun Microsystems Vinod Khosla, die soms een lezing houdt in Erics leergang aan Stanford, heeft hiervoor

---

200 'Examining the Books' (*The Wall Street Journal*, 29 augustus 2005).
201 Joseph Checkler en Jeffrey A. Trachtenberg, 'Bookseller Borders Begins a New Chapter... 11' (*The Wall Street Journal*, 17 februari 2011).

een aantal simpele redenen. Ten eerste bieden de meeste innovatieve producten of diensten, gezien vanuit het grootbedrijf, maar een kleine marktkans. Zij zijn nauwelijks de tijd en moeite waard, vooral niet omdat hun succes totaal niet zeker is. En op individueel niveau worden mensen bij grote bedrijven niet beloond voor de risico's die ze nemen; ze worden eerder bestraft als het misgaat. De individuele beloning is asymmetrisch, dus de rationele persoon kiest voor veiligheid.[202]

Er bestaat een alternatief voor het traditionele bedrijfsleven: ontwikkel een strategie die ervoor zorgt dat je met behulp van platforms voortdurend nieuwe en uitstekende producten kunt leveren. Gebruik die strategie als uitgangspunt om een groep slimme creatieven aan te trekken en zorg dan voor een omgeving waarin zij kunnen excelleren. Simpel toch? Natuurlijk is het niet zo simpel, integendeel. Het zit in de genen van het grootbedrijf om risico's uit te bannen; grote veranderingen worden aangevallen zoals jouw lichaam een infectie bestrijdt. Wij kunnen het weten, want dat hebben wij zelf meegemaakt. Want, let wel: jullie lezen een boek dat geschreven is door een stelletje mannen dat als een van de laatsten onder de Googlers hun BlackBerry en Outlook-mailbox de deur uit hebben gedaan. Wij zien veranderingen ook niet altijd op tijd aankomen en gaan er ook niet altijd even goed mee om. Gelukkig hebben wij ons omringd met gasten die dat wel doen, zoals onze voormalige collega Vic Gundotra...

De opkomst van het sociale web (en van een starter met de naam Facebook)

Internet heeft zich in drie duidelijk te onderscheiden fases ontwikkeld. Web 1.0 begon in de jaren negentig met de opkomst van de browser, HTML en die dingen die ze websites noemden. Tijdens deze Web 1.0-fase konden gebruikers teksten lezen, kleine fotootjes zien en simpele transacties doen, maar afgezien daarvan waren de mogelijkheden nog vrij be-

202 Vinod Khosla, 'The Innovator's Ecosystem', 1 december 2011, http://www.khoslaventures.com.

perkt. Toen, in het begin van 2000, verscheen er nieuwe technologie die leidde tot krachtiger websites en een robuustere infrastructuur van het web. Breedband profileerde zich in verschillende landen, onlinevideo ontwikkelde zich razendsnel en het werd voor het publiek makkelijker om niet alleen maar dingen te consumeren, maar ook om zelf dingen te publiceren. In deze Web 2.0-fase werd internet meer dan een gigantisch winkelcentrum en een online encyclopedie: het was een plek waar mensen van alles konden uitspoken. Miljarden mensen overal ter wereld kwamen online, en vaak was zoeken een van de eerste dingen die ze deden.

Tot aan de zomer van 2010 was dat de situatie waar Google in verkeerde: een gelukkig leven in Web 2.0. Ondertussen zag je de opkomst van het sociale internet. Waar je met Web 1.0 dingen kon lezen en kopen en Web 2.0 je dingen liet doen, laat het sociale web je met elkaar over dingen praten en dingen delen. We hadden deze trend al een tijd in de gaten, waarbij eerst Friendster en daarna Myspace een hype was, en wij hadden nagedacht over een samenwerkingsverband met een aantal van de vooraanstaande spelers in het sociale web, Twitter en Digg. Maar die ideeën kwamen niet erg van de grond en leidden ons waarschijnlijk af van een concurrent die we niet zagen aankomen. Plotseling kwam het sociale web er niet meer aan, het was er, en het werd aangevoerd door een nieuw platform met de naam Facebook.

Google speelde hier helemaal geen rol in. Het succes van Orkut, onze eerste 'sociale' poging, was grotendeels beperkt tot de Braziliaanse en Indiase markt. We hadden, zoals eerder genoemd, een met veel trammelant omgeven nieuwe vorm van e-mail gelanceerd onder de naam Wave, een briljant stukje technologie en de natte droom van grootverbruikers (dat waren er maar een paar), dat alle andere mensen in verwarring bracht (een heleboel). We hadden ook Buzz gelanceerd, een product dat Googlers geweldig vonden in onze interne proefopstelling, maar dat vragen opriep met betrekking tot de privacy. Rond de zomer van 2010 waren we gestopt met het onderhouden van Wave en ook Buzz werd op een laag pitje gezet, waardoor we twee-nul achter kwamen te staan in de socialewebarena.

Vic Gundotra wilde zich hier graag in vastbijten. Vic was het hoofd van Mobiel, hij was de vent die ervoor zorgde dat al die geweldige Google-producten goed uit de verf kwamen op die kleine mobiele schermpjes die in een rap tempo het internettoegangskanaal werden voor honderden miljoenen mensen. Vic had al eerder het potentieel van de smartphone ingezien en geholpen het team samen te stellen dat Google aanzette om 'Denk aan mobiel' als mantra te gaan gebruiken. Vic had niets te maken met onze misstappen in de socialewebwereld, even afgezien van het feit dat hij een Googler en aandeelhouder was en bezorgd dat we de aansluiting zouden missen bij de historische ommezwaai van internet. Hij besloot dat hij daar iets aan wilde doen. Hij nodigde Bradley Horowitz uit voor de lunch.

Bradley was eindverantwoordelijke voor Sociaal en nadat de lunch overliep in een vergadering en daarna nog een, begonnen de twee een plan te ontwikkelen om Google te herintroduceren op het sociale web en een aantal innovaties voor de consument te ontwikkelen. Sociaal was geen onderdeel van het takenpakket van Vic en hoewel wij Vics bazen waren (hij rapporteerde aan Urs Hölzle, die op zijn beurt weer aan Eric verantwoording aflegde en aanschoof bij diens stafvergaderingen), hebben wij hem niet verteld dat hij een nieuw sociaal platform moest ontwikkelen of zelfs maar zijn ideeën over het onderwerp met ons moest delen. Nee, hij zag dat we een probleem hadden, had het gevoel dat hij een bijdrage kon leveren aan de oplossing en besloot dat hij dat wilde doen.

Al vrij snel kreeg Vics en Bradleys project, met de codenaam Emerald Sea, intern de wind mee en ongeveer een jaar later lanceerden we Google+, een van de meest ambitieuze ondernemingen in de geschiedenis van het bedrijf. Google+ wordt door de media vaak gezien als een concurrent voor Facebook, maar dat klopt niet helemaal. Het is accurater om te zeggen dat Google+ een antwoord is op Web 2.0 en de opkomst van het sociale web. Het is de sociale component die alle verschillende Google-platforms, van AdWords tot YouTube, samenvoegt. En het is gelanceerd omdat één persoon inzag dat er een grote verandering aan zat te komen die de potentie had om ons bedrijf veel schade toe te brengen en besloot daar iets aan te doen. En het was niet eens waarvoor hij was aangenomen.

Stel de moeilijkste vragen

Vic begon aan zijn sociale zoektocht door het stellen van een aantal vragen: wat zou het betekenen voor Google als het sociale platform de dominante toepassing werd van internet? Zou het sociale platform de zoekfunctie overbodig maken? Vaak is de meest effectieve manier om ervoor te zorgen dat verandering en innovatie geen invloed hebben op een bedrijf eigenlijk heel simpel: stel de moeilijkste vragen. Verdiep je in wat je voor de toekomst moet doen; wat voorzie je voor het bedrijf wat anderen nog niet zien, of misschien wel zien maar voorlopig maar even negeren? (Hoogleraar aan Harvard Business School en bedrijfsadviseur Clayton Christensen: 'Ik hou de vragen in de gaten die ik moet stellen om de onderwerpen van de toekomst helder te krijgen.')[203] Als informatie werkelijk alomtegenwoordig is, als bereik en toegang zich over de hele wereld uitstrekken en als een aantal nieuwe onmogelijkheden niet alleen mogelijk zijn maar ook echt plaatsvinden, wat betekent dat dan voor je bedrijf? De technologische vooruitgang gaat onverbiddelijk door. Volg die trend tot een logisch punt in de toekomst en stel jezelf de vraag: wat betekent dit voor ons?

Toen Eric in de jaren negentig bij Sun werkte, maakte men computerservers die de beste prijs-kwaliteitverhouding hadden in de branche. Het was een bedrijf dat vanuit de techniek dacht en men had er alle vertrouwen in dat het prijsvoordeel altijd behouden kon blijven, maar Sun werd ook bedreigd door de toenemende kwaliteit van Wintel-pc's die gebouwd werden met Intel-processors en die draaiden op Windows van Microsoft. Toentertijd was de moeilijkste vraag voor Sun wat er zou gebeuren als Wintels prijs-kwaliteitverhouding op een gegeven moment die van Sun zou inhalen. Wat zou het bedrijf doen wanneer het voordeel waaraan hun succes en winst te danken was verdween? Toen Eric die vraag stelde aan president Owen Brown en CEO Scott McNealy, was hun conclusie dat Sun nooit de kosten zo kon verlagen om concurrerend te zijn met de pc-

---

203 Art Kleiner, 'The Discipline of Managing Disruption' (*strategy+business*, 11 maart 2013).

branche. Met andere woorden: zij hadden geen goed antwoord (en Eric trouwens ook niet). Dat was natuurlijk een probleem, maar het grootste probleem was wat er daarna gebeurde: niets. Niemand nam het op zich om actie te ondernemen. In april 2000 was de marktwaarde van Sun 141 miljard dollar. Rond 2006 hadden de Windows-servers de markt overgenomen, terwijl het marktaandeel van Sun tot onder de 10 procent was gezakt. Sun werd in 2009 aan Oracle verkocht voor 7,4 miljard dollar.

In bestaande bedrijven zijn er altijd moeilijke vragen en ze worden vaak niet gesteld omdat er geen goede antwoorden zijn en dat maakt mensen onrustig. Maar het is ook precies de reden waarom ze wel moeten worden gesteld: het team moet zich nooit op zijn gemak voelen. Het is beter dat er onrust ontstaat door eigen mensen dan door een concurrent die echt de bedoeling heeft jou om zeep te helpen, zoals Eric leerde bij Sun. Als er geen goede antwoorden zijn op de moeilijke vragen, dan is er op zijn minst hoop. De moeilijkste vragen zonder duidelijk antwoord kunnen zeer effectief zijn om de risicomijdende, verandering tegenwerkende cultuur van het grootbedrijf de kop in te drukken. Het is het dreigend onheil dat, zoals Samuel Johnson aangaf, de geest geweldig stimuleert.[204]

Stel je eerst de vraag hoe de wereld er over vijf jaar uitziet. Larry Page zegt altijd dat de baan van CEO niet alleen bestaat uit het nadenken over de kernactiviteiten, maar ook over de toekomst. De meeste ondernemingen gaan failliet omdat zij het prettig vinden te doen wat ze altijd hebben gedaan en alleen kleine veranderingen doorvoeren. En dat is zeker tegenwoordig, met het enorme tempo van technologische veranderingen, fataal. De vraag die gesteld moet worden is dus niet wat waar is, maar wat waar zou kunnen zijn. Vragen naar wat waar is komt neer op het doen van een voorspelling en dat is in onze snel veranderende wereld gekken-

204 Geciteerd in James Boswells biografie van de Engelse schrijver Samuel Johnson: 'Je kunt erop rekenen dat als een man weet dat hij binnen 24 uur wordt opgehangen, hij zijn geest geweldig weet te stimuleren.' Zie James Boswell, *Life of Johnson* (Oxford World's Classics/ Oxford University Press, 2008), pag. 849.

werk.[205] Vragen wat waar zou kunnen zijn heeft te maken met verbeeldingskracht: wat is er met de kennis van nu onvoorstelbaar maar kan toch bewaarheid worden?

Zoals Vinod Khosla aangeeft, was het in 1980 moeilijk voor te stellen dat microprocessors overal terug te vinden zouden zijn; niet alleen in computers, maar ook in auto's, tandenborstels en je kunt het zo gek niet bedenken.[206] In 1990, toen een mobieltje nog de omvang van een naaimachine had en een fortuin kostte, was het moeilijk voor te stellen dat ze kleiner dan een spel kaarten zouden worden en goedkoper dan een bioscoopkaartje. In 1995 kon men zich niet voorstellen dat het internet drie miljard gebruikers zou krijgen en meer dan zestig biljoen unieke adressen. Chips, mobiele telefoons en internet vind je tegenwoordig overal, maar niemand wist dat te voorspellen toen ze nog in de kinderschoenen stonden. En toch blijven we allemaal dezelfde fout maken: de standaardreactie op de aankondiging van Google's zelfrijdende auto was er een van ongeloof. Auto's die uit zichzelf konden rijden, dat was toch onmogelijk? Wij kunnen het ons niet voorstellen dat het niet gebeurt.

Laat de conventionele wijsheid links liggen, poets je verbeeldingskracht op en stel jezelf de vraag wat er de komende vijf jaar in jouw bedrijfstak kan gebeuren. Welke verandering komt het snelst en wat zal niet veranderen? Als je dan een idee hebt over wat de toekomst kan brengen, dan heb je hier nog een paar moeilijke vragen die je kunt stellen.

Hoe kan een erg slimme concurrent, met voldoende geld tot zijn beschikking, jullie kernactiviteiten aanvallen? Hoe kan hij met behulp van digitale platforms van zwakheden profiteren en de meest winstgevende klantengroepen overnemen? Wat doet het bedrijf waarmee het zichzelf de

---

205 Zelfs experts zijn slechte voorspellers bij zeer onzekere gebeurtenissen, zoals de psycholoog Philip Tetlock heeft aangetoond in een twintig jaar durend onderzoek naar de voorspellingen van honderd experts. Experts waren bijvoorbeeld niet beter dan een gemiddeld opgeleid iemand (en ook niet beter dan de kansberekening) bij het juist voorspellen van onderwerpen in hun vakgebied, bijvoorbeeld of de apartheid vreedzaam zou worden afgeschaft, of dat Quebec zich zou afscheiden van Canada, enzovoort. Zie Philip E. Tetlock, *Expert Political Judgment: How Good Is It? How Can We Know?* (Princeton University Press, 2005).
206 Zie Vinod Khosla, 'Maintain the Silicon Valley Vision' (*Bits*-blog, *New York Times*, 13 juli 2012).

das omdoet? Is kannibalisatie of verlies aan winst een regelmatig terugkerende reden om niet te innoveren? Bestaat de mogelijkheid om een platform te bouwen dat zorgt voor een toenemende omzet en waarde als het gebruik ervan groeit?

Gebruikt de top van het bedrijf de eigen producten? Zijn ze er tevreden over? Zouden zij ze als cadeautje aan hun vrouw geven? (Dit is in veel gevallen natuurlijk niet van toepassing, maar het is een krachtig gedachte-experiment.) Vindt de consument jullie producten goed? Hebben ze een bepaalde verplichting om bij jullie te kopen, die er misschien in de toekomst niet meer is? Stel dat ze helemaal vrij zijn in het kopen van jullie product, wat zou er dan gebeuren? (Een interessante vervolgvraag is: als je jouw productmensen zou dwingen om het voor de consument makkelijk te maken om jullie product in te ruilen voor een concurrerend product, hoe zouden ze dan reageren? Kunnen ze jullie product zo geweldig maken dat de consument wil blijven, zelfs als hij daartoe niet verplicht is?)

Als je jullie nieuwe producten en toepassingen die nog in de pijplijn zitten in ogenschouw neemt, hoeveel procent daarvan is dan gebaseerd op een volkomen unieke technische invalshoek? Hoeveel mensen met een productachtergrond zitten er in het hoogste managementteam? Beloont en promoveert het bedrijf in sterke mate de mensen die de grootste impact hebben op het ontwikkelen van nieuwe producten?

Is werving een absolute prioriteit van de top? Wie van je beste medewerkers ziet zichzelf over drie jaar nog werken in je bedrijf? Hoeveel zouden er vertrekken als ze elders 10 procent meer konden verdienen?

Zorgt jullie besluitvormingsproces ervoor dat altijd de beste beslissingen worden genomen, of juist de meest acceptabele?

Hoeveel vrijheid hebben medewerkers? Is er iemand die echt innovatief is en heeft die persoon de mogelijkheid om zijn ideeën uit te werken, ongeacht de positie die hij bekleedt? Zijn besluiten over nieuwe ideeën uitsluitend gebaseerd op productkwaliteit of op winst?

Wie doen het beter in het bedrijf: de informatieverzamelaars of de informatiemakelaars? Zijn er barrières die de vrije stroom van informatie en mensen bemoeilijken?

Dit zijn moeilijke vragen en wie weet is er wel geen duidelijke oplossing voor de problemen die ze aanstippen. Maar er komt zeker geen oplossing als de vragen niet worden gesteld. De oude garde is vaak verrast over hoe snel de boel op zijn kop kan worden gezet, maar door het stellen van deze vragen kunnen ze de realiteit onder ogen zien. Het is ook een uitstekende manier voor het aantrekken en motiveren van de beste slimme creatieven; mensen die niet alleen geïnteresseerd zijn in de uitdaging, maar ook in de eerlijkheid van de uitdaging. Ze zullen zeggen: 'Godzijdank, er is hier iemand die de moeilijke vragen durft te stellen, nu kunnen we beginnen met het bedenken van de antwoorden.'

Maar dit leidt allemaal tot nog één moeilijke vraag: zit je wel op de juiste plek om die slimme creatieven aan te trekken? Een van de meest interessante effecten van internet-, mobiele en cloudtechnologieën is dat zakelijke centra steeds belangrijker en invloedrijker worden. We dachten ooit dat de opkomst van het internet en andere communicatietechnologieën zouden leiden tot de opkomst van meer clusters en het belang van de bestaande clusters zou verminderen, maar het tegenovergestelde is waar. Er zijn in bepaalde branches zeker nieuwe, kleine clusters van bedrijfsactiviteiten ontstaan, maar de centra die al bestonden zijn alleen maar belangrijker geworden. Voor de slimme creatief is de fysieke plek waar hij zit steeds meer van belang.

Daarom zie je bijvoorbeeld ook dat, hoewel landen over de hele wereld proberen de magie van Silicon Valley ook lokaal te introduceren, veel slimme creatieven die een loopbaan in de computertechnologie nastreven, hun thuisland verlaten en naar Silicon Valley vertrekken. (We verbazen ons voortdurend over de enorme verscheidenheid aan talen die we in de Google-kantine horen.) Zij denken dat zij veel meer kunnen betekenen vanuit Californië dan vanuit hun vaderland, en de meerwaarde van het ontmoeten van creatieven uit de hele wereld spreekt ze meer aan dan dicht bij huis blijven. Hetzelfde geldt voor de financiële centra (Londen, New York, Hong Kong, Frankfurt en Singapore), die voor mode (New York, Parijs, Milaan), entertainment (Los Angeles, Mumbai), diamanten (Antwerpen, Surat), biotechnologie (Boston, Bazel), energie (Houston, Dhahran), scheepvaart (Singapore, Shanghai), auto's (Zuid-Duitsland) en de meeste andere bedrijfstakken. Elk bedrijf dat met iets nieuws wil beginnen moet zichzelf de vraag stellen: zoek ik de slimme creatieven op, of laat ik ze naar mij toe komen?

De rol van de overheid

Ook overheden moeten lastige maatregelen treffen. Zij kunnen de traditionele bedrijven steunen door te proberen de verandering tegen te gaan. Dat is de natuurlijke reactie van politici, aangezien de traditionele partijen veel meer geld hebben dan de onrustzaaiers en gepokt en gemazeld zijn in het beïnvloeden van de politieke keuzes van democratische regeringen. (Nieuwe uitdagers onderschatten meestal in het begin de wettelijke mogelijkheden die de gevestigde bedrijven bezitten.) Maar, net als het bedrijfsleven, heeft de overheid de mogelijkheid om de ontwrichting te stimuleren en een omgeving te creëren waarin slimme creatieven geweldig werk kunnen afleveren. Zij kunnen ervoor kiezen innovatie als norm te stellen.

Het begint met onderwijs, en dan niet alleen met de basisschool en het middelbaar, hoger of wetenschappelijk onderwijs. Het onderwijs zal veranderen en de overheid zou verandering boven traditie moeten stellen (tegenwoordig zie je vaker het tegenovergestelde). Technologische platforms helpen ons onze sterke en zwakke punten te identificeren en geven ons de mogelijkheid precies dat te leren wat we nodig hebben. Als de leverancier van openbaar onderwijs kunnen overheden zich met volle overgave storten op dit model van op maatwerk gebaseerde, flexibele en levenslange scholing, in het bijzonder voor jongeren en volwassenen die de middelbare school achter zich hebben gelaten.

Een digitale infrastructuur is een vereiste, net als een immigratievriendelijke politiek. Het belangrijkste is de vrijheid om te innoveren. De overheid neemt besluiten om problemen voor te zijn, maar als je een systeem ontwikkelt dat overal rekening mee houdt, dan is er geen ruimte voor innovatie. Daarnaast hebben traditionele bedrijven grote invloed op het instellen van wettelijke regelingen en er is vaak veel interactie tussen de private en publieke sector, dus de mensen die vandaag vijandige regelingen tegen innovatie maken, zijn de leidinggevenden in de private sector van morgen die er juist van moeten profiteren. Regels moeten niet zo stringent zijn dat het voor nieuwe bedrijven onmogelijk wordt om een markt te betreden.

Bijvoorbeeld: in de Amerikaanse automobielindustrie is een nieuwe speler, Tesla, die in verschillende staten tegen wetgeving aan loopt die het voor hen onmogelijk maakt auto's buiten een dealerorganisatie te verkopen.[207] De voorschriften beschermen de dealers en de consument heeft daardoor minder keuze. Stel dat tijdens de volgende ronde van innovatie in deze branche, de zelfrijdende auto, een ongeluk gebeurt. Iemand raakt gewond, of komt om het leven, waardoor misschien twijfels ontstaan over de hele bedrijfstak van de zelfrijdende auto. Als dat gebeurt moeten overheden zich inhouden om niet uiterst stringente maatregelen te nemen, zoals de 'rode vlag'-wet[208] in het Verenigd Koninkrijk in de negentiende eeuw, die de nieuwe technologie over een veel hogere horde laten springen dan de normale, menselijk bestuurde auto's (die trouwens ook ongelukken veroorzaken, met een schrikbarende regelmaat en zeer ernstige gevolgen). Als gegevens onomstotelijk vaststellen dat de nieuwe manier beter is dan de oude manier, dan is de rol van de overheid niet om verandering te voorkomen, maar ervoor te zorgen dat de ontwrichting plaatsvindt.

Grote problemen zijn informatieproblemen

Als bedrijfstakken ten onder gaan en worden geherstructureerd, als het traditionele bedrijfsleven zich aanpast of wegkwijnt en nieuwe bedrijven

---

207 Steve Chapman, 'Car Buyers Get Hijacked' (*Chicago Tribune*, 20 juni 2013).

208 Deze wet, die in 1865 werd ingevoerd in het Verenigd Koninkrijk als onderdeel van de Locomotive Act, verordonneerde dat er voor elke auto iemand liep met een rode vlag om paarden en voetgangers te waarschuwen dat het voertuig eraan kwam. Dezelfde wet stelde een snelheidsbeperking in van twee mijl per uur binnen de bebouwde kom en vier mijl daarbuiten. De wet werd in 1896 ingetrokken. Zie Alasdair Nairn, *Engines That Move Markets: Technology Investing from Railroads to the Internet and Beyond* (John Wiley & Sons, 2002), pag. 182-83, en Brian Ladd, *Autophobia: Love and Hate in the Automotive Age* (University of Chicago Press, 2008), pag. 27.

opkomen, aangevoerd door visionaire leiders en hun ambitieuze slimme collega's, dan gaan we de goede kant op. Wij zijn technische optimisten. Wij geloven dat de macht van de computertechnologie de wereld beter kan maken. Waar anderen een toekomst zien als in *The Matrix*, zien wij Dr. Leonard McCoy het Saurian-virus te lijf gaan met een schok uit zijn tricoder (en dat vieren met een shot Saurian-brandy en een glaasje tranya toe).[209] Wij zien de meeste grote problemen als informatieproblemen en dat betekent dat met voldoende data en de mogelijkheid die te ordenen vrijwel elke uitdaging die de mensheid nu kent kan worden opgelost. Wij denken dat computers in dienst staan van de mens, alle mensen, om het leven beter en makkelijker te maken. En wij zijn er redelijk zeker van dat wij, een aantal gasten uit Silicon Valley, veel kritiek zullen krijgen vanwege deze wel erg optimistische blik op de toekomst. Maar dat is niet erg. Belangrijker is dat er een helder licht brandt aan het einde van de tunnel.

Er zijn zeker goede argumenten voor ons optimisme. Ten eerste de explosie van data en de trend richting de vrije uitwisseling van informatie. Van geologische en meteorologische sensoren tot computers die elke economische transactie vastleggen, draagbare technologie (zoals de slimme contactlens van Google)[210] die voortdurend de meest vitale gegevens van zijn drager verzamelt, en gegevens die nog nooit beschikbaar waren en die nu worden geregistreerd en dat op een schaal die een aantal jaar geleden nog als sciencefiction werd afgedaan. En daarnaast is de computercapaciteit om die data te analyseren nu vrijwel oneindig. Een oneindige hoeveelheid data en onbeperkt computervermogen schept een geweldig platform voor 's werelds slimste creatieven om de grote problemen op te lossen.

Dit zal resulteren in een grotere samenwerking tussen slimme creatieven, wetenschappers, artsen, technici, ontwerpers en kunstenaars, in een

---

209 Zowel Saurian-brandy als tranya was een drankje uit de originele *Star Trek*-televisieserie. We hopen dat iedereen die je dit niet hoeft uit te leggen dat net zo'n leuk serie vond als wij. Dit is onze laatste verwijzing naar *Star Trek*, beloofd.

210 Slimme contactlenzen, die nu door Google[x] worden ontwikkeld, kunnen de bloedsuikerspiegel van de drager meten via de bloedsuikers in tranen. Hierdoor hoeven suikerpatiënten niet meer regelmatig zelf bloed te prikken of een glucosesensor onder hun huid te dragen.

poging die problemen de baas te worden, omdat het veel makkelijker is geworden om verschillende gegevens te vergelijken en te combineren. Zoals Carl Shapiro en Hal Varian aangeven in *Information Rules*, is informatie duur om te verzamelen, maar goedkoop om te reproduceren.[211] Dus als je informatie creëert die een probleem kan helpen oplossen en die informatie doorgeeft aan een platform waar ze kan worden gedeeld (of kan helpen het platform op te zetten), dan stel je veel anderen in staat om die informatie (vrijwel) gratis te gebruiken. Google heeft een product, Fusion Tables, waarmee je jouw data kunt delen; het zorgt ervoor dat gegevens kunnen worden samengevoegd en geanalyseerd als één enkel bestand, waarbij het originele bestand bewaard blijft. Denk eens aan al die wetenschappers over de hele wereld die aan hetzelfde probleem werken, ieder met hun eigen gegevens in hun eigen spreadsheets en databases. Of lokale overheden die proberen milieu- of infrastructurele problemen aan te pakken en hun vorderingen bijhouden in de computer op hun bureau of in de kelder. Stel je de gevolgen voor als je deze gegevens openbaar zou kunnen maken en op een nieuwe manier zou kunnen combineren en analyseren.

Snelheid is een andere hoopvolle factor. Dankzij de technologie wordt de reactietijd, de tijd tussen actie en reactie, steeds korter. Ook hierbij kan een historisch gegeven helpen dit naar waarde te schatten. Dingen die economen 'technologieën voor algemeen gebruik' noemen (de stoommachine en stroom zijn daar een goed voorbeeld van), hebben in het verleden veel tijd nodig gehad om van uitvinding via toepassing tot een verandering in het leefpatroon van de mens te komen en de manier waarop markten functioneren te beïnvloeden. De Watt-stoommachine werd in 1763 bedacht, maar het duurde bijna tweehonderd jaar voordat Kansas City als startpunt voor veedrijven uitgroeide tot een metropool met een beurs voor levende dieren. Daarentegen kwam Netscape in 1994 op de markt en in 1998 sloot Jonathan vol trots een van 's werelds eerste kabelmodems aan bij Excite@Home. Minder dan tien jaar later hadden deze

211 Carl Shapiro en Hal R. Varian, *Information Rules: A Strategic Guide to the Network Economy* (Harvard Business Review Press, 1998).

moderne communicatietechnieken de manier waarop wij communiceren, elkaar opzoeken, eten bestellen en een taxi regelen ingrijpend veranderd. De schoonheid van snelheid geldt vooral voor degenen die ervan profiteren. Het lijkt niet zo positief als je er nadeel van ondervindt, omdat je er razendsnel mee wordt geconfronteerd. Maar als je een nieuw bedrijf wilt opzetten, werkt de versnelling van alles in jouw voordeel.

De opkomst van netwerken is debet aan een vergroting van het collectieve geheugen en een stijging van de intelligentie. Toen de destijds regerend wereldkampioen schaken Garry Kasparov in 1997 een partij verloor van IBM's Deep Blue, dachten we allemaal dat we de overdracht van een stokje zagen. Maar het bleek dat door deze wedstrijd een nieuwe generatie schakers op het toneel verscheen: geen computers, maar mensen die hun vaardigheid vergrootten door gebruik te maken van de computer. De grootmeesters van tegenwoordig (en er zijn er nu twee keer zoveel als in 1997)[212] gebruiken de computer als trainingsmaatje, waardoor de mens nog beter is gaan spelen. Er ontstaat dus een vicieuze cirkel van door computers ondersteunde intelligentie: computers zorgen ervoor dat mensen steeds beter worden en mensen programmeren computers steeds slimmer. Je ziet dat duidelijk gebeuren in het schaken, dus waarom zou dat op andere terreinen niet ook kunnen?

De toekomst lacht ons toe...

Wij kunnen geen bedrijfstak bedenken waarvoor de toekomst er niet goed uitziet. Bijvoorbeeld: in de gezondheidszorg zullen realtime sensoren het mogelijk maken dat het intelligent gegevens verzamelen en meten van ingewikkelde menselijke processen mogelijk wordt. Combineer al die data met gegevens over risicofactoren die verzameld zijn door verregaand genetisch onderzoek, en we hebben onbeperkte mogelijkheden (met toestemming van het individu) om individuele gezondheidsproblemen veel eerder op te sporen, te voorkomen of te behandelen. Het samenvoegen

212 Christopher Chabris en David Goodman, 'Chess-Championship Results Show Powerful Role of Computers', (*The Wall Street Journal*, 22 november 2013).

van die data kan informatieplatforms creëren die effectiever onderzoek kunnen doen en tot beter beleid leiden.

Consumenten in de gezondheidszorg hebben een schrikbarend tekort aan informatie; zij bezitten vrijwel geen onderzoekgegevens, hebben geen inzicht in de prestaties van dokters en ziekenhuizen en het is voor hen lastig om hun eigen dossier in te zien, zeker als dat in het bezit is van verschillende instituten. En de kosten van medische verrichtingen en medicijnen zijn volkomen ondoorgrondelijk en variëren sterk van patiënt tot patiënt en van instelling tot instelling. Als je er alleen al in zou slagen om een basaal niveau van transparantie in de gezondheidszorg te bereiken, dan zou dat geweldige positieve gevolgen hebben, de kosten verlagen en de gegevens verbeteren.

Ook in de transportwereld is sprake van veel veranderingen en kansen. Wat zal er gebeuren als elke auto zichzelf bestuurt? De eigendomsmodellen zullen veranderen, omdat de dienstverlening voor de eigen auto veel goedkoper wordt. De enige reden om nog een gewone auto te bezitten zal voor de lol zijn, niet om je te verplaatsen. Dit zal planners dwingen om opnieuw na te denken over vervoersnetwerken.

In de financiële dienstverlening betekent meer gedetailleerde informatie meer maatwerk. Tegenwoordig maken autoverzekeraars al gebruik van data over afgelegde afstanden en locatie om de kans op schade aan een auto in te schatten. Hoeveel slimmer zouden ze kunnen worden als ze, in ruil voor korting, toegang kregen tot alle data van de auto, zoals snelheid, locatie, hoe vaak hij wordt gebruikt, gereden afstanden, verkeersomstandigheden en onderhoudsrapporten? Misschien dat jij niet op hun aanbod ingaat, maar zou je het wel doen voor de jongste chauffeurs in jouw gezin, in de hoop dat ze daardoor veiliger gaan rijden?

In de creatieve bedrijfstakken is er meer geweldige content en talent dan ooit tevoren en de vraag ernaar (tenminste, de laatste keer dat we daarnaar keken) is nog nooit zo hoog geweest. Ondanks het grote aantal waardeloze, door GCI[213] mogelijk gemaakte actiefilms, heeft de computer ook tot nieuwe manieren geleid waarop wij van het ouderwetse verhaal

---

213 Computer Generated Imagery, door de computer gegenereerde beelden.

op televisie kunnen genieten, zoals van *House of Cards* of *Game of Thrones*, en kunnen we zelf bepalen wanneer we het willen zien en op welk apparaat; of het nu een flatscreen is, een laptop of iets wat op een bril lijkt. Het internet heeft de traditionele mediamodellen de wacht aangezegd, maar er komen nieuwe voor in de plaats. Het gevolg is dat er een grotere, meer gefragmenteerde en chaotische markt voor makers ontstaat en dat de consument een eindeloze keuzemogelijkheid krijgt.

Of het nu over misdaadbestrijding gaat (het analyseren van misdaadpatronen om te komen tot 'voorspellend politiegedrag'), de landbouw (datarijke kaarten om arme boeren te helpen), de farmacie (het delen van informatie om zo de ontwikkeling van medicijnen te versnellen), de defensie-industrie, energie, ruimtevaart of onderwijs: al deze activiteiten zullen in de eerste helft van de eenentwintigste eeuw door de kracht van de computertechnologie worden getransformeerd. Er zullen spectaculaire nieuwe producten ontstaan, we zullen de geboorte zien van nieuwe bedrijfstakken, en de economische tegenspoed zal worden vervangen door nieuwe banen en groei. En al die veranderingen zullen in gang worden gezet door een klein team van gemotiveerde slimme creatieven die het beste uit zichzelf kunnen en mogen halen.

Daar zijn wij van overtuigd.

De volgende slimme creatief

Ook wij tweeën zijn niet immuun voor deze krachtige verandering. Naast alle dingen die we hebben geleerd en daarna gedwongen waren opnieuw te leren, zijn er erg veel dingen die we niet weten. Hoezeer we ook proberen de ontwikkelingen in de computertechnologie te volgen en de gevolgen daarvan voor onze bedrijfstak, we zijn gewoon niet in staat alles zo goed te doorgronden als de nieuwe generatie slimme creatieven. Wij zijn opgegroeid in een tijdperk waarin je een telefoonkabel nodig had om iemand mee uit te vragen (en dat noemde je een 'afspraakje' en niet 'chillen'), dat je naar de film ging en waarin breedband stond voor een grotere brievenbus. We zien, dag in dag uit, de nieuwe generatie opkomen en wij genieten van hun zelfvertrouwen en kunde. Zij vertellen ons wat er gebeurt en wat er gaat gebeuren en als het moment daar is om te beslissen wat er moet gebeuren, vertellen zij ons dat net zo vaak als wij hun. Dat is ons lot: omringd zijn door de nieuwe generatie slimme creatieven.

Wij zijn ervan overtuigd dat voor ieder van die rocksterren die wij in het dagelijks leven ontmoeten, er nog tientallen of honderden zijn die hun uiterste best doen om ons van onze troon te stoten. Misschien zal het geen van allen lukken, maar die kans is niet groot. Waarschijnlijk heeft nu iemand, ergens in een garage, studentenflat, laboratorium of vergaderzaal een kleine, gedreven groep slimme creatieven om zich heen verzameld. Misschien heeft hij ons boek en gebruikt hij onze ideeën om een bedrijf te beginnen dat op termijn Google irrelevant zal maken. Een merkwaardig idee, toch? Alleen is het een feit dat geen enkel bedrijf altijd succesvol zal blijven.

Sommigen vinden dit beangstigend, wij vinden het geweldig.

Dankwoord

We moeten beginnen onze dank uit te spreken aan Larry Page en Sergey Brin voor hun wijsheid en vriendschap en voor het ongelofelijke bedrijf dat ze zijn begonnen. De oprichters van Google zijn werkelijk zo goed als we ze beschrijven. Het privilege om elke dag met hen te kunnen werken, om met hen de toekomst te leren kennen en begrijpen, is een geschenk dat je maar één keer in je leven krijgt. Veel van de briljante dingen die Google zo groot hebben gemaakt (de strategie, de cultuur en de nadruk op altijd de best mogelijke mensen aannemen), bestonden al lang voordat wij in het bedrijf kwamen. Stel je voor dat je ergens in je twintiger jaren al de tegenwoordigheid van geest en de visie hebt om te begrijpen wat Google wilde zijn en kon doen. Elke keer opnieuw probeerden Larry en Sergey conventies aan te vallen, autoriteit ter discussie te stellen en op hun eigen manier een werkelijk geweldig bedrijf op te bouwen. Google heeft niet alleen onze levens veranderd, maar ook het leven van miljarden, elke dag, overal, en zal dat blijven doen. Er bestaat geen goede manier om ze te bedanken voor wat ze voor ons hebben gedaan. Het enige wat we kunnen zeggen is dat we dankbaar zijn voor hun steun en voor alles wat ze doen.

Net als Google zelf is dit boek mogelijk gemaakt door de hulp van erg veel geweldige, interessante, betrokken, leuke en goede mensen. We danken deze slimme creatieven voor die hulp, maar ook voor het privilege om met hen te mogen werken en ze te kennen, zowel als collega's als als vrienden. Hartelijk dank aan...

Ann Hiatt, Brian Thompson en Kim Cooper, die altijd de tijd vonden in hun ongelofelijk volle agenda's om de schrijvers te ontvangen en die ons meer dan voldoende feedback gaven. Jullie hebben de chaos waardig in de hand gehouden.

Pam Shore, die haar reis begon met Eric bij Novell en een belangrijke deelgenoot was van de opbouw van Google en zijn staf.

Scott Rubin, Meghan Casserly en Emily Wood, pr-mensen die weten wat een goed gesprek is. We hopen dat er nog vele zullen volgen.

Rachel Whetstone, de andere persoon op de mail toen Eric Jonathan voorstelde om dit boek te maken. Rachel is al bijna tien jaar onze communicatiepartner en een partner voor dit boek vanaf het allereerste begin. Zij is een geweldige knokster, niet alleen voor Google, maar omdat ze altijd het juiste voor mensen wil doen. Onze dank aan Rachel gaat veel verder dan alleen haar bijdrage aan dit boek.

Kent Walker en Marc Ellenbogen, een stel briljante advocaten, die van hun paard af kwamen, hun mouwen opstroopten en ons hielpen dit boek veel beter te maken. Zeker Mark was erg behulpzaam, en zijn advies scheen nog diepzinniger tijdens de week dat hij, tijdens zijn vakantie op een Caraïbisch eiland, met ons aan dit boek werkte.

Dennis Woodside, die op de een of andere manier erin slaagde ons boek te lezen terwijl hij leidinggaf aan Motorola.

Urs Hölzle, de eigenlijke vader van veel van de gebruiken die je terugziet in het personeels-, wervings- en aannamebeleid van Google.

Alison Cormack, die gewoon de beste meelezer is en waarschijnlijk de meest gracieuze Googler.

Jared Cohen, Erics partner bij *The New Digital Age*, die precies op tijd genoeg over uitgeven leerde dat hij ons kon helpen.

Laszlo Bock, die meehielp de cultuur en de normen van Google in stand te houden tijdens onze groei, die in zijn aanstaande boek over talent tot in detail bespreekt hoe je dit voor elkaar krijgt en die altijd lijkt te glimlachen, waarschijnlijk omdat hij vroeger in *Baywatch* te zien was.

Nikesh Arora, wiens uitnodiging om zijn team toe te spreken dit hele project op de rails zette.

Susan Wojcicki, Salar Kamangar, Marissa Mayer en Sundar Pichai, die Jonathan leerden dat een goede manager zijn mensen soms niet in de weg moet zitten. Als het werk van een manager het product is van de som van zijn mensen, dan staat Jonathan op een berg die door deze vier is opgericht.

Lorraine Twohill, die ons liet zien hoe je op z'n Google's een slimme creatieve manier kunt ontwikkelen om werkelijk prachtige inspirerende kunst te verpakken als marketing.

Clay Bavor, een van de slimste creatieven die we kennen en wiens werk de cultuur van Google zeer goed verwoordt. (Googel zijn weekendprojecten 'The Google Logo in 884 4×6 Photographs' en 'Clay Bavor Lincoln Portrait in Pennies'.)

Brian Rakowski, die zo slim was om paginanummers en doorzoekbare woordenreeksen in zijn commentaar in te bouwen.

Margo Georgiadis, wiens kennis over hoe het topmanagement denkt in het grootbedrijf een voortdurende bron van inspiratie voor ons was.

Colin McMillen, wiens Memegen slechts een van de geweldige dingen is die hij doet.

Prem Ramaswami, die ons leerde kijken door de ogen van een docent op Harvard Business School en ons ideeën aan de hand deed voor hoe we dit werk toegankelijk konden maken voor studenten.

Devin Ivester, onze interne expert in boeken en films; de creatieve slimmeriken Gary Williams, Ken Frederick en Lauren Mulkey, die erg veel ideeën hebben aangedragen die we niet hebben gebruikt, en Jonathan Jarvis, wiens ontwerp heeft gezorgd voor een boek dat er veel eleganter en knapper uitziet dan de schrijvers ooit zullen zijn. En dat wil wat zeggen.[214]

Hal Varian, die economie leuk maakt. En dat wil wat zeggen.[215]

Alan Eustace, die zo'n goede personificatie van een Googler is dat hij, met Jonathans hulp, het eerste handboek voor Googlers heeft geschreven.

Shona Brown en David Drummond, die jarenlang de twee andere

214 Niet dus.
215 Wel dus.

leden van Jonathans wervingscomité hebben gevormd.

Cathay Bi en Chadé Severin, die Jonathan op de achtergrond hielpen met zijn rol als hoofd Producten bij Google en een betrokken criticus zijn geweest sinds we aan dit project begonnen.

Jeff Huber, die samen met Jonathan werkte bij Excite@Home en bij Google binnenwandelde om een robuuste advertentie- en omzetmachine te bouwen, zodat Jonathan zich kon bezighouden met het managen van slimme creatieven.

Patrick Pichette, wiens operationele gedrevenheid, Googler-inborst, oranje rugzak en houding van ik-kom-op-de-fiets-naar-mijn-werk-ook-als-het-regent, een inspiratie voor ons allemaal is.

Gopi Kallayil, die niet alleen de beste presentator is die we ooit hebben ontmoet, maar ook een aanhoudend criticus met verbetervoorstellen die getuigen van zeer veel kennis van zaken.

Jill Hazelbaker, wiens hulp Jonathan altijd inroept als hij een pr-probleem heeft veroorzaakt (en dat is vaak).

Jared Smith, die ons geholpen heeft met details over China en die zelf ook een groot leider is van slimme creatieven.

Bill Campbell, de meest briljante van alle managementcoaches, met oog voor mensen en hoe organisaties werken. Wij wisten niet dat we een coach nodig hadden totdat we Bill ontmoetten. Bill was een sleutelfiguur in het succes van Apple en Google, nu twee van de meest waardevolle bedrijven in de Verenigde Staten. Iedereen glimlacht als Bill binnenkomt, en zijn gave om een geweldig verhaal te vertellen is net zo groot als zijn bescheidenheid waarmee hij alle lof wegwuift voor de bijzonder grote rol die hij heeft gespeeld in Silicon Valley en het succes van generaties ondernemers.

John Doerr, Mike Moritz, Ram Shriram, John Hennessy, Art Levinson, Paul Otellini, Ann Mather, Diane Greene en Shirley Tilgham, de voormalige en huidige leden van Google's board, die altijd bereid zijn een langetermijnvisie te hanteren wat betreft onze impact op de wereld, onze klanten, partners en aandeelhouders. En zo hoort het ook.

De vele andere voormalige en huidige collega's bij Google die ons hebben geholpen het verhaal op papier te krijgen, terwijl ze ons de juiste kneepjes bijbrachten over het managen van slimme creatieven: Krishna Bharat, Jeff Dean, Ben Gomes, Georges Harik, William Farris, Vic Gundotra, George Salah en Martha Josephson (technisch gezien geen Googler, maar een betere partner kun je je niet wensen).

Jonathans familie: zijn vrouw Beryl, zoon Joshua en dochter Hannah, die hem er altijd aan helpen herinneren dat hij zelf ook moet voldoen aan die managementkreten over het stimuleren van anderen en zowel thuis als op kantoor soms uit de weg moet gaan. Dit zorgt ervoor dat Jonathan nederig blijft en daar zou iedereen die Jonathan kent hun dankbaar voor moeten zijn. Jonathans moeder, Rina Rosenberg, was een sterke voorvechtster voor vrouwenrechten en was voorzitster van de Commission on the Status of Women for Santa Clara County. Het is uit respect voor haar dat we in onze definitie van slimme creatief steeds spreken over een 'zij'. Jonathans vader, professor Nathan Rosenberg, wordt in dit boek duidelijk aangehaald als een vooraanstaand wetenschapper in technologische innovatie. Kan een zoon een grotere erkenning geven aan zijn vader dan door aan te tonen dat hij al die jaren heeft geluisterd?

Karen, Gordon en Davis Rosenberg zijn Jonathans kinderen, van wie hij veel heeft geleerd over besluitvorming. Samen zijn ze het nooit eens geworden wie nu eigenlijk de echte slimme creatief van het gezin is. Maar, kinderen, ik denk dat de tijd is aangebroken dat ma en pa de knoop doorhakken.

Dr. Lorne Rosenfield, die regelmatig de draak steekt met Jonathan met geweldige citaten en levenswijsheden. Een aantal verwijzingen in dit boek komen uit die gesprekken. De dochter van Lorne, Lauren, die meer dan voldoende fouten verbeterde om te bewijzen dat ze, zoals ze zelf beweert, een betere literaire criticus is dan Jonathan. En haar broer Michael, die ons meer dan voldoende inzicht gaf in zijn slimme creativiteit door ons voldoende voorbeelden te geven van wat er op scholen speelt.

Dan Chung, die met de sterke opmerking kwam dat het eerste manuscript geschreven was 'met ondernemers in het achterhoofd', maar dat het kon worden verbreed naar 'nuttig voor iedereen in het bedrijfsleven'.

Matt Pyken, de man die Jonathan op de universiteit hielp met zijn scripties en ons zijn 'Hollywood-oog' leende voor de dramatiek en flair in het verhaal.

Glenn Yeffeth van BenBella Books, die de enige boekenexpert was bij wie Jonathan terechtkon voor hulp toen hij aan dit project begon.

Adam Grosser, die de flauwe grappen verwijderde en in het algemeen ons heeft geholpen met de toon en ons aanmoedigde onze definities scherper te formuleren.

Professors Susan Feigenbaum en Gerald Eyrich, die erop stonden dat Jonathan statistiek moest leren en hem de nodige hulp verschaften zodat hij zijn bachelor kon afmaken.

Professor en decaan Jeff Huang en zijn collega Julia Easley, die het verhaal lazen als een afstudeerscriptie van een student, veel aantekeningen maakten en ons gelukkig geen cijfer gaven.

Professor David Teece, die het manuscript heeft gelezen vanuit het perspectief van een wetenschappelijke econoom en ons op fantastische literatuur wist te wijzen.

Gary Leight, Betsy Leight, Dora Futterman, Libby Trudell, Cathy Gordon, James Isaacs, Dean Gilbert en Richard Gingras; allemaal ex-bazen van Jonathan. Jonathan is eeuwig dankbaar voor jullie wijsheid en verdraagzaamheid.

Professor Jeff Ullman, die een broodmagere tiener van Princeton, Eric Schmidt, onder zijn hoede nam en hem omtoverde tot een computerwetenschapper, toen dat nog niet eens echt een vak was.

Bill Joy, Sue Graham en Bob Fabry, die op Berkeley voldoende vertrouwen hadden in Eric als computerwetenschapper dat ze een team om hem heen bouwden.

Mike Lesk en Al Aho, die tijdens hun werk aan Unix bij Bell Eric de waarde van volume, open source en schaal wisten bij te brengen.

Jim Morris, Butler Lampson, Bob Taylor en Roy Levin van Xerox PARC, die de toekomst hebben uitgevonden.

Scott McNealy, Andy Bechtolsheim, Bill Joy, Vinod Khosla, Bernie Lacroute en Wayne Rosing van Sun, die Eric in staat stelden voor het eerst daadwerkelijk managementervaring op te doen. Alleen in een technisch bedrijf kan iemand met zo weinig ervaring zo goed getraind worden.

Raymond Nasr en John Young bij Novell, waar de reis de beloning was.

Peter Wendell, die Eric de gelegenheid gaf om college te geven aan Stanfords Graduate School of Business, en de duizenden studenten voor wie Eric in eerste instantie zijn gedachten ordende over 'de lessen die je met vallen en opstaan leert'.

Nishant Choksi, wiens prachtige en leuke illustraties perfect onze stellingen weten te onderstrepen op een manier die wij ons nooit hadden kunnen voorstellen.

Melissa Thomas, een feitencontroleur bij uitstek, die we nooit, maar dan ook nooit bij een spelletje *Jeopardy!* hopen tegen te komen.

Marina Krakovsky, onze helpende hand bij het onderzoek, die altijd twee stappen verder gaat dan wij hopen. Zij is net zo belezen en diepzinnig als ze ijverig en grondig is. Ze is gewoon de beste!

David Javerbaum, een humoristische schrijver van wereldklasse die geprobeerd heeft ons ook grappig te maken, laten we zeggen een beetje grappiger. Een van onze mooiste momenten was toen David een van de grappen zag die wij opgeschreven hadden en daarover zei: 'Niet slecht.' Dank je, David, voor je hulp en zeker voor je enthousiasme.

Jim Levine, onze agent, die ons heeft geholpen de uitgeverswereld te leren kennen, en onze redacteur John Brodie, die ons met grote kennis van zaken heeft begeleid van de eerste ruwe versie tot het uiteindelijke resultaat, van het begin over Microsoft tot het einde over *Downton Abbey*, en die wij hebben geholpen om het geweldige Google Docs te leren kennen.

Ergens halverwege de jaren zeventig ontmoette een aantal kinderen elkaar terwijl ze muntjes gooiden in 's werelds allereerste, op munten werkende, videospelletje *Galaxy Game*, dat opgesteld stond in het Coffee House-café van Tresidder Student Union aan Stanford. Jonathan won regelmatig van Alan Eagle met *Galaxy Game*, maar de twee waren meer aan elkaar gewaagd in de klaslokalen van Gunn High. Terwijl ze vochten voor de heerschappij in de ruimte en ondertussen probeerden scheikunde en wiskunde onder de knie te krijgen, hadden ze niet kunnen voorspellen dat ze dertig jaar later samen zouden gaan werken voor een bedrijf met de naam Google. Of dat ze veertig jaar later zouden samenwerken aan een boek over het bedrijfsleven en management. En toch is dat precies wat er is gebeurd. Stel je het onvoorstelbare maar voor. Onze dank gaat uit naar onze medeauteur Alan Eagle.

Woordenlijst

AdSense
Het advertentieproduct dat advertenties plaatst op een groot netwerk van webpagina's.

AdWords
Google's belangrijkste advertentieproduct; hier komt het merendeel van de omzet vandaan.

Ah'cha'rye
Engelse vertaling van het Hebreeuwse 'Volg mij', het signaal voor verzamelen in het Israëlische leger.

Android
Google's open source mobiele besturingssysteem.

API
Application Programming Interface, waarmee andere applicaties verbinding kunnen maken.

APM
Associate Product Manager. APM's werken meestal twee keer twaalf maanden voordat ze een volwaardige productmanager worden.

Cloud computing
Technologie die internetgebruikers in staat stelt om applicaties en bestanden te gebruiken die op externe computers zijn opgeslagen. Deze computers op afstand, die ook wel servers worden genoemd, staan opgesteld in grote datacentra die duizenden losse computers bevatten.

De wet van Coase

Dit principe, uitgewerkt door Nobelprijswinnaar en econoom Ronald Coase verklaart dat grote bedrijven opkwamen omdat, als je de transactiekosten in ogenschouw neemt, het meestal efficiënter is om dingen binnen het bedrijf te doen dan met een externe partij. Omdat internet de transactiekosten heeft verlaagd, houdt de wet van Coase tegenwoordig in dat het vaak voordeliger is om een externe partij ergens voor te benaderen dan om het zelf te doen.

De wet van Moore

De voorspelling, gedaan door medeoprichter van Intel, dat het aantal transistors op een chip, en dus de kracht van de computer, elke twee jaar verdubbelt. Moore voorspelde in eerste instantie (in 1965) dat het jaarlijks zou zijn, maar stelde zijn voorspelling bij in 1975.

Dory

Een intern Google-systeem om vragen mee te stellen aan topmanagers en de vragen van anderen naar boven of naar beneden mee te stemmen.

Excite@Home

Een vroegere werkgever van Jonathan die ontstond toen Excite, een pionier in webportals, fuseerde met @Home, waardoor het gebruik van kabelmodems voor het internet aan populariteit toenam.

Gebruikersinterface

Het deel van een product waarmee de gebruiker contact legt.

Googlegeist

Google's jaarlijkse medewerkertevredenheidsonderzoek.

Google[x]

Een team dat werkt aan een aantal van Google's meest ambitieuze projecten, zoals de zelfrijdende auto, Google Glass, project Loon en slimme contactlenzen.

HiPPO (of gewoon hippo)

Highest Paid Persons Opinion (de mening van de bestbetaalde medewerker).

Intermediaire markt

Een plaats waar verschillende gebruikersgroepen elkaar kunnen ontmoeten en elkaar diensten kunnen leveren.

Marktwaarde

De totale waarde van de uitstaande aandelen van een publieke onderneming.

Memegen

Een interne Google-site waar Googlers memes kunnen creëren in de vorm van leuke bijschriften; een aardige manier waarop Googlers over de staat van het bedrijf kunnen communiceren.

Moma

Het intranet van Google. Het wordt gebruikt voor allerlei soorten interne communicatie.

Noogler

Nieuw + Googler (nieuwe Google-medewerker).

OKR

Objectives en Key Results (doelen en belangrijkste resultaten), een op prestatie gericht managementsysteem dat effectief bij Google en andere bedrijven wordt gebruikt.

Open

Het delen van intellectueel eigendom, zoals software of onderzoeksresultaten, het aansluiten bij algemene standaarden in plaats van ze zelf te bedenken, en de consument de vrijheid geven makkelijk afscheid te kunnen nemen van jouw platform.

Opensourcebesturingssysteem

Een besturingssysteem, zoals Linux en Android, waarvan de broncode beschikbaar is om gratis gebruik van te maken en bij te werken. Het tegenovergestelde is een gesloten besturingssysteem, waarvan de broncode angstvallig wordt beheerd door het bedrijf waarvan die is.

Platform

Een fundament van technologieën of infrastructuren waarop aanvullende technologieën, processen of diensten kunnen worden gebouwd.

ROI

Return of investment (het rendement op een investering).

Slimme creatief

Een persoon die enorme technische kennis koppelt aan intelligentie, zakelijk instinct en een heleboel andere creatieve kwaliteiten.

Terugverdientijd

De hoeveelheid tijd die nodig is om een investering terug te verdienen.

TGIF

Thank God It's Friday. Google's bijeenkomst voor het hele bedrijf die oorspronkelijk elke vrijdagmiddag werd gehouden, maar tegenwoordig op donderdag, zodat de Googlers aan de Aziatische kant van de Pacific ook mee kunnen doen.

Wave

Google Wave was een systeem waardoor een groep gebruikers realtime met elkaar kon communiceren en samenwerken. Google stopte met Wave in 2010, waarbij de broncode werd vrijgegeven.

Web 2.0

Een stelsel van technologieën die het web hebben gemaakt tot wat het tegenwoordig is (een upgrade van het Web 1.0 uit de jaren negentig).

Register

Over de schrijvers

Eric Schmidt kwam in 2001 voor Google werken en heeft meegeholpen het bedrijf te laten uitgroeien van een starter in Silicon Valley tot een wereldwijde leider in technologie. Als *executive chairman* is hij verantwoordelijk voor de externe zaken van Google: het opbouwen van samenwerkingsovereenkomsten en bredere zakelijke relaties, de contacten met de overheid en het adviseren van zowel de CEO als het senior management over zakelijke aangelegenheden en beleidsvraagstukken. Van 2001 tot 2011 was Eric Schmidt de CEO van Google.

Voordat hij bij Google kwam werken, bekleedde Eric managementfuncties bij Novell en Sun Microsystems. Hij heeft een bachelor in elektronica van Princeton, evenals een master en een doctorstitel in computerwetenschappen van de universiteit van Californië in Berkeley. Hij is lid van de President's Council of Advisors on Science and Technology en van de Prime Minister's Advisory Council in het Verenigd Koninkrijk. Hij zit in de board van Economist Group, Mayo Clinic en Khan Academy. Erics filantropische activiteiten richten zich middels de Schmidt Family Foundation op klimaatverandering, en steunen onder andere oceaanonderzoek en onderwijs, in het bijzonder een baanbrekend onderzoek naar het gebruik van technologie in de natuurwetenschappen.

Jonathan Rosenberg ontmoette Larry Page en Sergey Brin voor de eerste keer in 2000 en nam uiteindelijk na hun derde aanbod, meer dan twee jaar later, een baan aan bij hun bedrijf. Hij was senior vicepresident bij

Google en gaf leiding aan het productteam tot april 2011. In die hoedanigheid had hij de eindverantwoordelijkheid over het ontwerp, de ontwikkeling en de evolutie van Google's producten voor consumenten, adverteerders en partners. Hij heeft een bijdrage geleverd aan het wervingsproces van de onderneming en was nauw betrokken bij het ontwikkelen van de marketing- en communicatiestrategieën. Tegenwoordig is Jonathan adviseur van CEO Larry Page.

Voordat hij bij Google kwam werken, was Jonathan verantwoordelijk voor de producten en diensten van Excite@Home en voor de eWorld-productlijn van Apple Computer, en gaf hij invulling aan de productmarketing bij Knight Ridder Information Services. Jonathan heeft een MBA van de universiteit van Chicago en een bachelor in economie (cum laude) van het Claremont McKenna College, waar hij afstudeerde als Phi Beta Kappa.

Alan Eagle is *director of executive communications* bij Google sinds zijn intrede in 2007. In die hoedanigheid had hij de leiding over het schrijven van de speeches en over andere communicatieve activiteiten voor verschillende uitvoerende bestuursleden van Google, onder wie Eric en Jonathan.

Alan heeft zowel verkoop- als productmanagementfuncties bekleed bij verschillende starters in Silicon Valley, waaronder Tellme Networks en Octel Communications. Hij is afgestudeerd in computertechnologie aan Dartmouth College en heeft een MBA van Wharton School.